Patrick Barbier
Farinelli

Patrick Barbier

Farinelli
Der Kastrat der Könige
Die Biographie

Mit einem Vorwort von Jürgen Kesting
Deutsch von Claudia Denzler

ECON

Titel der französischen Originalausgabe:
Farinelli. Le castrat des Lumières
Originalverlag: Grasset, Paris
Übersetzt von: Claudia Denzler
Copyright © 1994 by Éditions Grasset & Fasquelle

Die Deutsche Bibliothek – CIP-Einheitsaufnahme

Barbier, Patrick:
Farinelli: der Kastrat der Könige: die Biographie / Patrick Barbier.
Mit einem Vorw. von Jürgen Kesting. Dt. von Claudia Denzler. –
Düsseldorf: ECON, 1995
Einheitssacht.: Farinelli ⟨dt.⟩
ISBN 3-430-11176-5

Copyright © 1995 der deutschen Ausgabe
by ECON Verlag GmbH, Düsseldorf.
Alle Rechte der Verbreitung, auch durch Film, Funk und Fernsehen,
fotomechanische Wiedergabe, Tonträger jeder Art, auszugsweisen
Nachdruck oder Einspeicherung und Rückgewinnung in
Datenverarbeitungsanlagen aller Art, sind vorbehalten.
Lektorat: Edda Bauer
Gesetzt aus der Sabon, Berthold
Satz: Dörlemann Satz, Lemförde
Papier: Papierfabrik Schleipen GmbH, Bad Dürkheim
Druck und Bindearbeiten: F. Pustet, Regensburg
Printed in Germany
ISBN 3-430-11176-5

Für Charles Dupêchez

Inhalt

Die Stimme als Kunst-Werk

Von Jürgen Kesting

»Es gibt einen Gott – und es gibt einen Farinelli.« Dieser Ausruf einer Dame von Stand wurde in den dreißiger Jahren des 18. Jahrhunderts zum geflügelten Wort der Londoner Adelsgesellschaft. Bis zum Auftreten Farinellis (zuweilen auch: Farinello) hatte das Publikum nur Nicolino, Carestini und den von Georg Friedrich Händel besonders geschätzten Senesino kennengelernt – Sänger mit Altstimmen, die nach dem Zeugnis von Charles Burney (1726 bis 1814) einen relativ begrenzten Umfang von kaum mehr als anderthalb Oktaven besaßen, das Publikum aber durch den Klang ihrer Stimmen und den Zauber des *Canto spianato* begeisterten.

Die Stimme des dreiundzwanzigjährigen Farinelli (1705–1782) hingegen umspannte nicht nur eine Skala von mehr als drei Oktaven – vom ›C‹ bis zum ›D'''‹ –, er verblüffte das Publikum auch durch phantastische Agilität im *Canto di bravura*, atemberaubende *Messa di voce*-Effekte und die wunderbare Anmut seiner Manier. Offenbar war er in der Lage, den Ton endlos lang an- und abschwellen zu lassen. Die Wirkung auf seine Hörer beschreibt Burney, einer der wichtigsten Chronisten des Musiklebens im 18. Jahrhundert, als »Ekstase! Begeisterung! Bezauberung!«

Patrick Barbier geht mit der Geschichte Farinellis – der von Weltruhmesglanz besonnten Laufbahn des womöglich größten aller Sängervirtuosen – einem der faszinierendsten und fragwürdigsten Kapitel der Operngeschichte nach: der Ära der Kastraten. Seit den Büchern des Wiener Gesangslehrers Franz Haböck (»Die Gesangskunst der Kastraten« von 1923 und »Die Kastraten und ihre Gesangskunst« von 1927) war das Thema im Formalin der Geschichtswissenschaft konserviert worden.

Lawrence Louis Goldmanns romanhafte Lebensbeschreibung

Farinellis (»Der Kastrat«, 1974) fand sowenig Aufmerksamkeit wie ein manieristisch-philosophischer Roman von Dominique Fernandez (»Poporino oder Die Geheimnisse von Neapel«, 1978). Das Thema war tabuisiert. Ein Counter-Tenor wie Alfred Deller, für den Benjamin Britten die Rolle des Oberon im *Sommernachtstraum* geschrieben hatte, berichtete sogar, daß es eine Zeitlang außerordentlichen Mutes bedurfte, um mit der weiblichen Männerstimme zu singen. Ähnliche Berichte gibt es auch von Paul Esswood und, selbst heute noch, von Jochen Kowalski, obwohl bei Festivalaufführungen und in Schallplattenaufnahmen der Opern von Händel, Hasse, Cavalli, Vivaldi und anderen seit langem durchweg Counter-Tenöre eingesetzt werden. Seit wenigen Jahren aber beschäftigen sich nicht nur Wissenschaftler, sondern auch Theaterpraktiker mit den »Engeln wider Willen« – so der Titel einer Studie Hubert Ortkempers über »die Welt der Kastraten«.

Daß um des Kunst-Werks Stimme willen ein junger Mensch kastriert worden war, wurde schon in den Dekaden nach der Französischen Revolution als eine Aberration angesehen – auch wenn Napoleon noch von der Stimme des Girolamo Crescentini (1762–1846) so begeistert war, daß er ihn zum Gesangslehrer der kaiserlichen Familie nach Paris berief. »Seine übernatürlich schöne Stimme«, so notierte der siebzehnjährige Arthur Schopenhauer in seinen Reisetagebüchern (vom 27. Juni 1804) über den neben Giovanni Battista Velluti letzten großen Kastraten, »kann mit keiner Frauenzimmerstimme verglichen werden: es gibt keinen vollern schönen Ton, und in dieser silbernen Reinheit hebt er ihn alsbald zu einer unbegreiflichen Stärke, daß er in allen Ecken des Hauses wiederklingt, und bald verliert er sich in das leiseste Pianissimo: dies Schwellen und Sinken des Tons ist ihm besonders eigen.« (Würden heute nur Kritiker so präzis über das Singen schreiben!)

Die grausame Praxis der Kastration wird seit Beginn der Menschheitsgeschichte ausgeübt. Der Eingriff verwandelt wilde Bullen in sanfte Ochsen und Hengste in zahme Wallache. Hähne wurden kapaunt, um den Gourmets zu munden. Seit jeher wurde die

Kastration auch an Menschen vollzogen – an unterlegenen Feinden ebenso wie an Sklaven. Sie war die Strafe für die Schändung von Frauen und das Mittel, zuverlässige Wächter für die Harems von Königen und Sultanen zu schaffen. Nur bei Mozart ist der Haremswächter Osmin ein verliebter – und sicher liebesfähiger – Baß (was nicht zuletzt ein Licht wirft auf die Humanität des Bassa, der eine Frau nicht zur Liebe zwingt).

Erst im 16. Jahrhundert wurde die Operation allein aus musikalischen Gründen, trotz (schein)heiliger Verbote, durchgeführt. Man brauchte Ersatz für die durch ein einseitig-rigide ausgelegtes Paulinisches Diktum – »Mulier taceat in ecclesia« – aus dem Kirchengesang verbannten Frauen. So wurden die Sopran-*(Superius-)* und die Mezzo-*(Mezzo-soprano-)*Stimmen ersetzt durch Knaben *(Pueri cantatores)* oder durch Männer, die den weiblichen Anteil ihrer Stimmen gebrauchten. Es waren die sogenannten *Falsettisti artificiali.* Sie singen, nach dem Bericht der Mediziner W. Seidner und J. Wendler (HNO-Nachrichten 2/1992), mit der laryngealen Fistelfunktion, die physiologischerweise jeder Männerstimme zur Verfügung steht und in der *Opera buffa* zu den geheiligten komischen Effekten gehört. Nachgewiesen wurde dies durch stroboglottometriysche Messungen zum Schwingungsablauf der Stimmlippen. Der Klang der Stimmen ist weich, weiblich, flötenartig und wirkt wie überblasen.

Musikalisch erwies sich der Einsatz der *Falsettisti* als ein unbefriedigender Kompromiß. Die Knabenstimmen begannen zu mutieren, bevor eine gründliche technische und musikalische Ausbildung abgeschlossen werden konnte, und den männlichen Falsettisten (die wohl mit den heutigen Counter-Tenören zu vergleichen wären) fehlte nicht nur die Extensionsfähigkeit in der Höhe, sondern auch die Agilität und die dynamische Flexibilität.

Durch die Entfernung der Hoden wurden jene hormonellen »Signale« unterbunden, die den Knaben zum Mann mutieren lassen. Der ursprüngliche Zustand der Stimmbänder blieb gleich, hingegen entwickelten sich Brustkorb und Zwerchfell überdimensional stark. Dem *Evirato* blieb der weiche, silbrig-reine Klang der Knabenstimme erhalten; hinzu gewann er die Kraft, Brillanz und Intensität einer männlichen Stimme. Das »übernatürlich schöne Timbre«, das der junge Arthur Schopenhauer an Crescentini rühmte, beruhte wohl auf dem großen Anteil harmonischer Obertöne.

Unerwünscht und unerfreulich waren physische Deviationen als Folge des Eingriffs. Viele Kastraten neigten zur Fettleibigkeit, andere bekamen absonderliche Gestalten mit extrem langen Extremitäten und abnorm vergrößertem Oberkörper. Andere litten unter psychischen Störungen; sie waren reizbar, zänkisch und wohl auch verbittert. Sie waren zwar nicht zeugungs-, wohl aber geschlechtsfähig. Deshalb zählten einige, vor allem wenn sie so schön waren wie die Hermaphroditen auf den Bildern der Hochrenaissance, zu den begehrtesten *Cicisbeos*, den von Ehemännern tolerierten Verehrern (und Liebhabern) hochgestellter Damen.

Nicht nur ihre Rolle, sondern ihre Lebensform fanden sie in der stilisierten Kunstwelt der Barock-Oper, in jener hochartifiziellen Kunstform, die einer Poetik des Wunderbaren folgte. Deren Ausgangspunkt war, wie der italienische Musikologe und Gesangshistoriker Rodolfo Celletti ausgeführt hat, Giambattistas Marinos Poem »Adone« (1623), die Geschichte der Liebe zwischen Venus und Adonis. Der »Marinismus« wurde zur Quelle des Barock (Celletti), zur Anregung der Schaffung einer phantastischen Welt, welche die Phantasie in ihren Bann schlagen sollte. Die Realität war ausgeklammert.

Florenz, Mantua und Rom erlebten in der ersten Dekade des 17. Jahrhunderts die ersten bedeutenden Opernproduktionen: Jacopo Peris *Euridice*, Emilio de'Cavalieris *La Rappresentazione di Anima e di Corpo* und Monteverdis *Orfeo*. In allen wurden Frauenrollen von Kastraten gesungen. Als die italienische Oper, vertreten ferner von Pietro Antonio Cesti, Alessandro Stradella, Agostino Steffani, Nicolo Porpora, auch von Hasse und Händel, ganz Europa eroberte, breitete sich auch der Ruhm der Kastraten aus.

Den *Castrati sopranisti* fielen die Rollen der Liebhaber oder empfindsamer Rivalen zu. Das Gebot der Wahrscheinlichkeit, die geschlechtsspezifische Zuordnung von Stimme und Rolle, gab es in Opern mit »übernatürlichen« Sujets aus der Mythologie und erhabenen Themen aus der Geschichte mit der Verklärung der Herrschenden (noch) nicht.

Die Kunstfertigkeit der Kastraten, die im Zeitalter der Romantik von der transzendentalen instrumentalen Virtuosität übernommen oder weitergeführt wurde – zu dem Zeitpunkt, da das bürgerliche Publikum nicht länger die stilisierte Stimme der *Evirati*, sondern den »natürlichen« Ausdruck der Empfindungen erwartete –, verwandelte die Oper in eine Art von internationaler Gesellschaftskunst. Die Damen der Gesellschaft – dies hat Margriet de Moor in ihrem kleinen Roman »Der Virtuose«, der passionierten Liebesaffäre einer heißblütigen (verheirateten) Contessa mit einem Kastraten, einfühlsam geschildert – gerieten in sinnliche Verzükkung, wenn sie einem Kastraten lauschten, nicht einem Mann, sondern einer Stimme, »die das Herz weit und das Geschlecht schwach macht«. Einer Stimme, die »eine Welt außerhalb der Welt« zu schaffen in der Lage ist; einer Stimme, die Orgasmen der Seele auslöst und viel wichtiger ist als das Geschlecht.

Gleichzeitig mit Barbiers Biographie eines märchenhaft irrealen Künstlerlebens – zugleich wohl auch eine Epochen-Biographie – verfilmte Gérard Corbiau Ausschnitte aus dem Leben Farinellis. In Frankreich fand der Film schon in den ersten Wochen Millionen Zuschauer. Warum? Warum heute? Eine bloße Laune des Zeitgeistes? Oder die Lust auf etwas Exotisches oder auch Erotisches?

Schon die achtziger Jahre hatten ein doppelgeschlechtliches Wesen zum modischen Epochentypus und zum Sozialphänomen stilisiert. Kultur- und Modeindustrie plünderten eine alte, magische Quelle. Sie lag, so Karl Kerényi in seiner »Mythologie der Griechen«, im kleinasiatischen Karien und gehörte der Nymphe Salmakis. Deren Sehnsucht wurde entflammt vom Anblick eines schönen Knaben, gezeugt von Aphrodite und Hermes. Von ihm abgewiesen, lockte sie ihn in das Wasser, verführte ihn zum Liebesgenuß und flehte die Götter an, sich nie wieder von ihrem Geliebten trennen zu müssen.

Die Heerscharen auf dem Olymp waren so mitleidsvoll, das männliche und das weibliche Wesen zusammenzufügen. Wer immer in der Quelle badete, entstieg ihr als männlich-weibliches Wesen – als Androgyn (*andro* = männlich und *gyne* = weiblich). Der moderne – oder modische, aber wer sieht da noch den Unterschied? – Androgyn fand sein Bild im männlichen Modell mit langen Haaren, feminin-zarten Zügen und im weiblichen Mannequin nach Art des/der *Gamin/Garçonne*. Wurde gespielt im anzüglichen Transgestismus von Mick Jagger oder mit den vieldeutigen Posen der Pop-Primadonna David Bowie. Dustin Hofman demonstrierte als Tootsie, daß ein Mann empfinden kann wie eine Frau. Popstars wie Annie Lennox, Michael Jackson und Boy George spielten in ihren irrealen Kunstwelten mit sexuellen Mehrdeutigkeiten – und mit den Empfindungen von Teenies. Dies nicht nur durch einen zweideutigen sexuellen Habitus, sondern auch dadurch, daß sie den Klang ihrer Stimmen der geschlechtlichen Eindeutigkeit beraubten.

Auch in der Oper mußte der Liebhaber nicht mehr unbedingt von einem *Tenore eroico* gesungen werden, um erotisch zu wirken. Seit nunmehr zwei Dekaden werden, begünstigt durch die Original-Klang-Bewegung, Kastratenpartien in den Opern von Cavalli, Cesti, Steffani, Pergolesi, Vivaldi, Hasse und Händel nicht mehr nur von jenem *Contralto* gesungen, den Rossini etwa in *Semiramide* (Arbace) statt eines Kastraten eingesetzt hatte, sondern von den *Falsettisti artificiali*.

Es ist mehr als fraglich, ob die Stimmen selbst der besten Counter-Tenöre auch nur eine Ahnung geben von der »ganz besonders erregenden Klangqualität«, die etwa Rossini den Kastraten nachrühmte. Zwar rühmte Sir Michael Tippett, die Stimme Alfred Dellers im Ohr, einen Klang, der frei sei »von allen emotionalen Belanglosigkeiten«, doch kann ein unsauber singender

Counter-Tenor, wie der große Musikforscher Winton Dean spottete, auch für »eines der unangenehmsten Klangereignisse im
gesamten Tierreich« sorgen.

Die modernen Hermaphroditen des Stimmklangs mögen ein
feines, zartes Cantabile singen können, aber sie singen schwerlich
mit der tonlichen Intensität, geschweige denn mit der brillanten
Verve der mythischen Vorbilder. In dieser Frage sind sich Gesangshistoriker wie Rodolfo Celletti, Will Crutchfield und Michael Scott
einig. Der Italiener vertritt die Ansicht, daß der weibliche *Musico*,
unvergleichlich verkörpert von Marilyn Horne (etwa als Arsace
oder als Vivaldis Orlando Furioso), der beste »Ersatz« für die
Kastraten ist.

Nun gibt es, sollte man meinen, keinen Ersatz für ein Singen, das
man nicht gehört hat. Woher also dieses apodiktische Urteil? Wie
soll man sich den Gesang der Kastraten, der auf ewig verklungen
ist und nicht nachklingt im technischen Medium der Schallplatte,
vorstellen? Die wenigen Aufnahmen, die Alessandro Moreschi,
der letzte *Soprano della Capella Sistina*, zu Beginn dieses Jahrhunderts aufgenommen hat, sind nicht einmal ein fernes Echo dessen,
was das Ohr unserer Einbildungskraft *hört*, wenn wir die Berichte
von Charles Burney, Johann Nikolaus Forkel, Johann Joachim
Quantz oder Stendhal *lesen*. Aber aus einigen wenigen Tönen
klingt jene Ambiguität, die ein ganzes Jahrhundert fasziniert hat. Es
sind Töne, die wohl doch mehr geben als nur die Wonnen der
Ahnung. Denn so, wie Musiker eine Partitur beim Lesen hören
können, gibt es auch ein imaginäres Hören beim Lesen eines
differenziert geschriebenen Vokalogramms. Vorausgesetzt allerdings, daß der Leser über die entsprechenden Hörerfahrungen und
ein ausdifferenziertes Begriffsarsenal verfügt. Um ein konkretes
Beispiel zu geben: Ein kundiges Publikum hört bei Stendhals
genauer Beschreibung der Stimme von Giuditta Pasta sogleich die
Pasta rediviva … Maria Callas.

Im Roman über »Die Geheimnisse von Neapel« läßt Dominique
Fernandez den alten, zum Philosophen gewordenen Porporino

meditieren, daß »von Generation zu Generation« ein altes Sehnen auflebe. Ein Sehnen »nach dem ursprünglichen Eden, wo alles in allem ist und alles mit allem und das Weibliche mit dem Männlichen verbunden ist, ohne Unterschied von Geschlecht oder Person«. Vielleicht ist es auch nur die Sehnsucht nach einer jedem Realismus abholden künstlichen Kunst, die aufgeht in Schönheit, Liebe und Lust.

Jürgen Kesting

Vorwort

Es gibt Sänger, deren Namen untrennbar mit einem Jahrhundert verbunden sind. Maria Callas, Caruso oder Schaljapin kennzeichnen das 20. Jahrhundert wie Maria Malibran und Giuditta Pasta das 19. Weniger bekannt ist, daß das 18. Jahrhundert gleichzeitig den Gipfel und den Niedergang einer Kunst umschloß, die im ausgehenden 17. Jahrhundert entstanden war: der Gesang der Kastraten. Nur in dieser Periode, die heute als Barock bezeichnet wird, konnte sich diese Nichtachtung der Vernunft durchsetzen, unterlag dem Verlangen nach der Glut und Sinnlichkeit einer Stimme »jenseits jeder Norm« jede moralische Erwägung.

Carlo Broschi, der sich Farinelli nannte, war im Jahrhundert der Aufklärung der am meisten gefeierte Sänger und zweifellos der größte der gesamten Kastratenkunst. Der Zauber seiner Stimme, die technischen Wunder, die er vollbrachte, das Strahlen seiner Persönlichkeit machten ihn zu einer lebenden Legende, der halb Europa zu Füßen lag und die noch heute Musikliebhaber und Historiker fasziniert.

Farinelli hat leider nur schwache Spuren hinterlassen. Zwar haben unzählige Reisende und Memoirenschreiber jener Zeit über ihn berichtet, aber der Sänger war sehr verschlossen und hat auch keine Autobiographie geschrieben. Seine zahlreichen Briefe an den Dichter Metastasio sind verschollen. Selbst die Orte, an denen er geweilt hat, tragen keine Zeichen seiner Anwesenheit mehr.

Das vorliegende Werk ergänzt die einzige bisher publizierte Biographie[1] jedoch um viele neue Fakten. Vor kurzem erst wurden achtundsechzig bisher unveröffentlichte Briefe Farinellis an den Grafen Pepoli in Bologna gefunden.[2] Diese Korrespondenz liefert wertvolle Informationen über das Leben des Sängers und dementiert verschiedene hartnäckige Legenden. So kann man Farinelli im Rahmen des Möglichen selbst zu Wort kommen lassen. Neben diesen Briefen wurden zahlreiche unveröffentlichte oder wenig bekannte Dokumente aus Archiven in Madrid, Bologna, London und Wien ausgewertet. Schließlich stützt sich die vorliegende Biographie auf Briefe, Memoiren, Erinnerungen, Zeitschriften oder Diplomatenpost aus dem 18. Jahrhundert.

Heute fügt sich der Bericht über Farinelli und die Erinnerung an den Platz, den er unter den »Großen« des 18. Jahrhunderts einnahm, in eine breite Bewegung der Wiederentdeckung – durch Bücher, Platten oder Filme – des Barockgesangs und der Kunst der Kastraten ein.

ERSTER TEIL

Von Neapel nach Wien
(1705–1734)

1. Kindheit und Lehrjahre

HAST du, Fremder, Tausende Kilometer bis in jenes ferne Apulien nicht gescheut, so eilst du gewiß über das Plateau des Murge, das sanft zur Adria abfällt, dem Castel del Monte entgegen, dem massigen, stolzen Oktogon Friedrichs des Schwaben, das zum Symbol dieser Region geworden ist und als eine der schönsten gotischen Festungsanlagen gilt.

Kommst du aus dem Norden, hast du vielleicht einen Blick auf die Stadt Andria geworfen, heute neben der beeindruckenden Hauptstadt Bari die bevölkerungsreichste Stadt der Provinz. Beim Streifzug durch die Gassen des Stadtzentrums kannst du die romanische Kathedrale, die Kirchen San Francesco und San Domenico oder den Herzogspalast aus dem 16. Jahrhundert bewundern. Hat man dir dort von Herzog Fabrizio Caraffa d'Andria erzählt, der im Jahre 1705 bei einem ungewöhnlichen Kind Pate stand? Hat man den Namen des kleinen Carlo Broschi erwähnt, der zu einer der anziehendsten Figuren der europäischen Musikwelt im 18. Jahrhundert wurde? Wahrscheinlich nicht, denn die Spuren des berühmtesten Kastraten aller Zeiten, ja die bloße Erinnerung an ihn sind heute in dieser Gegend nahezu ausgelöscht.

Der Mann, der unter dem Namen Farinelli Ruhm erlangte, kam hier zur Welt. Damals war Andria nur ein kleiner Marktflecken, zwölf Kilometer vom Meer und etwa sechzig Kilometer von Bari entfernt. Carlos Eltern, Salvatore Broschi (oder Brosco) und Caterina Barrese, stammten aus dieser Stadt, lebten jedoch meist in Neapel. Sie gehörten zum niederen, nicht sehr wohlhabenden Amtsadel, der sich mit einigen aristokratischen Titeln seiner Vorfahren schmücken durfte, ohne je in die Kreise der spanischen Vizekönige aufgenommen zu werden, die damals das große Königreich im Süden beherrschten. Ein Vorfahre Salvatores, Pedro (oder Pietro), hatte 1676 den Titel des königlichen Gouverneurs für die Städte Scala und Rabello erhalten. Früher noch, 1651, war ein Nicola Broschi zum Grafen von Ognatte und Schloßherren von Tropea in Kalabrien ernannt worden. Die Barrese (oder Barese) waren Grafen von Castro Villari in Sizilien, Caterinas Vater Giulio seit 1683 Schatzmeister der Provinz Abruzzen.

Drei Kinder krönten die Ehe von Salvatore und Caterina Broschi: Um 1698 kam Riccardo zur Welt, 1701 Dorotea und schließlich Carlo im Jahre 1705. Dorotea heiratete später den Buchhalter des neapolitanischen Rechnungshofes, Giovan Domenico Pisani, von dem sie sechs Kinder bekam. Sie sollten die einzigen Nachfahren der Familie Broschi bleiben.

Carlo wurde am 24. Januar 1705, eine Stunde nach Mittag, geboren und zwei Tage danach in der Kirche San Nicola d'Andria vom apostolischen Protonotar Giuseppe Damiani auf die Namen Carlo Maria Michelangelo Nicola getauft. Sein Taufpate war, wie schon erwähnt, Graf Fabrizio Caraffa, der sich von seinem Gesandten Lucio Pincerna vertreten ließ. Ein Jahr nach der Geburt des kleinen Carlo ernannte man seinen Vater Salvatore zum Gouverneur der Stadt Maratea, 1709 auch der Stadt Cisternino – eine Beförderung, die die langen Linien der Broschi und der Barrese ehrte.

Viele Umstände machten Carlo zum Außenseiter: seine Abstammung, die Taufe durch einen apostolischen Protonotar, ein Vater im Dienste des Königreichs und vor allem seine überaus musikliebende Familie. Noch hatte sich sein märchenhaftes Talent nicht offenbart, aber schon beschenkte ihn eine gute Fee. Seine späteren Rivalen dagegen, die Kastraten des 18. Jahrhunderts, stammten aus den ärmsten Familien des Kirchenstaates oder des Königreichs Neapel. Erstmals hörte man den Gesang jener *Monstres sacrés* am Ende des 16. Jahrhunderts in der Sixtinischen Kapelle. Im 17. Jahrhundert dienten die Kathedralen und Kirchen von Latium, Umbrien, den Marken oder der Emilia den meisten Sopranisten und Altisten als Ausgangspunkt ihrer Karriere. Dadurch, daß es Frauen verboten war, auf der Bühne zu stehen, nahm die beeindruckende Anzahl von Kastraten noch zu. Im Kirchenstaat sorgte man sich um die öffentliche Moral: Nur Männer durften männliche und weibliche Rollen darstellen. In einer Oper für zehn Männer- und Frauenstimmen traten gewöhnlich sieben Kastraten, zwei Tenöre und ein Baß auf. Sogar weibliche Marionetten waren verboten, aus Angst vor bösen Gedanken beim Anblick ihrer hölzernen Schenkel.

Im Kirchenstaat gab es also weit mehr Kastraten, auf der Bühne wie in der Kirche, als in jedem anderen Staat der Halbinsel. Allein in den Kirchen der Stadt Rom gab es im Jahre 1694 fast einhundert Kastraten, im Jahre 1780 sogar mehr als zweihundert!

An zweiter Stelle stand das Königreich Neapel. Arme Bauern quälten sich mit der Bestellung einiger Morgen kargen Bodens und starben mit dreißig oder fünfunddreißig, nachdem sie bis zu fünfzehn Kinder hatten. Der Wunsch, eines von ihnen möge diesen verzweifelten Lebensbedingungen entkommen, trieb sie dazu, sich an den Organisten oder Musikmeister des Ortes zu wenden, der besser als sie das Stimmtalent des Kindes einzuschätzen wußte und seine Beziehungen in der Hauptstadt des Königreichs nutzen konnte. Zu dem Verlangen, dem Elend und dem Tod mit größerer Würde entgegenzutreten, gesellte sich manchmal die heimliche Hoffnung, auf Kosten des Kindes zu bescheidenem Reichtum zu kommen: Die Eltern erhielten entweder eine kleine Geldsumme von den Rekruteuren, die durch die Provinzen zogen, oder sie hofften auf einen vorteilhaften Vertrag, der auch der Familie eine Rente sicherte, falls das Kind erfolgreich würde.

In diesen beiden Jahrhunderten gab es alle nur möglichen Verträge; wenige sind bis heute erhalten. Im Jahre 1697 wird beispielsweise ein achtjähriger Junge, Francesco Rizzo, für fünfzehn Jahre in die Hände eines Sängers und dessen Bruders, Chorherr und Sänger in der Kathedrale von Gallipoli, gegeben: Die beiden Männer verpflichten sich, ihn aufzuziehen und anständig zu ernähren; dafür erhalten sie jeglichen Gewinn, den das Kind einbringt, ebenso können sie ihn überallhin mitnehmen und ihn kastrieren lassen, wann es ihnen gefällt. Ein älterer Vertrag (1671) legt fest, daß das Kind Paolo Vannini auf Kosten des *Maestro*[1] kastriert wird. Beiden Verträgen ist ein Gedanke eigen: Zwar verdienen die Eltern (zumindest offiziell) kein Geld, aber sie entledigen sich der Erziehung eines Sohnes. Sie haben ein Maul weniger zu stopfen und ermöglichen dem Kind durch die Kastration den Zugang zu einer Kultur und einem gesellschaftlichen Rang, den sie ihm niemals bieten könnten. Es verwundert deshalb nicht, daß das Königreich Neapel seit Beginn des 17. Jahrhunderts als erster Staat die Kastration in Bauernfamilien erlaubte, die mindestens vier Söhne hatten!

Im Falle Carlo Broschi waren es weder Armut noch Not, die Salvatore dazu trieben, die Kastration eines Sohnes zu akzeptieren (oder zu wünschen), sondern weitaus geistigere Betrachtungen. Salvatore liebte die Musik und beschäftigte sich selbst mit ihr. Diese Leidenschaft gab er an seinen Sohn Riccardo weiter, der sie zu seinem Beruf machte. Die Begeisterung übertrug sich schon bald auf den kleinen Carlo, der nicht nur vom Vater, sondern auch von seinem Bruder ausgebildet wurde. Riccardo war dreizehn Jahre alt, als der sieben Jahre Jüngere erstaunliche stimmliche Fähigkeiten zu zeigen begann. Die Klarheit des Timbres, die Frische und die Brillanz in den hohen Lagen beeindruckten alle, die das Glück hatten, ihn in den Kirchen von Andria und Barletta, wohin die Familie 1707 gezogen war, singen zu hören. Im Unterschied zu anderen, weniger gebildeten Eltern wußte Salvatore sehr wohl, was eine Kastration bedeutete, auch die Risiken waren ihm bekannt: Betäubung durch Eiswasser oder das Abklemmen der Hauptschlagadern, operative Entfernung der Hoden mit der Gefahr von Infektionen oder Blutungen, eine mehr oder weniger schmerzhafte zweiwöchige Heilung … Er wußte vor allem, daß die Kastration ein Lotteriespiel war und auch die erlesenste Stimme eines Kindes nach der Operation möglicherweise nicht »hielt«, schrill oder heiser wurde, manchmal sogar ganz verschwand.

Andererseits wußte Salvatore um die Wunder, die der Kastrat

Ferri vollbracht hatte, für den Königin Christine von Schweden die Feindseligkeiten gegen Polen einstellte, damit der Sänger auf ihrem königlichen Schiff von Polen aus in ihr Land reisen konnte. In Neapel hatte er sich an Matteuccio ergötzt, dem »schönen jungen Mann mit der Engelsstimme«, der die Gunst des Vizekönigs errang und die Adligen ebenso wie ihre Damen bezauberte. Den Engländern hatte Nicolino eine nie dagewesene Erschütterung bereitet, als er den *Rinaldo* sang, die erste Oper Händels für dessen neues Vaterland.

Ein glanzvolles Jahrhundert verteilte die besten italienischen Kastraten auf die größten Bühnen Europas, an die prächtigsten Höfe, ausgenommen den des Sonnenkönigs. Salvatore dachte gewiß nicht an irgendeinen Profit für sich selbst oder seine Familie, aber er mochte die Kastration Carlos als die günstigste Möglichkeit ansehen, die er diesem Wunderkind des Gesangs bieten konnte. Er gab ihm darüber hinaus eine sehr strenge Erziehung, die ihm sein Leben lang gute Dienste erweisen sollte.

Kein Dokument, kein Satz von Farinelli selbst erwähnt dieses einschneidende Ereignis in seinem Leben, diesen bitteren Augenblick, da er um des Ruhmes willen für immer auf Nachkommen verzichten mußte. Giovenale Sacchi, ein Zeitgenosse des Kastraten und sein erster Biograph, behauptete, ein böser Sturz vom Pferd hätte die Kastration unvermeidbar gemacht. Natürlich ist das nicht richtig. Sacchi schrieb die Biographie 1784, zu einer Zeit, da die Exkommunikation seit langem jeden traf, der ohne medizinischen Grund Kastrationen vornahm. Sacchi war bemüht, seine Leser zu schonen und ihnen ein gefälliges Bild von Carlo Broschi und seiner Familie zu zeigen, deshalb griff er zweifellos auf einen der üblichen medizinischen Vorwände zurück, die eine Kastration rechtfertigten: ein Sturz vom Pferd, ein Schwanenbiß, der Angriff eines Wildschweins oder auch ein unglücklicher Fußtritt von einem anderen Kind ... (John Rossellini erzählt sogar, daß alle Kastraten der Sixtinischen Kapelle im 19. Jahrhundert, wollte man ihnen Glauben schenken, Opfer von Wildschweinen gewesen wären!)

Die Kastration wurde jedoch auch ohne derartige Vorwände mit Unterstützung der Schulmedizin durchgeführt, um Nabelbrüche, Gicht, Wahnsinn oder Epilepsie zu heilen.

Carlos Operation fand kurz vor oder kurz nach seiner Ankunft in Neapel im Jahre 1714 statt. Die Polizei verbot eine solche Operation vor dem Alter von sieben Jahren und verlangte, daß das Kind selbst die Kastration erbat, eine Bedingung, die aber in den meisten Fällen nicht erfüllt werden mußte. Nach oben wurde diese Altersspanne durch den Stimmbruch des Jungen begrenzt, deshalb fand die Kastration gewöhnlich zwischen acht und zwölf Jahren statt.

Die Geschichte erzählt nicht – oder nicht mehr –, was Carlo nach dieser Operation empfand, die ihm vermutlich physischen und seelischen Schmerz bereitete, ihm jedoch einen »Bruch« ersparte, den viele Sängerknaben – zu allen Zeiten – nur schwer überwinden. Verspürte er damals schon die Lust, gegen alle Unbilden zu kämpfen, um der Welt zu zeigen, welch wunderbare Töne aus seiner Kehle drangen? Wie erlebte er den brutalen Abschied vom schützenden Kokon der Familie, vor allem von seinen Eltern, denen er kaum noch einmal begegnen würde? Er war erst neun Jahre alt, als man nach der Ankunft in Neapel von ihm verlangte, den Eltern adieu zu sagen, sich vom Bruder zu trennen, der im Conservatorio Santa Maria di Loreto studierte, eine Operation zu überstehen, die ihn für alle Zeiten zum Außenseiter machte, und den friedlichen Marktflecken in Apulien zu vergessen, um sich an die drittgrößte Stadt Europas, nach London und Paris, zu gewöhnen. Carlo scheint dies jedoch seinen Eltern nie vorgeworfen zu haben; ein Leben lang bewahrte er ihnen eine tiefe Zuneigung und eine gewisse Dankbarkeit für den Weg, auf den sie ihn gebracht hatten.

Bei seiner Ankunft in Neapel halfen ihm die Beziehungen seines Vaters zur Musikwelt dieser Stadt: Sie gewährten ihm eine privilegierte Ausbildung und ersparten ihm die mehr als spartanischen Lebensbedingungen in den vier Konservatorien von internationalem Ruf im Herzen der Metropole. Die Blüte der Vokal- und Instrumentalmusik wurde hinter den dicken Mauern dieser miteinander konkurrierenden Anstalten geformt, die in der Zeit der Gegenreformation aus einem Gefühl der Solidarität mit den Armen und Waisen entstanden waren. 1537 hatte zunächst Santa Maria di Loreto seine Tore geöffnet, 1584 folgte Santa Maria della Pietà dei Turchini, 1589 Poveri di Gesù Cristo und 1600 Sant'Onofrio. Sehr bald machten diese karitativen Kircheneinrichtungen die Musik zu ihrer Leidenschaft und bemühten sich, Neapel auf den ersten Rang zu heben, den bis dahin Venedig eingenommen hatte. Den Gipfel ihres Ruhms erreichten die vier Ausbildungsstätten, die als erste in Europa den Namen »Konservatorium« trugen, im 17. und zu Beginn des 18. Jahrhunderts. Ihre Markenzeichen waren eiserne Disziplin, einzigartige musikalische Ausbildung und die Garantie herausragender Erfolge für ihre Zöglinge. Unter den einhundert bis dreihundert Kindern in jedem Konservatorium wurde den kleinen Kastraten, die in Klassen für *Soprani* und *Contralti* zusammengefaßt waren, ein Sonderplatz eingeräumt. Wegen ihrer zarten Konstitution und den ebenso empfindlichen wie kostbaren Stimmen behandelte man sie etwas besser als die anderen Zöglinge, dennoch waren sie den Schikanen der Vorgesetzten ausgesetzt, litten unter dem Mangel an Freizeit in einem drakonischen Zeitregime und zusätzlich unter der Erniedrigung, »anders« zu sein als die anderen Jungen. Nicht wenige verloren dort ihre Gesundheit oder erlitten seelische Schäden und flüchteten vor Ende der Ausbildung.

All das blieb Carlo Broschi erspart. Dank der Kontakte seiner Familie wurde er der Magistratsfamilie Farina, einflußreichen Beschützern, anvertraut. Für seine musikalische Ausbildung fand man einen jungen, außergewöhnlichen Lehrer: Nicolò Porpora. Carlo lernte das in Italien weit verbreitete patriarchalische System kennen, einen besonders begabten Schüler bei einem großen *Maestro* unterzubringen. Dieser ließ ihn bei sich wohnen, gab ihm zu essen und oft auch Kleidung, trat an die Stelle des Vaters und unterrichtete ihn in einem vorher festgelegten Zeitraum. Die Vorteile für das Kind lagen auf der Hand: Er fand, wenn auch nur sehr

beschränkt, den familiären Mikrokosmos wieder und entging der
Strenge des Schlafsaales wie auch dem Gespött der Altersgefähr-
ten. Er arbeitete, allein oder auch mit ein oder zwei anderen
Schülern, im Schatten eines berühmten Meisters und kam so viel
schneller voran. Schließlich profitierte er für seine Karriere auch
von den einflußreichen Beziehungen, die sein Lehrer gewiß in der
Kapelle dieses oder jenes Hofes besaß.

Wenn auch die Vorteile für den *Maestro* nicht so offen zutage
traten, waren sie jedoch nicht geringer. Zum einen zählte der
Lehrer, der seine Schüler sorgfältig ausgewählt hatte, auf ihren
künftigen Ruhm, um den seinen zu erhöhen; zum anderen nahm
er keinen Schüler an, ohne vorher einen Vertrag abzuschließen, der
ihm entweder regelmäßige Einkünfte von den Eltern sicherte oder
einen Anteil am künftigen Verdienst seines Schülers festschrieb,
beispielsweise während der letzten vier Jahre seiner Ausbildung.
Manchmal unterstützte er den Schüler als Impresario bei seinem
vielversprechenden Debüt auf der Bühne und strich sogar noch die
Honorare ein, die der Sänger erhielt. Sollte der Schüler die Ausbildung vor dem Abschluß abbrechen, war eine Entschädigung (mit
möglicher juristischer Verfolgung) vorgesehen.

Zu Porpora zu kommen war für Carlo gewiß einer der großen
Glücksfälle in einem Leben, das ohnehin unter dem Schutz For-
tunas stand. Porpora hatte 1715 die Ausbildung des Kastraten
Antonio Uberti abgeschlossen. Der Platz war also frei. Es war nicht
nur ein Glück für Carlos musikalische Ausbildung, sondern auch
für seine geistige und emotionale Entwicklung. Der junge Kastrat
war erst zwei Jahre in Neapel, als er im November 1717 vom Tod
seines erst sechsunddreißig Jahre alten Vaters erfuhr. Er, jener
vertrauensvolle Künstler, der viel auf die Karriere des Sohnes
gesetzt und manches bereits erahnt hatte, hinterließ ein zwölfjäh-
riges Kind, ohne je dessen übernatürliche Stimme zu hören, die
ganz Europa herausfordern sollte. Wahrscheinlich bewahrte Carlo
dem geliebten Vater immer einen Platz in seinem Herzen, aber es
ist natürlich – und sein ganzes Leben zeigt es –, daß er überall nach

einem Ersatz für den zu früh Verstorbenen suchte. Ein undankbarer Geist, ein weniger gefühlvoller Mensch als Carlo Broschi hätte in diesem Tod eine göttliche Strafe für jenen sehen können, der ihn wissentlich seiner Fruchtbarkeit berauben ließ. Aber die wenigen schriftlichen Dokumente des Sängers, sein Verhalten unter verschiedenen Umständen und die Bedeutung, die er seiner Familie zumaß, lassen nur wenig Raum für eine solche Interpretation. Sacchi berichtet, daß Farinelli oft und voller Mitleid von seinem Vater sprach und die Strenge lobte, mit der er ihn erzogen hatte.

Nicolò Porpora, bei dem er gerade angekommen war, verkörperte bald den Ersatzvater, obwohl er nur neunzehn Jahre älter war. Zwar litt Carlo, wie Burney behauptet, nicht selten unter der Pfennigfuchserei Porporas und der mageren Kost (oft mußte er sich gleich in der Küche hastig an einer frisch aus dem Ofen genommenen *Sfogliatella* oder einem dreifachen Sorbet mit Schlagsahne sättigen), aber er fand in ihm vor allem einen moralischen Halt und einen Lehrer für seine Stimme, wie es nur wenige in Italien gab.

Als Carlo in Neapel eintraf, hatte Porpora seine Laufbahn als Lehrer gerade begonnen. Man ernannte ihn zum Kapellmeister des Conservatorio Sant'Onofrio, und er suchte sich einige besonders begabte Schüler. Wir wissen heute nicht, ob Salvatores Beziehungen ausreichten, Carlo bei ihm unterzubringen, oder ob man, wie es damals üblich war, das Kind schon früher zum *Maestro* gebracht hatte, um seine Meinung einzuholen, ehe man sich für die Kastration entschied.

Fest steht, daß Carlos Vater an die richtige Tür geklopft hatte. Porpora war aus der neapolitanischen Schule hervorgegangen, die bald das Europa der Aufklärung beherrschen sollte. Er wurde 1686 geboren und trat mit zehn Jahren ins Conservatorio dei Poveri di Gesù Cristo ein, das sich an der heutigen Piazza dei Gerolomini gegenüber der gleichnamigen Kirche befand. Nach einer gewöhnlichen Ausbildung gemeinsam mit vielen anderen Schülern verließ er die Schule nach zehn Jahren und inszenierte 1708 seine erste Oper, *Agrippina*, im Königspalast von Neapel. Zwei andere Werke

folgten, und bald wurde der Landgraf von Hessen-Darmstadt auf
ihn aufmerksam, der Neapel 1707 mit der österreichischen Inva-
sionsarmee besetzt hatte. Bis zu seiner Abreise 1713 entwickelte
sich zwischen den beiden Männern eine Vertrautheit, um nicht zu
sagen Freundschaft, die Porpora endgültig für die kaiserliche Seite
gewann. Am 1. Oktober 1714 wurde seine Oper *Arianna e Teseo* in
Wien zum Geburtstag von Kaiser Karl VI. aufgeführt, es folgten
mehrere andere Werke, die alle anläßlich von Festen oder dem
Geburtstag des erhabenen Herrschers dargeboten wurden. Porpora akzeptierte die österreichische Herrschaft über Neapel nicht
nur, er unterstützte die Okkupanten und sicherte sich damit ein
grenzenloses Prestige am Wiener Hof und am Hofe des österreichischen Vizekönigs in Neapel.

Natürlich wurzeln die proösterreichischen Sympathien Farinellis, die sein Leben lang unverändert blieben, im fünfjährigen Zusammenleben mit Porpora. Während seines Studiums verfolgte
Carlo Schritt für Schritt die Kompositionen seines Lehrers, freute
sich mit ihm über den Erfolg von *Temistocle* am 1.Oktober 1718 in
Wien und erlebte am 19. November 1719 begeistert die Premiere
von *Faramondo* in Neapel. Da er das Wirken des Meisters sah,
dessen Werke in Wien mit der Aufschrift »*Virtuoso*« oder »*Maestro*
des Kurfürsten von Darmstadt« gedruckt wurden, mußte er seinem Gönner wohl beipflichten und sich mit ihm für die Sache
Österreichs einsetzen.

Carlo verwandte von 1715 bis 1720 seine ganze Zeit auf das
Studium, ohne mit Darbietungen in der Öffentlichkeit zu erscheinen. Eine Anekdote berichtet, daß Porpora seine Schüler, ob privat
oder im Konservatorium, dieselbe Seite mit Übungen über mehrere Jahre wiederholen ließ, um sie mit allen darin enthaltenen
Schwierigkeiten des akrobatischen barocken Gesangs vertraut zu
machen. Das ist gleichzeitig richtig und falsch. Die Übertreibung
liegt darin, daß die Lehrer jener Zeit zahllose Übungen bereithiel-
ten, zu jeder Art von Virtuosität, wie auch unendlich viele Arien,
die alle Möglichkeiten der menschlichen Stimmkraft ausschöpf-

ten. Im übrigen hätte man, vor allem im Konservatorium, Mühe, die Schüler acht oder zehn Jahre zu halten, wenn man ihnen nichts Erfreulicheres anbot als eine einzige Seite mit Übungen.

Dennoch trainiert jeder Sänger auch heute noch am Beginn seiner Laufbahn manchmal ein ganzes Jahr einige Grundübungen, die nur dazu geeignet sind, die Töne richtig zu treffen, bevor er sich an eine richtige Partitur wagt. Betrachtet man die Übungsbücher Porporas, wird deutlich, daß eine begrenzte Anzahl von »Formeln« dazu dient, die Stimme für das zu schulen, was man als »Grundlagen« der Vokaltechnik bezeichnen könnte. Das Heft mit Gesangsübungen in der British Library, nur ein Nachdruck aus den neapolitanischen Archiven, enthält in der Tat eine Reihe von Übungen, von der einfachsten bis zur schwierigsten, die nur fünfzehn Zeilen einnehmen (die Klavierbegleitung natürlich nicht eingeschlossen).[2] Fünfzehn Zeilen, die sehr wohl auf einer Seite Platz hatten und als Einführung in den Unterricht dienen konnten, am Morgen beispielsweise, wenn der Sänger seine Stimme übt, bevor er sich an schwierigere und vielfältigere Aufgaben macht. Da gibt es ansteigende Tonleitern in ganzen Noten, dann ganze und Viertelnoten und Triller über zwei, drei oder vier Noten. Es folgen Serien von fünf Noten, dann von zehn, ansteigend oder nach unten laufend, in allen Rhythmen, Tonleitern in allen Tonlagen, schnelle Gruppen (Viertel bis Sechzehntel) und schließlich chromatisches Auf und Ab. Bei diesen Grundübungen verzichtete man auf alle Raffinessen der großen barocken Vokalvirtuosität: Oktavsprünge nach unten mit Trillern, anschwellende, abnehmende, geschmeidige, kräftige Triller ...

Im Konservatorium wie bei Porpora zu Hause war das entscheidende Element des Unterrichts für Kastraten die Atemtechnik. Gegen Ende des 17. Jahrhunderts und vor allem im 18. Jahrhundert erlebte die Vokalakrobatik der Sänger eine schwindelerregende Entwicklung. Um diese Technik zu beherrschen und vor allem, damit nicht Atemprobleme die Vokalkunst hemmten, mühten sich alle Lehrer, bei ihren Schülern eine unvergleichliche Perfektion der

Atmung zu entwickeln. Zahlreiche Zeugenaussagen bekräftigen
eine Vorstellung, nach der die Kastraten »nicht atmeten« und mit
einem Atemzug eine Folge von mehreren Dutzend Sechzehnteln
aneinanderreihen konnten. Die *Messa di voce*, höchstes und un-
übertroffenes Kunstwerk des Kastratengesangs, bestand darin,
einen Ton *pianissimo* anzustimmen, ihn dann bis zu einem Höhepunkt anschwellen und schließlich in einem Hauch ersterben zu
lassen. Carlo Broschi konnte diesen Ton bis zu einer ganzen
Minute halten, ohne daß man ein Zeichen von Erschöpfung bemerkte, dann setzte er ihn mit einem Sprudel von Ornamenten in
allen Tonlagen fort.*

Carlo machte rasche Fortschritte. Der Einzelunterricht gab ihm
die Möglichkeit, seine Ausbildung in fünf Jahren abzuschließen
(sieben Jahre, wenn man berücksichtigt, daß er seine Karriere eigentlich erst 1722 begann), während die normale Vertragsdauer für
Kastraten in den Konservatorien bei zehn Jahren lag. Ein *Maestro*
behielt seine Schüler aus naheliegenden Gründen nicht länger als
fünf oder sechs Jahre; das war auf der italienischen Halbinsel die
übliche Lehrzeit. Nachdem er ihn aufgenommen und ausgebildet
hatte, mußte er nun den Beginn seiner Laufbahn sichern und vor
allem einen Bühnennamen für ihn finden. Seit der zweiten Hälfte
des 17. Jahrhunderts behielten nur wenige große Kastraten ihren
Familiennamen. Es ging ihnen nicht darum, die eigene Herkunft
unbedingt zu verheimlichen, weil sie sich ihrer womöglich schäm-
ten, sie wollten vielmehr einen anziehenden Bühnennamen finden,
der das sentimentale italienische Publikum berührte.

Sehr oft hängte das Publikum aus Anerkennung und Freundschaft einen Diminutiv (*-ino* oder *-uccio*) an den Namen des

---

* Als »Farinelli-Übung« bezeichnet man heute eine Atemübung, die auf dem
Rücken liegend auszuführen ist: Der Sänger atmet durch den Mund ein, »wie
durch einen Strohhalm«, um die Nieren und den unteren Teil des Brustkorbes zu
weiten. Sie wird sehr langsam ausgeführt (sieben Sekunden, dann zehn, dann
zwölf …). Nachdem der Sänger zwei Sekunden die Luft angehalten hat, versucht
er zuerst den Unterbauch zu leeren, indem er sehr schnell ausatmet.

bevorzugten Künstlers: So wurde Nicolò Grimaldi zu Nicolino, Matteo Sassano zu Matteuccio, Francesco Antonio Pistocchi zu Pistocchino. Manchmal griff man auf die regionale Herkunft des Kastraten zurück: Francesco Bernardi aus Siena nannte sich Senesino, und Domenico Cecchi nahm den Namen seiner Heimatstadt Cortona an. In vielen Fällen jedoch war der Name eine Hommage an den *Maestro* oder Förderer zu Beginn einer vielversprechenden Karriere. Gioacchino Conti, ausgebildet vom Kastraten Gizzi, nannte sich Gizziello, ebenso nahm Caffarelli (Gaetano Maiorano) den Namen seines Lehrers Caffaro an. Giovanni Carestini, wie Carlo 1705 geboren, wählte den Namen der Mailänder Familie, die ihn gefördert hatte, die Cusani, und wurde zu Cusanino.

Für diese Lösung entschied sich Carlo Broschi, aus Verehrung und Dankbarkeit für die drei Brüder Farina, große Kenner und Liebhaber der Musik, bei denen er während seiner Ausbildung in Neapel oft gesungen hatte. Man kann sich natürlich fragen, warum Carlo lieber seine Förderer ehrte als seinen Lehrer. Dieser Platz war einfach schon besetzt: Wie bereits erwähnt, war der Kastrat Antonio Uberti der erste Schüler von Porpora. Als er 1715 sein Studium beendete, nannte er sich Porporino. So wurde Carlo Broschi für die Nachwelt zu Farinelli (oder Farinello),* obwohl ihm viele Zuhörer aus dem Süden Italiens noch lange den liebevollen Beinamen »il Ragazzo« gaben.**

---

* In seinen Briefen unterschrieb Carlo Broschi mit *Farinello* oder *Farinelli*; manchmal benutzte er beide Namen in demselben Brief.
** Nur A. Giovine behauptet in einem Artikel mit dem Titel »Warum nannte man Carlo Broschi aus Andria Farinelli?«, Carlo hätte das Pseudonym nach einem seiner ersten neapolitanischen Lehrer gewählt, der Farinello hieß. Er stützt sich dabei auf einen Satz des Komponisten Mele, der Farinelli für den Calatrava-Orden in Spanien empfahl. Dieser Satz ist in der Tat zweideutig, aber der Erklärung fehlt es an Logik. Einerseits findet man keine Spuren dieses Lehrers, und nichts beweist, daß Carlo Broschi unter der Autorität eines anderen Meisters begonnen hätte, bevor er zu Porpora kam; andererseits hat kein Kastrat je den vollständigen Namen seines Lehrers übernommen, ohne ihn zu verändern, um eine wenig wünschenswerte Verwechslung zu vermeiden.

2. Triumph in Italien

C ARLO ist 1720 fünfzehn Jahre alt. Porpora, der sein Fohlen schon ins Rennen schicken will, hat eine Serenade für den Geburtstag des österreichischen Kaisers vorbereitet, *Angelica e Medoro*, die er kurzentschlossen mit einer gewissen Emphase zur Oper erhebt. In allen Ländern unter österreichischer Herrschaft gehört es zum guten Ton, den »glücklichen Tag« bei diesem oder jenem Aristokraten, der dem Kaiser nahesteht, feierlich zu begehen. Porpora will zwei Fliegen mit einer Klappe schlagen: seiner kaiserlichen Herrschaft dienen und seinen Schützling lancieren. Das Manuskript, aufbewahrt im British Museum,[3] beschreibt die Geschichte der Komposition: Der erste Teil wird am 7. August 1720 vollendet, der zweite am 19. August. Alles ist bereit für das Schicksalsdatum 1. Oktober, an dem der Geburtstag bei Antonio Caracciolo, Principe della Torella, gefeiert wird. Wahrscheinlich hat Porpora seinen Schützling im verborgenen gehalten, um die adlige Gesellschaft zu überraschen, die sich im neapolitanischen Palast versammelt hat.

Obwohl es keinen Bericht über diesen ersten Abend gibt, belegen die *Avvisi di Napoli*, daß er 1720 stattfand und nicht 1722, wie man oft in Musikenzyklopädien gelesen hat. Ein Fehler von Fétis im 19. Jahrhundert hielt sich hartnäckig und schuf Verwirrung zwischen der Uraufführung und einer weiteren Vorstellung zwei Jahre später. Der Erfolg von *Angelica* wiederholte sich tatsächlich 1722 anläßlich des Geburtstags der Kaiserin, der Porpora das Werk mit folgenden Worten widmete: »Dies ist der glückliche Tag, erhabene Elisa, da deine große Seele die Erde nach dem Bild deines Geburtssterns geformt hat.«[4]

Die ersten Zeugnisse über Farinellis Anfänge zeigen, welchen

Eindruck seine Stimme bei dem italienischen Publikum hinterließ. »Unter allen Sängern, die es heute gibt«, schreibt der deutsche Reisende Keyssler, »kann man keinen finden, der mit seinen Koloraturen und in der Schönheit der Stimme mit Farinelli konkurrieren könnte. Mit vollendeter Leichtigkeit wandert seine Stimme über dreiundzwanzig Noten [etwa drei Oktaven], niemand kann sich erinnern, jemals etwas Vergleichbares gehört zu haben. Die Menschen glauben, daß er unter dem Schutz der Heiligen Jungfrau steht, die von seiner Mutter besonders innig angebetet wurde.«[5]

Die Aufführung von *Angelica e Medoro* war nicht nur ein herausragendes Ereignis für die Beziehung, die sich zwischen dem Kastraten und seinem Publikum entwickelte. Für den jungen Mann brachte sie auch die Begegnung mit dem Autoren der Verse dieser Serenade: dem römischen Dichter Pietro Trapassi, der die Banalität seines Namens (Trapasso = Übergang) auslöschte, indem er sich den Namen »Metastasio« gab, die italienisierte griechische Übersetzung desselben Wortes. Auch Metastasio, der nur sieben Jahre älter als Farinelli war, trat als Autor eines Opernlibrettos (oder einer Serenade) zum erstenmal in die Öffentlichkeit. Zu jener Zeit hatte er ein Verhältnis mit Marianna Benti Bulgarelli, die die Rolle der Angelica sang, während Farinelli als Medoro auftrat. Die Begegnung dieser aufsteigenden Sterne am Musikerhimmel war der Beginn einer Freundschaft, die sechzig Jahre währen sollte. Bis zum letzten Atemzug bezeichneten sich die beiden Freunde als »Zwillinge«.

Gestärkt durch ein solches Debüt und getrieben von Porpora, der ihm anfänglich als Impresario zur Seite stand, begann Carlo seinen Weg durch die Königs- und Fürstenhöfe und die berühmtesten Theater Italiens. Es ist müßig, die ungewöhnliche Schönheit seiner Stimme beschreiben zu wollen, wenn man nicht jene sprechen läßt, die das Glück hatten, ihn bei seinen Reisen über die Halbinsel zu hören. Wer immer auch die Kommentare schrieb, Farinellis Stimme wurde jedesmal zum Symbol technischer Perfektion, zum Beispiel für eine fehlerfreie Beherrschung der Atemtechnik, mit der er die Tradition einer Gesangsschule fortsetzte: »Senesino war der erste, der in der neuen Weise sang«, schreibt Sara Goudar, »Farinelli folgte kurze Zeit später und übertraf ihn.«[6] Arteaga faßte dieses allgemeine Urteil kurz und bündig zusammen: »Sichere und fehlerfreie Intonation, unvergleichliche Geschmeidigkeit, unglaubliche Gewandtheit, Zurückhaltung und Eleganz in den Verzierungen, die gleiche Vortrefflichkeit im leichten Stil wie in der Pathetik, sehr genaue Abstufung beim Heben und Senken der Stimme je nach Gestalt des Gefühls.«[7] Für Sacchi, seinen ersten Biographen, »hatte er von Natur eine sehr klare Stimme, sanft und dennoch durchdringend, ein gehorsames Organ und, was das wichtigste ist, ein außergewöhnliches Lungenvolumen.«[8]

Eben das war in den Jahren der »Eroberung« Farinellis Spezialität: die perfekte Übereinstimmung einer meist sehr »akrobatischen« Melodie und der Atemführung. Niemand verstand, wie er bei manchen Partituren eine Passage von einhundertfünfzig Noten auf einer Silbe in einem Atemzug singen konnte! Dieses Phänomen, von seinen Zuhörern bald als übernatürlich beschrieben, verbreitete er nun bis zu seiner Abreise nach London von Stadt zu Stadt. In vierzehn Jahren trat Carlo in mehr als sechzig Werken oder Konzerten auf (viele davon wurden an mehreren Abenden hintereinander wiederholt). Er sang in Wien, in München und in vierzehn italienischen Städten, zog unermüdlich von einem Ort zum anderen und kehrte wieder an den Ausgangspunkt zurück. Rom (acht Aufenthalte), Neapel (sechs) und Venedig (fünf) waren die Zentren seiner Reisen.

Nach den Anfängen in Neapel wandte er sich zunächst nach Rom. Das war natürlich die Stadt, die er zuerst kennenlernen mußte, denn Porpora, dessen Werke vor allem in Neapel und Wien aufgeführt wurden, hatte dort 1718 mit der Oper *Berenice, regina d'Egitto*, die er gemeinsam mit Domenico Scarlatti schrieb, einen Erfolg errungen. Die Geschichte verschweigt, ob Carlo seinen Lehrer damals begleitete und Gelegenheit bekam, zwei seiner bedeutendsten Vorgänger in den Titelrollen zu hören: Domenico Gizzi und Annibale Pio Fabbri. Sicher scheint, daß er den Sohn Alessandro Scarlattis bei dieser Gelegenheit nicht getroffen hat. Drei Jahre später, 1721, wiederholte Porpora seinen Erfolg in derselben Stadt mit *Eumene*. Entgegen vielen Behauptungen sang Farinelli bei dieser Aufführung nicht. Wahrscheinlich nutzte er jedoch die Gelegenheit, um Kontakte zu knüpfen, denn im folgenden Jahr erlebte Farinelli, parallel zur Wiederaufführung von *Angelica* in Neapel, in Rom ein vielbeachtetes Debüt mit *Sofonisba* von Luca Antonio Predieri aus Bologna. Nun hinderte ihn nichts mehr, ab 1723 auf den Bühnen Roms und Neapels in den Werken zu singen, die sein Lehrer mit atemberaubender Geschwindigkeit komponierte: 1723 *Adelaide* in Rom und anläßlich der Hochzeit des Principe di Montemiletto *Imeneo* in Neapel, dann im Frühjahr 1724 *Semiramide, regina dell'Assiria*, ebenfalls in Neapel. Zu diesen Opern kamen zahlreiche Konzerte und Serenaden, die der Flötist Quantz beim Fürsten von Liechtenstein hörte, wo die Kastraten Farinelli und Francischello, die Sopranistin Vittoria Tesi und der Komponist Hasse gemeinsam auftraten. Letzterer hatte um 1722 ebenfalls begonnen, bei Porpora zu studieren; später setzte er seine Ausbildung bei Alessandro Scarlatti fort.

Durch ein unerwartetes Ereignis, das dem römischen Publikum für immer in Erinnerung bleiben sollte, übertraf der Erfolg des Debütanten sogar die Hoffnungen von Porpora und Farinelli: der heroische Wettkampf zwischen der Stimme des Kastraten und der vollendeten Virtuosität eines großen Trompeters.

Der englische Musikwissenschaftler Burney, der ihm erst viel später, 1770, begegnete, ließ sich von ihm persönlich diese erstaunliche Leistung berichten, die sich wie ein Lauffeuer in ganz Europa verbreitete: »Beide ließen einen Ton anschwellen, dann zeigte jeder die Kraft seiner Lunge und suchte den anderen an Brillanz und Kraft zu überbieten; gemeinsam führten sie ein Crescendo und einen Triller in Terzen aus, der so lange gehalten wurde, daß beide erschöpft schienen. Der Trompeter hörte auf, glaubte er doch, sein

Gegner wäre ebenso ermüdet wie er und der Kampf müßte unentschieden enden. Da zeigte Farinelli mit einem Lächeln, daß er sich
nur über ihn lustig gemacht hatte; plötzlich begann er, noch immer
in demselben Atemzug, mit neuer Kraft, entfaltete und schmückte
die Note nicht nur mit Trillern, sondern führte die schnellsten und
schwierigsten Divisionen aus, die erst durch die Beifallsstürme
unterbrochen wurden.«[9]

Die Anekdote ist so schön, daß man sie in jeder Anthologie
findet. Sie erklärt, was für ein außergewöhnliches Phänomen der
achtzehnjährige Sänger war, kaum ausgeschlüpft und schon eine
lebende Legende. Vor allem die Einzigartigkeit seiner Fähigkeiten
beeindruckt die Kommentatoren des 18. Jahrhunderts, ob es sich
um seine Vokaltechnik oder die Atemtechnik handelt:»Die Kunst,
den Atem zu halten und Luft zu holen, mit soviel Zurückhaltung
und Geschicklichkeit, ohne daß es jemand bemerkt, entstand und
starb mit ihm.«[10]

Von Rom nach Venedig, von Verona nach Parma, von Mailand
nach Bologna – alle großen Bühnen lernten die außergewöhnlichen Gaben des Carlo Broschi kennen. Dies war eine andere
Eigenart des Sängers: Im Unterschied zu den meisten seiner Altersgenossen teilte er sich nie zwischen Kirche und Theater. Die
großen Kirchenchöre, die bedeutendsten Kathedralen standen oft
am Beginn der Karriere junger Kastraten, die auf der Suche nach
einem Publikum und nach der eigenen Identität waren. Seit Beginn
des 17. Jahrhunderts empfing sie die Kirche mit offenen Armen,
überzeugt, kein Opfer wäre zu groß, das Lob Gottes zu singen. Die
Stimme war in diesem»Falle »wertvoller als die Fruchtbarkeit«.[11]
1641 behauptete der Theatiner Zaccaria Pasquaglio sogar, die Kehle
eines Jungen hätte in seinen Augen mehr Wert als seine Hoden.

Die meisten Kastraten des vorangegangenen Jahrhunderts waren in der Sixtinischen Kapelle, in San Petronio in Bologna oder in
der neapolitanischen Kapelle von San Gennaro berühmt geworden. Viele verließen die Kirchen, um die phantastischen Gehälter
anzunehmen, die ihnen die Theater boten, zum großen Mißfallen

der Kirche, die ihnen nicht soviel zahlen konnte. Farinelli machte eine Ausnahme. Durch sein Studium bei Porpora, fern der Kirchenchöre und Konservatorien, erlaubte ihm sein Ruhm schon bald, sich ganz auf die Theater zu verlassen, ohne das Repertoire der Kirchenmusik zu streifen. Dennoch bewies er sein Leben lang einen tiefen Glauben und eine tadellose Lebensführung, um die ihn viele Kastraten der Kirche beneiden konnten.

Nach den ersten Schritten in Neapel (1720 und 1722 bis Anfang 1725) reiste Carlo vor allem zwischen Neapel und Rom hin und her. 1724 machte er eine der wichtigsten Bekanntschaften seiner Laufbahn. Domenico Scarlatti, der Italien bereits verlassen hatte, um den jüngeren Bruder und die Tochter des Königs Johann V. von Portugal in Musik zu unterrichten, war für kurze Zeit nach Neapel zurückgekehrt. Von Neapel fuhr er nach Rom und stattete dort der Botschaft Portugals einen Besuch ab, wo er eine Oper des Komponisten Gasparini, ein alter Freund Scarlattis, hörte. Das Glück wollte es, daß Farinelli sang. Für den jungen Kastraten war es eine Gelegenheit, den neununddreißigjährigen Komponisten, den er bereits bewunderte, kennenzulernen. Scarlatti begeisterte ihn mit Berichten von seinem Treffen mit Händel 1705 in Venedig oder seiner Freundschaft zu Cristofori, dem Erfinder des Pianoforte. Die beiden Männer ahnten nichts von der engen musikalischen wie freundschaftlichen Verbindung, die sie dreißig Jahre später in Spanien vereinen sollte.

1725 beginnen die Opernspielzeiten, eine voller als die andere. Pater Martini weiß zu berichten, daß man sich prügelt, um Farinelli in den Theatern singen zu hören, sind doch seine Talente zu »höchster Vollendung« gelangt. In diesem Jahr verbringt er die Karnevalszeit in Venedig und Verona. Bei seinem kurzen Aufenthalt in der Lagunenstadt singt er im Teatro San Cassiano, einem Symbol der Operngeschichte. Als erster Theatersaal öffnete er sich kaum ein Jahrhundert zuvor, 1637, dem breiten Publikum (und nicht einer privilegierten Gesellschaft). Den Rest des Jahres verbringt Carlo am Teatro San Bartolomeo in Neapel. Dort ist er auch noch zum Karneval 1726, ehe er nach Parma an das herzogliche Theater wechselt. Hier hört ihn der deutsche Flötist Quantz erneut, und er spricht von »dieser durchdringenden, vollen, reichen, leuchtenden und wohlmodulierten Sopranstimme« über nur zwei Oktaven (von D 3 bis D 5), während sich seine Stimme einige Jahre später, so der deutsche Musiker, nach unten weiten wird, »ohne einen der hohen Töne zu verlieren«.[12] Mailand und Rom vollenden das Reiseprogramm für 1726. Das folgende Jahr wird durch den unvergeßlichen Sommer in Bologna bestimmt, der für Carlo in zweifacher Hinsicht Bedeutung hat. Er ist eingeladen, die Rolle des Ceraste in *La Fedeltà Coronata ossia l'Antigona* von Orlandini zu singen. Hier hat er Gelegenheit, sich mit dem bedeutenden Kastraten Antonio Maria Bernacchi aus Bologna zu messen, einem Schüler des nicht weniger bekannten Kastraten und Pädagogen Francesco Antonio Pistocchi. Das Publikum strömt ins Teatro Malvezzi, um die Begegnung zwischen dem von seinen Landsleuten vergötterten Sänger, der bereits fünfzehn erfolgreiche Jahre hinter sich hat, und dem jungen Farinelli zu erleben. Wie das römische Publikum den Wettkampf zwischen dem Sänger und einem Trompeter erleben konnte, werden die Zuhörer in Bologna an einem jener gnadenreichen Augenblicke teilhaben, von denen man bis zum Ende des 18. Jahrhunderts spricht. Farinelli singt die erste Arie. Er will zeigen, wer er ist, und versteht es wohl, alle Wunder seiner Kunst zu entfalten: Triller, Appoggiaturen, Tonläufe nach oben und nach unten, *Gruppetti*, Geschmeidigkeitsübungen, Diminutionen, die auch dem skeptischsten Zuhörer den Atem rauben. Dann kommt Bernacchi. Zum großen Erstaunen der Anwesenden nimmt er alle Verzierungen seines Vorgängers wieder auf, imitiert sie genau und fügt einige andere aus seiner Phantasie hinzu, bevor er mit der Eingangsmelodie in all ihrer Einfachheit und Lieblichkeit schließt. Das Publikum tobt. In zwei Arien hat man alles gehört, was die Kunst der Kastraten an Erlesenem, an Virtuosität und »schönem Gesang«, zu bieten hat.

Ein solcher Wettkampf zwischen zwei gleich starken Persönlichkeiten konnte sie für den Rest des Lebens mit Groll aufeinander erfüllen. Nichts davon, allein wegen des *Ottimo animo* (des edlen Wesens), das Giovenale Sacchi beiden Sängern bescheinigt. Dieser Sommerabend besiegelt zwischen den beiden Männern eine dauerhafte Freundschaft und einen tiefen Respekt voreinander. Niemals wird Bernacchi, der bald darauf eine Gesangsschule in Bologna eröffnet, Farinelli als Rivalen ansehen. Und Carlo, mit seinem sicheren Urteilsvermögen, die Fähigkeiten des Älteren zu würdigen, wird diesen geborenen Pädagogen oft um Rat fragen.

Bologna markiert eine große Wende in Farinellis Karriere, den Sprung nach vorn, der seinen Ruf über die Grenzen Italiens hinausträgt. Auch findet hier die zunächst wenig spektakuläre Begegnung mit dem Grafen Sicinio Pepoli statt, die bald schon beruflich wie menschlich herausragende Bedeutung erlangt. Der Aristokrat ist Mitglied des *Comitato impresariale* (Direktionskomitee) des Teatro Malvezzi, zu jener Zeit das Lieblingstheater des Bologneser Adels. Er ist der Prototyp eines Mäzens und Impresarios, ebenso vorsichtig in seiner Art, Geschäfte zu lenken, wie kühn in seiner Auswahl, vor allem wenn es darum geht, einen neuen Stern am Opernhimmel aufzuspüren. Wo immer etwas geschieht, ist Sicinio Pepoli, eine graue Eminenz des Künstlerlebens, da, um zu beraten, aus der Ferne Einfluß zu nehmen und oft zu finanzieren.

Pepoli hatte natürlich schon von Farinelli gehört, denn jener hatte in Rom mit *Sofonisba* von Predieri, Komponist aus Bologna und Schützling Pepolis, debütiert. Da die Begegnung eines Mitglieds des Hochadels und eines so jungen Sängers von geringer Abstammung nicht unvorbereitet stattfinden konnte, gingen Carlos Ankunft in Bologna zwei Empfehlungsschreiben voraus. Beide kamen von einer der edelsten Familien Roms, den Colonna, Verwandten des Grafen Pepoli. Die erste Botschaft, am 27. März 1727 in mäßigem Französisch geschrieben, stammt aus der Feder seines Schwagers Fabrizio Colonna, Konnetabel Roms: »Ich lege Euch Herrn Charle Broschi, den ich mit großer Zuneigung und Hochachtung betrachte, ans Herz und bitte Euch, ihm Euren Schutz angedeihen zu lassen und ihm in allen Fragen, die während seines Aufenthaltes in dieser illustren Stadt auftauchen können, Eure Unterstützung zu gewähren. Jede Gunst, die Ihr ihm gewährt, erlegt mir unendliche Verpflichtung auf, aber ich bin gewiß, daß es Euch Vergnügen bereiten wird, einen höchst begabten Sänger kennenzulernen und zu unterstützen.«[13]

Am 1. April tritt der Onkel Pepolis, Kardinal Carlo Colonna, in Aktion. Er schreibt auf italienisch:»Obwohl Herr Carlo Broschi, genannt Farinelli, meiner Fürsprache nicht bedarf, ist er doch selbst sehr wohl in der Lage, die Gnade und die Gunst des Adels und vor allem Eurer erhabenen Herrlichkeit zu erlangen, empfehle ich ihn Euch um der Zuneigung willen, die ich für ihn empfinde, damit Ihr ihn unter Euren Schutz nehmt …«[14]

Farinelli verläßt Bologna voller Befriedigung über das, was er dort erlebt hat, und begibt sich nach Rom, dann nach Parma und 1728 wieder nach Rom. Dieser erneute Aufenthalt in der Stadt des Papstes hält für ihn ein weiteres bedeutendes Ereignis bereit. Zum erstenmal wird er in einer Oper seines Bruders Riccardo singen können. Bisher sind die beiden Brüder ihre eigenen Wege gegangen, ohne sich ganz aus den Augen zu verlieren. Carlo lebte im Schatten Porporas, während Riccardo am Conservatorio Santa Maria di Loreto Komposition studierte. Dann eroberte der Jüngere sehr schnell die italienischen Bühnen, während Riccardo erst im Februar 1725 bekannt wurde, als er Sakralmusik für das Festival von San Biagio in der neapolitanischen Kirche Santa Maria del Popolo degli Incurabili komponierte. Im Herbst hob eine kleine *Opera buffa, La vecchia sorda*, aufgeführt im Teatro dei Fiorentini in Neapel, Riccardo in den Rang der bedeutendsten Komponisten dieses neuen komischen und populären Genres, das acht Jahre später in *La Serva Padrona* von Pergolesi seinen Höhepunkt fand. Die große Periode der Heldenopern begann für Riccardo 1728. Sein Bruder Carlo war in Rom der erste Interpret in *L'Isola d'Alcina*. Nun nahm die Zusammenarbeit der Brüder ihren Lauf bis nach London, wo Riccardo für den Jüngeren eine seiner schönsten Arien schrieb.

Mit München und Mailand ging das Jahr 1727 weiter und klang im November mit der Rückkehr nach Venedig aus, zweifellos eine der gastfreundlichsten Städte für Carlo, die in seiner Karriere von größter Bedeutung war. Fünfmal gastierte er dort (1725, 1728/29, 1730, 1733 und 1734), immer zum Karneval. In diesen sechs Monaten erreichte das venezianische Theaterleben seinen jährlichen Höhepunkt. Der allmähliche Verfall der Dogenstadt (eine Agonie von drei Jahrhunderten) trieb die Einwohner zu Festen und Vergnügungen, fern von kommerziellen Aktivitäten. Für die Nachwelt wurde Venedig das Symbol des Barocks, hingegeben dem Glück des Augenblicks, dem Genuß des Vergänglichen und der Kurzlebigkeit des Vergnügens. Eine Stadt, die um ihren nahen Tod wußte, aber stolz darauf war, mit einem Lachen, mit Masken und Tänzen zu vergehen. Wie könnte sich ein dreiundzwanzigjähriger Sänger dieser kollektiven Begeisterung entziehen, die sich in den Theatern und auf den Straßen ausbreitete, zwei Monate vor Weihnachten, zwei Monate vor Fastnacht und zwei Monate nach Ostern?

Der zweite Aufenthalt Carlo Broschis öffnet ihm die Pforten des Teatro San Giovanni Crisostomo, das ebenso wie das San Samuele der Familie Grimani gehört und sich in dieser Zeit auf dem Gipfel seines europäischen Ruhmes befindet. Jeder will den meistbeachteten Sänger auf der wunderschönen Bühne erleben. Wie so oft im Laufe seiner Karriere hat Carlo hier zwei Vorkämpfer, die ihm das Terrain bereiten: den Dichter Metastasio und den Komponisten Porpora. Beide genießen seit zwei Jahren allgemeine Anerkennung. Es wäre ein Euphemismus, wollte man sagen, die Bevölkerung warte auf Farinelli. Seine Ankunft ist das absolute Ereignis, neben dem alles andere lächerlich ist: »Man spricht von nichts anderem als von Opern«, schreibt Abbate Antonio Conti, »und man ist so besessen von Farinello, daß man, stünden plötzlich die Türken im Golf, diese seelenruhig landen ließe, um nicht zwei Arietten zu verpassen. Heutzutage ist es ebenso gefährlich, schlecht von Farinello zu sprechen, wie früher in Paris, sich abfällig über das neue System von Monsieur Law zu äußern.«[15]

Mit vier verschiedenen Opern (*Ezio* und *Siramide riconosciuta* von Porpora, *Catone in Utica* von Leo sowie *L'Abbandono di Armida* von Pollarolo) begeistert Farinelli ein erfahrenes venezianisches Publikum. Man hält den Atem an vor dieser reinen, vollkommenen Stimme, fähig, »die längsten Intervalle mit großer Geschwindigkeit, Leichtigkeit und Sicherheit zu singen« (Quantz).[16] Dies bestätigt Pater Conti in einem Brief vom 29. November 1728: »Er berührt alle Saiten, manchmal in einem einzigen Lied, mit erstaunlicher Geschmeidigkeit, und die Stimme, die man *di petto* (Bruststimme) nennt, ist bei ihm ebenso stark und vielfältig, wie die *di testa* (Kopfstimme) erfahren und harmonisch ist.«[17] Überall, wo er auftritt, schätzt man vor allem die Kunst, »die Passagen unendlich zu variieren«, das heißt, in die Ornamente seine kleine persönliche Note einzubringen, seine akrobatische Phantasie.

Diese unvergleichlichen Augenblicke der Gnade haben natürlich ihren Preis. Venedig wird als erste Stadt beträchtliches Kapital aufbringen, um Carlo eine Inszenierung anzubieten, die seines Talentes würdig ist. Mit dreiundzwanzig Jahren ist er bereits der reichste Sänger seiner Zeit. Pater Conti zufolge hat er »mehr Geld erhalten, als alle Wissenschaftler Europas zusammen in drei Jahrhunderten verdient haben«.[18] Die goldenen Brücken, die man ihm bereits andernorts baute, führen am Rande der Lagune ins Unermeßliche: Die Familie Grimani baut auf ihn, um das rivalisierende Theater San Cassiano zu überbieten, das sich mit der großen Sängerin Faustina Bordoni, Frau des Komponisten Johann Adolf Hasse, als Impresario gewappnet hat. Wie später in London profitiert Carlo von diesem Wettstreit und den einander übertreffenden Angeboten für Sänger. Hier wie anderswo fehlt es nicht an Kritikern an den ungeheuerlichen Summen, mit denen sich die Theater für ein paar Augenblicke der Ekstase ruinieren. In einer Epoche, da die kunstbesessene Verschwendungssucht eine grundlegende Tugend ist, bleiben kritische Stimmen jedoch deutlich in der Minderheit.

1729. Die letzten Lichter des Karnevals über der Oper von Pollarolo sind kaum verloschen, da bricht Carlo wieder nach Parma auf, um in einer Oper von Giacomelli zu singen, ehe er im Oktober in München in einer neuen Oper von Pietro Torri auftritt. Auch die Saison 1729/30 ist reich an Reisen: Rom, Neapel, Piacenza, Vicenza, Rückkehr nach Venedig zum Karneval 1730 und erneute Zusammenarbeit zwischen den Broschi-Brüdern. Riccardo hat ihm die wunderbare Titelrolle des *Idaspe* geschrieben. Niemand weiß besser als er, wie man das bewunderungswerte Stimmvermögen des Sängers ausschöpfen kann. Seit ihrer frühesten Kindheit konnte er jeden Fortschritt dieser Stimme verfolgen, die sich auch 1730 noch weitet und abrundet, die Grenzen der Virtuosität immer weiter öffnend. Charakteristisch sind in der berühmten Arie *Qual guerrier in campo armato* die langen Ketten von Trillern, die Intervalle von Dezimen und die kontrastreichen Passagen zwischen hohen und tiefen Tönen (von G 2 bis C 5), gut geeignet, das Durcheinander und die Gewalt der Schlacht wiederzugeben. Das gleiche Können während des Karnevals in *Artaserse* von Hasse, mit einem Libretto von Metastasio – in der ersten Hälfte des 18. Jahrhunderts ein Höhepunkt der *Opera seria* und eines der Prunkstücke Farinellis.

3. Wien und der Kaiserhof

D AS Jahrzehnt 1730 bis 1740 ist zweifellos das fruchtbarste für Farinelli. Seinem Aufenthalt in Wien folgt die ehrenvolle Ernennung zum Bürger Bolognas, der dreijährige Aufenthalt in London und der Aufbruch nach Spanien, in ein völlig anderes Leben. Keine andere Epoche seines Lebens ist so reich an folgenschweren Umwälzungen für seine private und berufliche Zukunft. Für spätere Historiker ist es auch eine sehr viel besser bekannte Zeit, dank der umfangreichen Korrespondenz, die Carlo mit dem Grafen Sicinio Pepoli unterhält. Ein solcher Briefwechsel wird ab 1731 möglich, als der Sänger für die Inszenierung von *Farnace* von Giovanni Porta an das Theater Malvezzi nach Bologna zurückkehrt. Von diesem Zeitpunkt dehnen sich die Geschäftsbeziehungen zwischen den beiden Männern aus: Der Graf braucht Farinelli für das Gelingen seiner Aufführungen, der Sänger braucht seinen Beschützer, um neue Aufträge zu bekommen.

Am Anfang dieses Briefwechsels ist Carlo sechsundzwanzig, der Graf siebenundvierzig Jahre alt. Während die sehr zahlreichen Briefe aus Italien kaum den beruflichen Rahmen sprengen, entsteht mit den folgenden allmählich (und trotz abnehmender Regelmäßigkeit) eine Beziehung voller Zuneigung, wie zwischen Vater und Sohn. Bis zum Tode Sicinios versucht Carlo durch seine Briefe die Entfernung, die sie trennt, zu überbrücken.

Von Bologna fährt Carlo zum erstenmal nach Turin. Auch das piemontesische Publikum ist begierig, diese Stimme zu hören, die von vielen Zeitungen als »Wunder« bezeichnet wird. Für den Sänger bietet sich die Gelegenheit, eine neue Rolle in der Oper *Ezio* zu singen, die sein Bruder Riccardo für ihn komponiert hat. Wie auf all seinen Stationen drängen sich auch hier die Herrscher, ihn einzuladen, um seine Stimme in anderer Umgebung als der eines großen Theatersaales zu genießen. An zwei aufeinanderfolgenden Abenden singt Carlo für den König und die Königin von Piemont, ebenso wie Faustina Bordoni, die sich zur gleichen Zeit wie er in Turin aufhält. Zum Dank für ihre Darbietungen erhalten beide einen Silberkelch und eine Schale im Wert von 200 Louisdor. Fano, eine kleine Stadt in den Marken, ist sein nächstes Ziel. Carlo ist begeistert vom Theater, das mit seiner vornehmen Ausstattung und der Vielzahl von Adel und Klerus sehr wohl einer größeren Stadt würdig wäre. Für den Ort ist zur Wiedereröffnung des Teatro della Fortuna nichts gut genug, das Ereignis zu feiern. Man beschließt, *L'innocenza giustificata* von Orlandini aufzuführen, mit den besten Sängern, unter ihnen Farinelli, der die Rolle des Astiage singt, der Kastrat Castori und die Sängerinnen Vittoria Tesi und Cecilia Belisani. »La Tesi«, wie man sie nennt, bleibt fortan für lange Zeit die treueste Freundin des Kastraten, auf der Bühne wie im Leben. Wie auch bei anderen Gelegenheiten ist es bewegend, wie sehr sich Carlo, anstatt einzig an die eigenen Einkünfte zu denken, darum sorgt, ob die Veranstalter der Aufführung ihre Kosten decken können oder nicht.

Um sich ein wenig zu entspannen, wozu er nur selten Gelegenheit hat, besucht der Sänger die Messe von Sinigalia. Er ist beeindruckt von der Vielzahl der dort vertretenen Nationen. Aber schon muß er zurück nach Mailand. Die Auswirkungen eines so intensiven Lebens werden in seinen Briefen sichtbar. Zweifellos leidet er unter dieser unaufhörlichen Anstrengung, die ihm die Auftritte und die wenig komfortablen Reisen über die Halbinsel bereiten. Viele Angebote lehnt er ab.

Die Mailänder Etappe ist aus mehreren Gründen sehr interessant, um zu verstehen, wie das Leben eines großen Sängers in jener Epoche aussah. Die Interpreten können in den Werken nach eigenem Willen improvisieren, die »Passagen« nach ihren Wünschen schmücken oder ein paar zusätzliche Arien vom Impresario einfordern, aber sie haben keinerlei Einfluß auf die Werke selbst: Sie machen eine Arbeit und werden dafür bezahlt. Das betont auch Carlo mit einem gewissen Unwillen:»Hier wird die Oper weiterhin Beifall erhalten, aber die Texte sind unerträglich. Also werden wir geopfert, denn wir haben keine Rolle, die unserer Persönlichkeit angepaßt wäre. Dennoch habe ich in Mailand einen Ruhm kennengelernt, den ich mir niemals vorgestellt hätte.«[19] Hier zeigt sich ein weiterer charakteristischer Zug des Sängers: fehlendes Selbstvertrauen, zuweilen gar eine gewisse Schüchternheit und immer Bescheidenheit. Obwohl man ihn vergöttert und er Reichtümer anhäuft, künden seine Briefe immer wieder von fassungslosem Staunen über seinen Erfolg und die herzlichen Reaktionen des Publikums. Glaubt man seinen Briefen, so ist nichts von vornherein sicher.

In Mailand singt Carlo die Rolle des Arbace in *Artaserse* von Vinci, aufgeführt anläßlich der Hochzeit des Marquis Guido Bentivoglio. Wenn das Textbuch und die Musik nicht zu überzeugen vermögen, zögert Carlo nicht, hier und da eine Arie unterzubringen, bei der er sich seines Erfolges sicher sein kann, um zu brillieren und das Publikum zu verführen. Das nennt man in jener Zeit die *Aria di baule* (die Arie aus dem Koffer), die man von Stadt zu Stadt mit sich nimmt. Hier wählt er eine Arie aus *L'Innocenza giustificata* von Orlandini, *Giusti cieli, eterni Dei,* die er an den Anfang des 3. Aktes setzt, um die Wirkung zu erhöhen.

Auch von den Beziehungen zwischen Farinelli und anderen Sängern ist hin und wieder die Rede. Gewöhnlich erlauben ihm seine Zurückhaltung und sein Respekt vor den anderen nur wenig Kritik. Er spricht mit einer Großzügigkeit von seinen Kollegen, die auch sein langer Spanienaufenthalt nie widerlegen wird. Nicht nur einmal lobt er das Talent der besten Sängerinnen Italiens, neben denen er als Star auf der Bühne steht, vor allem jedoch seine bevorzugte Partnerin:»Hier [in Turin] wurde Signora Tesi bisher vom gesamten Adel mit großem Wohlwollen gehört, man liebt ihr natürliches Auftreten; heute abend wird die erste Probe des ›Sachsen‹ [Hasse] stattfinden, der eine hervorragende Musik geschrieben hat.«[20]

Ebenso, wie er sich nie gegen andere ausspricht, erträgt er es nur schlecht, wenn man ihn angreift. So erklärt sich sein ungewöhnliches Verhalten in Mailand: »Carestini hat die Herrschaften des Adels in einem Brief gebeten, ihn zu unterstützen, unter der Bedingung, daß sie dies nicht auch für Farinello täten. Sie sehen, Exzellenz, wie verrucht dieser Kastrat ist! Dem Himmel sei Dank, ich habe wohlwollende Anteilnahme der Familien Simonetta, Borromei, Archinta, Perlunga und Visconti gefunden.«[21] Die harte Schmähschrift, in Madrid über zwei seiner wichtigsten Partner (die Cuzzoni und den Kastraten Senesino) verfaßt, die Gerüchte über ihn verbreitet hatten, bleibt ein Einzelfall. Er bezeichnet sie als »singende Murmeltiere« und bedauert sie ob ihrer Boshaftigkeit, erholt sich jedoch nur schwer davon, »so durch den Schlamm gezogen zu werden, aus dem sanften Mund von Signora Cuzzoni in Gesellschaft ihres treuen Helden Senesino«.[22]

In Mailand hatten die Impresarios den Sängern wenig Aufmerksamkeit geschenkt und ihnen schlechte Rollen zugeteilt. In Ferrara, wo er im Oktober 1731 im *Artaserse* von Vinci singt, erfahren sie keine respektvollere Behandlung. Nicht nur daß sie fast verhungern, weil man sich nicht darum kümmert, ihnen zu essen zu geben, auch die Proben werden durch die Unfähigkeit der Impresarios verdorben. Wie häufig im 18. Jahrhundert finden die Proben für eine Oper in einem Adelspalast statt, der oft komfortabler ist als die Kulissen und die Bühne eines Theaters. Für den aristokratischen Mäzen ist es eine Möglichkeit, sich den Anschein zu geben, selbst ein wenig an der Schaffung des Werkes beteiligt zu sein. In Ferrara probt man bei der Marquise Lucrezia, die schon bald von ihren Freundinnen und Verwandten bestürmt wird. Da sich das Publikum in ihrem Salon drängt, verbietet die edle Dame, daß die wichtigen Arien gesungen werden (um sie nicht zu entjungfern!), mit Ausnahme des Parts der Tenöre und der Rezitative, die man als die unbedeutenden Teile einer Oper ansieht. Farinelli berichtet ausführlich über diese Verschwendung von Zeit und Energie, schlecht geeignet, eine Vorstellung vorzubereiten, die am Ende der Woche im Teatro Bonacossi stattfinden soll:»Bei der ersten Probe, die im Theater stattfand, konnte ich meine Arien nicht proben, denn die Violinenpartien waren nicht da; auch gestern konnte ich aus dem genannten Grund nicht proben. Heute proben wir zum drittenmal, und ich hoffe, daß sich niemand einmischen wird.«[23] Ursprünglich war nicht Carlo für diese Rolle vorgesehen. Den Part des Arbace hatte man dem Kastraten Castori anvertraut, einem anderen Schützling Sicinio Pepolis. Castori stellte jedoch finanzielle Ansprüche, die in keinem Verhältnis zu seinem Talent standen. Deshalb verhandelte Pepoli, um ihn durch Farinelli zu ersetzen. Leider hat auch der höflichste Sänger zuweilen seine Launen. Carlo ließ sich lange bitten, in einer so unbedeutenden Stadt zu singen, und gab dem Drängen seines Gönners nur unter zwei Bedingungen nach: Seine Freundin Vittoria Tesi mußte mit ihm engagiert werden, und Rezitative von Hasse sollten diejenigen Vincis ersetzen! Man kann die Bedrängnis und den Ärger des Direktors in Ferrara, Marquis Guido Bentivoglio, angesichts solcher Forderungen verstehen. Diese Anekdote zeigt jedoch, welche Rolle ein Mäzen wie Graf Pepoli im verzweigten Netz von Theaterunternehmern, meist Adligen, die einander auch über Stadtgrenzen hinaus kannten, spielte. Sie beweist auch, welche Freiheiten sich diese Direktoren gegenüber der Musik und dem Libretto herausnehmen konnten. Nicht selten wurde ein Werk mit der Musik eines Komponisten aufgeführt, der man einige Arien eines zweiten und die Rezitative eines dritten hinzufügte!

Im Dezember 1731 trifft Carlo in Turin ein und berichtet Sicinio Pepoli sogleich über die furchtbare Reise, die er hinter sich hat, »ebenso den entsetzlich schlechten Straßen wie meiner Freundin, der Einsamkeit, geschuldet«.[24] Zum erstenmal findet sich hier in Carlos Schriften diese flüchtige Anmerkung, die sich oft wiederholen wird. Vergöttert, gefeiert, mit Ehren und Geschenken überhäuft, bleibt er dennoch stets ein einsamer Mensch, der von Erfolg zu Erfolg geht, ohne einen Menschen an seiner Seite, ohne andere Zuneigung als jene, die er seinen Vätern und Gönnern entgegenbringt. Er ist noch nicht dreißig Jahre, aber schon verfällt er hin und wieder der Melancholie. Sie erklärt das Bedürfnis, sich selbst wegen der unbedeutendsten Kleinigkeiten des Alltags an Pepoli zu klammern. Eines Tages bittet er ihn, ihm ein Bühnenkostüm anfertigen zu lassen, das er, wie es Vittoria Tesi zu tun pflegt, bei seinen Reisen mit sich nehmen kann. Ein anderes Mal ersucht er darum, sein Vermögen zusammenzuhalten und es so gut wie möglich anzulegen. Dieses in Turin geäußerte Verlangen ist der Ausgangspunkt jenes grenzenlosen Vertrauens, das die beiden Männer verbindet. Der Aristokrat aus Bologna wird bis zu seinem Tod der einzige Depositär und Bürge für Carlos Vermögen bleiben.

Nachdem diese materiellen Probleme geregelt sind und die Oper *Catone in Utica* von Hasse durch das Publikum in den Himmel gehoben wurde, verläßt Farinelli Turin und begibt sich an den Wiener Hof, wo ihn der Prinz Luigi Pio von Savoyen, Hofmusikdirektor am Kaiserhof und ebenfalls ein Freund Pepolis, erwartet. Die Gründe für diesen fast zwangsläufigen Aufenthalt in Österreich wurden bereits erklärt: Während Farinellis Jugend und Studium in Neapel stand die Stadt unter österreichischer Herrschaft. Sein Lehrer Porpora ist dank der Unterstützung des Landgrafen von Hessen-Darmstadt einer der kaiserlichen Hofkomponisten geworden. Als Patensohn des Habsburger Marschalls Enea Caprara ist auch Sicinio Pepoli eng mit Österreich verbunden, und Farinellis Freund Metastasio schließlich, gerufen von Kaiser Karl VI.,* lebt seit März 1730 in Wien. Er hat die große Liebe seines Lebens hinter sich gelassen, die Sängerin Marianna Benti Bulgarelli, die gemeinsam mit Farinelli am Beginn seiner Karriere in *Angelica e Medora* aufgetreten war. Metastasio ist allgemein unter

---

* Bei seiner Ankunft zieht Metastasio zu seinem Landsmann Nicola Martinez in das Michaelerhaus am Kohlmarkt (wo später Joseph Haydn lebte). Dort wohnt er bis zu seinem Tod im Jahre 1782.

dem Namen »Abbé Metastasio« bekannt, ein im 18. Jahrhundert häufig angenommener Ehrentitel, auch wenn der Betreffende in keiner Beziehung zur Priesterschaft steht.

Farinellis Aufenthalte in Österreich lassen sich kaum rekonstruieren. Besuchte er Wien im Jahre 1732 zum erstenmal, oder war es bereits sein dritter Besuch, wie Burney und Haböck behaupten? Die Frage bleibt offen, denn wir haben keine Hinweise auf vorangegangene Reisen in den Jahren 1724 und 1728. Möglicherweise reiste er allein oder mit seinem Lehrer Porpora und trat in privaten Kreisen auf. Wenn er vor 1732 in Wien war, so erschien er gewiß nicht am Hofe, denn sein erster Brief aus Wien an Pepoli zeigt deutlich, daß er dem Kaiserpaar, Karl VI. und Elisabeth Christine, zum erstenmal begegnet. Sein ausführlicher Bericht ist es wert, fast vollständig wiedergegeben zu werden: »... Inzwischen sagte der Prinz [Pio von Savoyen] zu seiner Herrin: ›Draußen wartet Farinelli darauf, sich Eurer Majestät zu Füßen zu werfen.‹ Sie antwortete: ›Gut, wir freuen uns darauf, ihn kennenzulernen, laßt ihn eintreten.‹ Der Prinz kam heraus, sagte mir, daß Ihre Majestät mich kennenlernen wolle, und stellte mich vor. Nach der Begrüßung begann ich zu zittern wie Espenlaub, und als ich vor Ihre Erhabene Majestät trat, warf ich mich auf die Knie und küßte ihre Hand ... Da sie mir wegen eines Rheumatismus nicht die rechte Hand geben konnte, sagte sie, sie würde mir die andere Hand reichen, und ich antwortete: ›Gebt mir die Hand, die Ihr mir geben wollt, es wird immer eine Gnade für mich sein‹, und nach so unendlicher Güte begann ich voller Bangen eine Arie zu singen ... Man hört großen Lärm, und nun trifft der [Wort durchgestrichen] Schrecken der Welt ein. Die Kaiserin stürzt auf ihn zu und sagt ihm, daß sie Farinelli vor ihm gehört habe. Ich stehe Schulter an Schulter neben dem Kaiser, ohne ihn zu erkennen, und versuche ihn an seinen Kleidern auszumachen. Sogleich klärt mich der Prinz auf, und ich werfe mich ihm zu Füßen mit folgenden Worten: ›Der glücklichste Moment meines Lebens ist der, da ich vor den überaus gnädigen Füßen Ihrer Heiligen Katholischen Kaiserlichen Majestät auf die

Knie falle.‹ Er antwortete mir, ohne daß ich verstand, was er sagte, nur am Ende hörte ich sehr deutlich: ›Wir haben das Vergnügen und größtes Verlangen, Euer Talent zu vernehmen‹, und er hieß mich am Cembalo Platz nehmen. Ich spielte und sang eine Arie. Ich versichere Eurer Exzellenz, daß ich in dem Augenblick, da ich die Hände auf das Cembalo legte, kaum meiner Sinne mächtig war, aber dank seiner Freundlichkeit und des Mutes, den mir der Prinz machte, der immer an meiner Seite blieb, sang ich, wie es Gott gefiel; ich bot ihm drei *Messe di voce* und andere kunstvolle Stücke, die Ihre Gnaden zu bewundern geruhte, indem sie am Ende des Liedes bravo sagte. Er fragte: ›Ihr seid Neapolitaner?‹, und ich antwortete: ›Ja, ich gehöre zu den echten Makkaronis‹, und er begann zu lächeln. Erneut küßte ich ihm die Hand, und er drückte die meine sehr fest, sagte noch einmal bravo und ging in die Kirche. Unsere Herrin begleitete ihn und bat, niemand möge davongehen, denn sie würde zurückkehren, um eine andere Kantate von Farinelli zu hören. Wir warteten eine halbe Stunde, und dann sang ich eine weitere, weniger schüchtern als zuvor. Ich kann Euch meine Verwirrung nicht beschreiben, als ich fertig war und meine Schwäche durch so unerklärliche Güte belohnt sah. Als ich erfolgreich (Gott sei Dank) geendet hatte, küßte ich ihr erneut die Hände, ebenso wie den Erzherzoginnen. So gelang es mir, gelobt sei Gott, das Verlangen meiner Erhabenen Herren zu befriedigen, und es war ein Glück für mich, zusätzlich zu der Freude, einhunderttausend Gulden zu erhalten.«[25]

Von jenen Tagen seines Aufenthalts in Wien wird Carlo weit mehr bewahren als den Eindruck, eine Pflicht zu erfüllen und Huldigungen darzubringen. Diesmal ist Metastasio da, um ihn aufzunehmen und ihm alle Türen der besten Gesellschaft Wiens zu öffnen.* Dazu kommen die häufigen Empfänge im kaiserlichen

---

* Vor allem den berühmten Salon der Gräfin Althann-Pignatelli in ihrem Palast in der Schenkenstraße, wo alle, die im intellektuellen Italien Rang und Namen hatte, verkehrten.

Palast. Dieser Hof begeistert ihn in jeder Hinsicht. Zunächst findet er dort eine herzliche Atmosphäre, fast entspannt und familiär, die viele weniger bedeutende Höfe nicht kennen. Außerdem fehlt es Carlo immer an Zuneigung, das große Drama seines Lebens. Er sucht sie überall und vor allem bei den Herrschern, die ihn am meisten respektieren und mit aufrichtiger Wärme zu empfangen verstehen. Kaiserin Elisabeth Christine, ihre Sanftheit, Zuvorkommenheit, und man könnte fast sagen, ihre Art, ihn zu bemuttern, haben großes Gewicht bei der Anhänglichkeit, die er der kaiserlichen Sache ein Leben lang bewahren wird. Gleich bei seiner Ankunft im März 1732 hat ihm die Kaiserin einen Beweis ihrer mütterlichen Fürsorge gegeben. Die aufreibende Reise mitten im Winter, die holprigen Straßen und die Zugluft hatten die Stimme des Sängers in Mitleidenschaft gezogen. Vermutlich erreichte er die Hofburg mit einer tüchtigen Angina. Um seine Gesundheit besorgt und natürlich begierig, ihn zu hören, ließ ihm die Kaiserin durch den Prinzen von Savoyen ihre eigenen Medikamente bringen.

Zu diesen Kleinigkeiten, die für ihn große Bedeutung haben, kommt die sehr musikalische Atmosphäre, die am österreichischen Hof herrscht. Alle Mitglieder der kaiserlichen Familie begeistern sich für Musik oder spielen selbst Instrumente.* Im Unterschied zu anderen Höfen, wo sich Carlo vor allem als schmükkendes Beiwerk fühlte, hat er hier das Gefühl, seinem Wert entsprechend von Kennern geschätzt zu werden, was ihn, den es immer nach Anerkennung und, sagen wir es ruhig, ehrenvollem Lohn verlangt, sehr zufriedenstellt. All die Besuche bei der Kaiserin und die selteneren Augenblicke mit dem Kaiser (der sich manchmal in zwei Monaten nur vier Tage in Wien aufhält) sind für ihn wahre Augenblicke des Glücks und der Vertraulichkeit mit jenen, die er seine »Herren« nennt: »Sieg, Sieg! Dem Herrgott sei Dank,

---

* Karl VI. konnte vom Clavecin aus eine Oper dirigieren und dabei den bezifferten Baß improvisieren.

am letzten Samstag hatte ich das große Glück, vor meinen Erhabenen Herren zu singen, das heißt, zunächst hörte mir meine Herrin zu, dann, nach seiner Rückkehr von der Jagd, durfte ich vor meinem Erhabenen Herrn singen.«[26] Dieselbe Begeisterung in einem Brief vom April 1732: »Jeden Tag fühle ich mich mehr vom Glück belohnt als die anderen, denn am vergangenen Montag erhielt ich den Befehl, mich zu meiner Erhabenen Herrin zu begeben, um vor der ganzen Erhabenen Familie und seiner Hoheit, dem Herzog von Lorraine, zu singen. Ich habe mehr als zwei Stunden gesungen: Das ist eine Gnade, wie sie noch keinem anderen Sänger zuteil wurde … Während ich sang, stand der Herzog hinter mir und schaute auf die Partitur des Kastraten, denn er ist ein großer Kenner. Vor dem Cembalo stand der Cäsar [der Kaiser], meine Herrin und die Erzherzoginnen saßen. Wie ich Eurer Exzellenz bereits sagte, die Güte dieser Herrscher ist unbeschreiblich.«[27]

Jeder Brief aus Wien vibriert vor Gefühl und Bewunderung für diese »Erhabene« Familie, mit der er sich wesensverwandt fühlt. Wenn man seine Berichte liest, wird jedoch klar, daß Farinelli in ihren Augen nur ein Diener ist, gewiß ein wunderbarer Diener, aber dennoch nur ein Sänger, der beliebig zum Dienst zu verpflichten ist, den man mit einem Fingerschnipsen heranruft. So mag es zumindest ein Leser des 20. Jahrhunderts sehen, der nicht an das höfische Leben vor zweihundert Jahren gewöhnt ist. Nichts von dem empfindet Carlo als Kränkung, denn seine hervorragende Erziehung hat ihn gelehrt, wo sein Platz in dieser streng gegliederten Gesellschaft ist. Er weiß, daß er vor dem Kaiser von Österreich nur sehr wenig zählt. Ohne aufzubegehren, nimmt er diesen scheinbar untergeordneten Platz ein, und er spürt, daß ihm die österreichischen Herrscher Vertrauen und Beachtung entgegenbringen, die weit von der gewöhnlichen Herablassung entfernt sind, die er bei kleinen Provinzadligen erfährt. Immer wieder tauchen Bemerkungen über die Großzügigkeit und die »Güte« seiner Herren auf, die ihn, wie er sagt, in den Augen seines Lesers wie einen »Angeber« erscheinen lassen könnten: »Von Ostersonntag

bis zum heutigen Tage habe ich nichts anderes getan, als zu singen,
denn der Adel hier ist fast besessen von denen, die ihm das größte
Vergnügen bereiten können … Diese liebenswürdigen Deutschen
gewähren mir wahrhaftig unglaubliche Dinge.«[28]
    Bei einem dieser abendlichen Auftritte macht der Kaiser eine
Bemerkung, die Carlos Karriere als Sänger und sogar seine Interpretation grundlegend verändern wird. Diese Geschichte, von
Burney erzählt, ist ein weiterer Beweis für die musikalische Kom-
petenz des Kaisers und ein deutlicher Beleg seiner hohen Wertschätzung für den jungen Sänger. Bis jetzt hat Farinelli eine Technik
entfaltet, die man als unvergleichlich bezeichnen kann, wie zahlreiche Zeugnisse jener Zeit belegen. Sein Ruf begründet sich jedoch
mehr auf einer einmaligen Virtuosität, die bereits ihren Gipfel erreicht hat, als auf der Ausdrucksstärke seines Gesangs. Seine Kunst
besteht zunächst darin, zu überraschen und zu begeistern. Nach
Quantz führte er »die weitesten Intervalle mit großem Tempo,
Leichtigkeit und Sicherheit aus. Die Passagen und alle Spielarten
von Koloraturen stellen für ihn keinerlei Schwierigkeit dar.«[29] Sein
Triller ist nach Zeugenaussagen »selten«, »perfekt«, »perlend, regelmäßig und, wie man sagt, rund«.[30] Sein Genie liegt auch in der
Kunst der Ornamente, würdig eines großen Komponisten ebenso
wie eines großen Sängers: »Jeden Morgen«, schreibt Sacchi, »saß er
lange am Cembalo, um zu üben, sorgfältig nach Variationen zu
suchen und eifrig zu beobachten, wo ihm die Natur am besten half.
So kam er jeden Abend mit neuen Passagen und Kadenzen ins
Theater, er variierte und schmückte die Kompositionen, verdarb
sie jedoch niemals, wie es die meisten Kastraten tun und was sehr
leicht geschieht. Er wußte seine Ornamente wohl zu setzen, am
richtigen Platz und mit dem richtigen Tempo, er bediente sich
dieser Freiheit sehr weise, denn er kannte die Kunst des Kontra-
punktes und schrieb [komponierte] sogar selbst.«[31] Schließlich
besitzt Farinelli auch die ungewöhnliche Gabe, von tiefen zu hohen
Tönen zu springen, über drei Oktaven, ohne daß man einen
Übergang zwischen den Registern vernimmt: »Man fand seine

Stimme erstaunlich, weil vollendet, voller Kraft und Klang, reich in der Weite von tiefsten Tönen bis zu Höhen, die man nie zuvor vernommen hat.«[32] Derartige Argumente kehren immer wieder, um die körperlichen und musikalischen Leistungen des Sängers zu beschreiben. Aber Karl VI. gibt sich nicht mit diesen Pirouetten zufrieden. Er würdigt die Leistungen des Kastraten, wünscht sich jedoch mehr Gefühl. Sein Rang, aber auch seine Bewunderung für Carlo erlauben ihm, geschickt einen Ratschlag (und vielleicht einen Vorwurf) zu formulieren, den kein anderer auszusprechen gewagt hat:»Ihr übertrefft an Langsamkeit die Langsamsten und an Schnelligkeit die Schnellsten. Auch Eure sonstigen Qualitäten übersteigen alles, was man erhoffen könnte … Jetzt ist der Augenblick gekommen, da Ihr daran denken solltet, zu gefallen, indem Ihr die Gaben, mit denen Euch die Natur so großzügig ausgestattet hat, voll ausschöpft. Dazu solltet Ihr menschliche Schritte gehen und nicht die eines Riesen. Findet zu einem einfacheren, ruhigeren Gesang, dann werdet Ihr die Herzen erobern.«[33] Dies bestätigt Burney, als er die Lektion des Kaisers erwähnt:»Jene gigantischen Schritte, die endlosen Passagen, diese *Noten, die nie enden,* überraschen nur. Es ist Zeit für Euch, daran zu denken, zu gefallen. Ihr seid zu verschwenderisch mit den Gaben der Natur ausgestattet. Wenn Ihr die Herzen berühren wollt, müßt Ihr einen direkteren und einfacheren Weg gehen.«[34]

Eine solche Tirade hätte einen Künstler, der von seinem Talent überzeugt ist, erzürnen können. Carlo ist zu sensibel, um sich darüber zu erregen. Er, der in Bologna die Überlegenheit Bernacchis anzuerkennen wußte und später dessen wertvollen Ratschlägen folgte, ist besser als jeder andere in der Lage, die Lektion des Kaisers zu behalten und zu beachten. Eben darum wird er sich nun eine weichere Technik aneignen, um die Einfachheit und das Ergreifende, die Zärtlichkeit und das Gefühl zu betonen. Ab 1740 bis 1750 werden viele Kastraten diesem Weg folgen, je mehr die rein »barocke« Epoche von verschwenderischer Fülle und Über-

maß der Mäßigung der Klassik weichen wird: Guadagni, Paccia-
rotti, Rauzzini, Rubinelli stehen für diese neue Art des Gesangs in
der zweiten Hälfte des Jahrhunderts.

Im Augenblick stört nichts den Erfolg Farinellis bei Hofe, und
das erklärt die kaiserliche Freigebigkeit, die in keinem Verhältnis zu
dem steht, was sich ein Sänger des 20. Jahrhunderts vorstellen
könnte. Am 10. Juni 1732 verleiht man ihm einen Ehrentitel von
herausragender Bedeutung, »Hof und Kammer Musicus«,[35] der
ihn von nun an unter den direkten Schutz des Grafen von Lamberg
stellt, der Pio von Savoyen 1732 im Amt gefolgt ist. Diese bedeutende Anerkennung bringt ihm nicht nur einen »Haufen Gold«,
nach den Worten des Sängers, sondern auch ein Silberservice für
Schokolade, ein goldenes Kästchen aus Paris, ein sehr schweres
Goldkästchen aus England, eine goldene Uhr aus England und so
weiter. Der »Haufen Gold« erklärt sich aus der Rente, die ihm die
Kaiserin für seinen neuen Titel gewährt. Sie wird die Grundlage
von Carlos Vermögen für seinen Ruhestand bilden. Elisabeth Christine bestimmt ihm einen Betrag von 1000 Gulden im Jahr, zahlbar
durch die königliche Kapelle von Neapel, mit der Möglichkeit, die
Nachfolge des Kastraten Matteuccio im Falle seines Ablebens
anzutreten. Unter diesen Umständen kann man Farinellis geringe
Aufregung verstehen, als man ihm in Wien mitteilt, daß der Herzog Pernelli in Neapel Bankrott gemacht hat. Von den 300 000
Dukaten, die er verloren hat, gehörten 6000 dem Kastraten. Carlo
meint seelenruhig:»Meine Triller haben diese [die 6000 Dukaten]
verdient, ich hoffe, daß andere Triller andere verdienen werden.«[36]
Dieser Satz bringt die ehrbare Runde der Anwesenden zum Lachen. Auch wenn dieser Scherz nur eine Pirouette ist, um eine
gewisse Besorgnis zu verbergen, wird der Stich ins Herz nicht
lange geschmerzt haben. Wenig später ruft die Kaiserin Carlo zu
sich und beeilt sich, ihn zu beruhigen: Sie wird darüber wachen,
daß er das Geld, das er in Neapel verloren hatte, zurückbekommt;
inzwischen bietet sie ihm eine Anzahlung an!

Neben dem Gesang und seinen finanziellen Entschädigungen

liegt der Charme des Wien-Aufenthaltes auch in den tausend kleinen Vergnügungen bei Hofe oder der Vergnügungsreise nach Ungarn. Fast wie einen Freund lädt man ihn mehrmals zur Jagd in Gesellschaft der gesamten kaiserlichen Familie nach Laxenburg ein, was für ihn eine strahlende Erinnerung bleibt:»Oh, welch Vergnügen, an der Jagd auf Reiher teilzunehmen. Welch Aktivität des Monarchen, würdig, gesehen zu werden. Ist die Jagd beendet, wünscht man sich nur, den Herrn zu Pferde zu sehen. Als ich meinen Herrn so vorbeireiten sah und auch er mich erblickte, hielt er sein Pferd an und sagte: ›Nun, mein Freund, hat dir die Jagd gefallen, hat es dir Spaß gemacht?‹ Exzellenz kann sich meine Verwirrung vorstellen, als ich diese Worte vernahm. Ich vermag nicht auszudrücken, welche Güte mir zuteil wurde. Von Ihrer Majestät, der Kaiserin, rede ich nicht, auch wenn ich während ihrer Sommerfrische dreimal bei ihr gesungen habe, aber immer im geheimen, wegen der Trauer, die dem Hof auferlegt ist ...«[37]

Mit dem größten Bedauern verläßt Carlo zu Beginn des Sommers 1732 Wien. Da er sich wie immer den herrschenden Sitten unterwirft, braucht er für seine Abreise die Erlaubnis des Kaisers. Aber es handelt sich um eine Formalität und nicht um einen kühlen Abschied. Im Gegenteil, Karl VI. schlägt ihm vor, im folgenden Jahr an den Hof zurückzukehren, wenn er es wünscht. Mit größerer Aufmerksamkeit kann man kaum behandelt werden! Im Augenblick denkt Carlo an seine Angelegenheiten in Bologna und an den nächsten Karneval in Venedig, für den er ein Engagement hat, ohne auch nur eine Minute zu vermuten, daß er die Glockentürme der kaiserlichen Hauptstadt zum letztenmal sieht und, schlimmer noch, daß er und sein teurer Freund Metastasio sich in den fünfzig Jahren, die ihnen noch bleiben, nie mehr begegnen werden.

4. Bürger der Stadt Bologna

I N seinem letzten Brief aus Wien wirkt Carlo glücklich, er hat es eilig, in sein »teures Italien« zurückzukehren, denn er hat vor einiger Zeit eine wichtige Entscheidung getroffen. Noch verbietet ihm sein Beruf, sich an einem Ort niederzulassen. Deshalb will er sich wenigstens juristisch und geistig festlegen, indem er die Bürgerschaft der Stadt Bologna erbittet. Bis zu diesem Zeitpunkt war Carlo entwurzelt: Neapolitaner ist er von Geburt, und er bleibt es im Herzen. Er verspürt jedoch keine echte Bindung mehr an das Königreich im Süden. Porpora lebt nicht mehr dort, sein Vater ist lange tot. Zwar leben seine Mutter und seine Schwester noch immer in Neapel, aber seine Engagements führen ihn immer seltener in den Süden (zum letztenmal trat er in der Saison 1729/30 dort auf).

Carlo ist einsamer denn je, fern von seiner Familie, den Bruder trifft er nur hin und wieder bei einer Vorstellung. In Sicinio Pepoli sieht er deshalb eine unverzichtbare Stütze, um der Welt entgegenzutreten, einen Beschützer, der die Stabilität in einer bewegten Karriere verkörpert. Seine Beziehung zu dem Adligen ist in einem Schreiben aus Florenz vom Juli 1733 sehr schön zusammengefaßt: »Mein einziges Vergnügen auf dieser Welt ist es, zu Euren ergebensten Dienern zu gehören und das Glück zu haben, gleichzeitig Euren großherzigen Schutz und Eure unvergleichliche väterliche Gnade zu genießen.«[38] Sohn und Diener auf der einen Seite, Vater und Meister auf der anderen, das sind die Worte, die bis 1749 in ihren Briefen immer wiederkehren.

Zu diesen Erwägungen des Gefühls gesellen sich andere, eher geistiger Art. Bologna ist noch immer eins der musikalischen Zentren der Halbinsel. Die Hauptstadt der Emilia, nach Neapel der bedeutendste Ort für die Ausbildung von Kastraten, ist die Heimat des Kastraten Bernacchi wie auch der Kastraten Tosi und Pistocchi, zweier großer Theoretiker der Vokalkunst. Man rühmt sich in der Stadt einer der bedeutendsten Vereinigungen von Musikern Italiens: der Accademia Filarmonica, deren Mitglieder Carlo und sein Bruder Riccardo seit 1730 sind.

Farinelli verlangt also nicht mehr und nicht weniger als eine neue Nationalität, denn Bologna gehört zum Kirchenstaat. Durch ein offizielles Dekret vom 29. Oktober 1732 wird er Bürger Bolognas und beabsichtigt nun, sich endgültig in der Stadt niederzulassen, wenn er einst seine Karriere beenden muß. Schon vor einiger Zeit hat er dem Grafen Pepoli seinen Wunsch anvertraut, das bedeutende Vermögen, das sich bereits angesammelt hat, im Kauf eines Grundstücks anzulegen: ein Hafen des Friedens für seine alten Tage. Auf den Rat seines Gönners hin kauft er noch 1732 ein Baugelände jenseits der Porta delle Lame, nicht weit von der Stadt entfernt, inmitten einer beschaulichen, grünenden Landschaft. Während seiner langen Abwesenheit von Italien wendet er sich immer wieder an den Grafen Pepoli, damit dieser ihm als Vermittler bei Notaren, Lieferanten und Bauleuten dient.

Als Carlo in Venedig eintrifft, liegen ihm solche Gedanken noch fern. Prinz Pio von Savoyen, mit dem er sich in Wien angefreundet hat, weilt schon seit einigen Wochen in der Stadt der Dogen, wo man ihn im Juni 1732 zum Botschafter ernannt hat: In prunkvollen Gondeln, die von livrierten Dienern gelenkt wurden, hielt er feierlich Einzug. Carlo stürzt sich gleich nach seiner Ankunft in die Theater der Stadt, um zu erfahren, was man dort spielt. Er hört eine Oper von zweifelhaftem Geschmack, die nur durch eine erlesene Arie der Sängerin Candelli aufgewertet wird. Im Theater San Giovanni Crisostomo findet er nicht einmal einhundert Zuschauer: In diesem Dezember 1732 ist es so kalt, daß die Kanäle zugefroren sind und man es in den Zuschauersälen kaum aushält. Aber Vertrag ist Vertrag, und auch Carlo muß gleich nach Weihnachten auftreten, mit der ihm eigenen Bescheidenheit und dem ewigen Staunen über seinen Erfolg:»Gestern abend standen wir auf der Bühne, und, dem Himmel sei Dank, alles ist gut gelaufen. Von mir selbst werde ich nicht sprechen, man muß immer wieder daran denken, welch große Gnade mir der Himmel für mein Talent gewährt. Wegen des großen Erfolgs der Oper [*Adriano in Siria* von Giacomelli] wurden mehr Eintrittskarten verkauft als im ersten Jahr. Die Merighi macht ihre Sache gut, und jeder wird nach seinen Verdiensten gewürdigt.«[39]

Carlo fühlt sich in Venedig, wo sein vierter und vorletzter Aufenthalt begonnen hat, wie zu Hause. Er unterhält dort eine Vielzahl von Verbindungen und empfängt so zahlreiche Briefe, daß man seine Adresse kaum ausführen muß. Auf dem Umschlag eines Briefes von Hasse beispielsweise ist nur in der internationalen Kultursprache, dem Französischen, vermerkt:»Für Herrn Carlo Broschi, genannt Farinello, Venedig.« Auch die Anrede ist französisch, dann wechselt der Brief ins Italienische. Der Text bezieht sich auf die Bitte Sicinio Pepolis, Carlo möge in den Verhandlungen des Theater Malvezzi in Bologna mit Johann Adolf Hasse und seiner Frau Faustina Bordoni vermitteln. Es geht um das große Projekt, im Mai 1733 *Siroe, re di Persia* des»Sachsen« (so wurde Hasse allgemein genannt) mit einer außergewöhnlichen Besetzung aufzuführen, die Farinelli, Caffarelli, Vittoria Tesi und Anna Maria Peruzzi, die größten Namen jener Zeit, vereinen soll. Da die Finanzen immer die entscheidende Hürde für derartige Produktionen sind, wird Carlo beauftragt, mit dem Komponisten zu verhandeln und zu sehen, ob seine Bedingungen akzeptabel sind. Als Geschäftsmann weiß Hasse seine Rechte wohl zu vertreten:»Ich hoffe, daß mir jene Herren, die mir so großzügige Güte bezeugen, keine geringeren Honorare anbieten werden, als man sie Signor Orlandini und anderen bedeutenden Komponisten zahlt.«[40] Carlo verhandelt geschickt und bezieht sich auf das Honorar, das Hasse in Venedig und Rom erhalten hat. Man einigt sich auf den Betrag von 1260 Bologneser Lire, was etwa der Hälfte des Honorars für Farinelli oder die Tesi entspricht (jeder 2500 Lire).

In jenem Winter 1732/33 steht Carlo im Zentrum einer umfassenden Polemik, die ihm Vorhaltungen Sicinio Pepolis einbringt. Carlo hat unvorsichtigerweise einen Vertrag in Piacenza für den Monat April akzeptiert. Da er jetzt von dem österreichischen Grafen Lamberg abhängt, gibt es den ganzen Winter lang eine Korrespondenz zwischen dem Sänger und seinen beiden »Herren«, damit Farinelli seine Entscheidung rückgängig macht und den anderen Vertrag löst. Schließlich einigt man sich. Carlo feiert seinen Triumph in *Siroe*, er und Pepoli kehren zur alten Freundschaft zurück.

Hinter diesen scheinbar dunklen und faden Verhandlungen wird für den Leser die Bedeutung jener unternehmerisch tätigen Mäzene für das künstlerische Repertoire jener Zeit sichtbar wie auch die Geschicklichkeit und Entschlossenheit, die sie an den Tag legen müssen, um ihre Ziele zu erreichen. Der Bericht über diese finanziellen Manipulationen ist auch interessant, um sowohl die Ambitionen von Veranstaltern wie Pepoli zu verstehen als auch die Risiken, die sie eingehen, um berühmte Künstler zu engagieren, denn in diesem Fall beläuft sich das Defizit auf mehr als 5000 Lire, den Betrag der beiden Hauptverträge. Die dreiunddreißig am Unternehmen beteiligten Edelleute müssen sich diese Summe teilen und aus der eigenen Tasche bezahlen!

Unter den anderen Briefen, die Carlo erhält, gibt es viele Vertragsangebote von Theaterdirektoren oder einflußreichen Aristokraten: Der Herzog von Matalona beispielsweise würde ihn gern im folgenden Jahr in Rom haben, während die Familie Grimani alles tut, um ihn an Venedig zu binden. Hier wird stärker denn je die völlige Unterwerfung Farinellis unter seinen Gönner und Impresario Pepoli deutlich. Niemals nimmt er einen Vorschlag an, ohne dem einzigen Menschen, der für ihn maßgeblich ist, davon zu berichten: »Man hat mir einen Boten aus Piacenza gesandt, mit erneutem inständigen Bitten und Drängen, damit ich ein Engagement annehme. Ich habe dem Manne, der mich bedrängt, sogleich geantwortet und wiederholt, daß ich ein solches Angebot nicht

annehmen kann. Ich würde es nur akzeptieren, wenn mich der
Herr Graf Sicinio Pepoli anwiese, einem solchen Ruf zu folgen.
Ich kann Eure Exzellenz, meinen teuersten Herrn, erneut versichern,
daß ich mein Leben ganz und gar in Eure Hände gebe. Ich hoffe,
mich von meinen Angelegenheiten befreien zu können, um Euch
so bald wie möglich die Hände zu küssen. Ich flehe Euch deshalb
an, mir meinen Wagen nach Ferrara zu schicken ... Wenn die
Straßen gut sind, reise ich auf dem Landweg, anderenfalls käme ich
über das Wasser.«⁴¹

Um ihm seine Dienste zu entgelten, setzt sich Carlo, wo er kann,
für die Interessen des Grafen Pepoli ein, vor allem, indem er
Künstler für das Theater in Bologna gewinnt. Anfang 1733 ist er
beauftragt, eine Tanztruppe von hohem Niveau ausfindig zu machen, die in der bereits erwähnten Aufführung des *Siroe* von
Metastasio und Hasse auftreten soll. Zu seinem größten Mißfallen
muß Farinelli zum Impresario werden. Nie zuvor hat er die Schwierigkeiten dieses Berufes so stark empfunden. Aber er tut, was er
kann. Einige erstklassige Tänzer wurden bereits gewonnen. Andere werden ihm von Bekannten empfohlen: »Gestern habe ich
einen Brief von Signor Valerio Sampieri erhalten. Er empfiehlt mir,
den Schüler von Herrn Levec [sic!] in die Tanztruppe aufzunehmen, der heute in S. Giovanni Crisostomo tanzt. Ich antwortete
dem genannten Edelmann, daß es mir nicht zusteht, die Tänzer für
das Theater in Bologna zu engagieren, da dies voll in der Verant-
wortung Eurer Exzellenz und der anderen Edelleute liegt.«⁴² Einen
Monat später ist der Auftrag erfüllt, und Carlo kann sich beruhigt
über die Qualität des künftigen Ensembles zeigen: »Die Einheit
dieser Truppe ist sehr schön, deshalb kann man auf einen glücklichen Erfolg hoffen. Das Libretto ist wunderbar, der Komponist
einer der bedeutendsten, das Ballettensemble das beste, das es
gibt: Zweifellos wird alles gutgehen.«⁴³

Die Spielzeiten folgen aufeinander und sind doch immer verschieden. Nach einem venezianischen Winter von mörderischer
Kälte erstickt Farinelli förmlich im Sommer, den er in Florenz und

Lucca verbringt. Auf den Hügeln wie in der Stadt ist die Hitze unerträglich, aber sie hindert zahllose Florentiner nicht daran, Bernacchi einen Triumph zu bereiten. Farinelli feiert den seinen am 23. August in Lucca an der Seite von Vittoria Tesi, die er als »wunderbaren Menschen« beschreibt. Wie immer kann er die anderen Sänger nicht genug loben. Weit davon entfernt, sich über das Unglück seiner Rivalen zu freuen, formuliert er die besten Wünsche für die geschwächte Gesundheit seiner Freundin Vittoria.

Während dieser Vorstellungsserie erlebt Carlo ein sehr schönes Abenteuer, als er sich in eine Ballerina des Ensembles verliebt. In einem Brief vom 24. September 1733 erlebt man zum erstenmal in seiner Korrespondenz, daß er sich (aber mit welcher Zurückhaltung!) über seine Gefühle äußert. Liegt es an jener ewigen Vorsicht und natürlichen Schüchternheit oder an der Erziehung, die ihm zuteil wurde, daß Carlo Broschi kein erfülltes Liebesleben hat? Man weiß von keiner ernsthaften Bindung, keine Leidenschaft scheint sein Dasein tiefer berührt zu haben.

Seine Beziehung zu Menschen vermittelt einen tiefen Eindruck von Reinheit und Keuschheit. In Spanien etwa, als er eine mehr als freundschaftliche Zuneigung für seine Schülerin, die Sängerin Teresa Castellini, empfindet. Ebenso bereits bei jenem kurzen Abenteuer in Lucca, dieser Liebe auf den ersten Blick, wie man sagen könnte, die Carlo in wenigen Worten mit anrührender Zurückhaltung erwähnt: »Cupido hält mich noch gefangen, und Gott weiß, wann ich wieder frei sein werde, denn wir leiden beide, wir schweigen, wir empfinden Qualen. Dennoch ist ein solch zartes Band sehr angenehm. Es lebe meine Treue und die Beständigkeit dieses jungen Mädchens, das im Harlekinballett auf der Bühne steht.«[44] Dieser Brief wurde vor zu kurzer Zeit entdeckt, als daß man ihn bereits kommentieren konnte. Vielleicht wird er die Verehrer Farinellis zu Äußerungen verleiten. Wenn man zwischen den Zeilen liest, so weckt die fast romantische Beschreibung das Bild einer Liebe, die wenn sie nicht nur platonisch war, so doch als ohne

Zukunft angesehen wurde. Das Glück, das er dennoch dabei empfindet, und jener Verweis auf seine »Treue« und die »Beständigkeit« der Schönen zeigen, daß er in dieser keuschen Beziehung eine Dimension findet, die das körperliche Verlangen bei weitem übersteigt. Über die Gründe seiner Zurückhaltung kann man nur Vermutungen anstellen.

Ein Hindernis ist sicher der Gedanke an eine Heirat. Es ist sehr wahrscheinlich, daß Farinelli keine ernsthafte Beziehung außerhalb der Ehe in Erwägung zieht. Die Kirche aber stimmt keiner Ehe zu, die von vornherein als unfruchtbar gilt. Carlo ist ein so gläubiger Katholik, voller Respekt für die kirchliche Autorität, daß er nicht eine Sekunde daran denkt, die Gesetze zu verletzen oder auch nur eine Sondergenehmigung zu erbitten. Vielleicht kennt er die bitteren Enttäuschungen einiger Kastraten, seiner Vorgänger, die sich an den Papst wandten, um diese Erlaubnis zu erhalten. Die Antwort war immer negativ. Viele Sänger erfuhren auch zu Beginn des 18. Jahrhunderts vom Mißgeschick des Kastraten Cotona, der Papst Innozenz XI. um eine Heiratserlaubnis gebeten hatte, indem er vorgab, seine Operation sei unvollständig ausgeführt worden. Auf dem Rand seines Briefes erhielt er die Antwort: »Dann soll man ihn ordentlich kastrieren!« Die einzigen bekannten Ehen gab es zwischen Kastraten und protestantischen Frauen, die so dem römischen Veto entgingen.

Zweifel an Farinellis Manneskraft scheinen nicht angebracht. Man weiß, daß die Kastration normale sexuelle Beziehungen nicht unmöglich macht. Die Entfernung der Hoden verhindert nicht den Ausstoß einer Samenflüssigkeit, natürlich ohne Sperma. Die Liebesabenteuer der Kastraten vor und nach Farinelli sind nicht zu zählen, und mehr als ein eifersüchtiger Ehemann oder herrschsüchtiger Bruder versuchte, ihnen ein Ende zu setzen. Bernacchi lebte mit der Sängerin Antonia Merighi zusammen, Caffarelli hatte eine dauerhafte Beziehung zu einer adligen Römerin, und Siface erlebte eine glühende Leidenschaft für eine Witwe aus Bologna, die so weit ging, daß er ihr bis in das Kloster nachstellte, in dem sie von ihrer Familie eingeschlossen wurde. Bei diesen Beispielen unter zahlreichen anderen – bei Ehen mit Protestantinnen wie auch bei den wenigen bekanntgewordenen Fällen homosexueller Beziehungen – scheinen die physischen Fähigkeiten der Kastraten niemals in Zweifel gezogen worden zu sein. Meist betrafen diese Abenteuer sogar gebildete Frauen oder Frauen aus dem Hochadel, die ihre Beziehungen auf eine geistige Ebene zu heben suchten (ohne Folgen befürchten zu müssen!) und mehr als nur ein körperliches Vergnügen darin fanden. Farinellis Verliebtheit für die hübsche Ballerina scheint nur einen Sommer angehalten zu haben. Kein anderer Brief spricht von ihr. Der Gegensatz muß den Leser seiner Korrespondenz wahrlich erschüttern, denn dem euphorischen Höhenflug in der Botschaft aus Lucca folgt im Dezember 1733 eine wesentlich irdischere aus Venedig: »Pünktlich schicke ich Eurer Exzellenz die fünf Paar Socken, drei zum Preis von ... und die beiden anderen zu ... das Paar. Eure Exzellenz möge auswählen, welche am besten sind, und mir jene, die Euch nicht gefallen, zurückschicken. Ihr werdet auch das Geschirr erhalten, das Euch, wie ich glaube, befriedigen wird ... Weiterhin erhaltet Ihr den Fisch und die Austern.«[45] Voller Aufmerksamkeit versucht Carlo, stets auch die geringsten Wünsche seines Gönners zu erfüllen.

Bei diesem fünften und letzten Aufenthalt in Venedig, während des Karnevals 1734, tritt Farinelli wie immer im Theater San Giovanni Chrisostomo in drei verschiedenen Stücken auf: *Merope* von Giacomelli, *Berenice* von Araya und eine Wiederaufnahme des *Artaserse* von Hasse. Die unermüdlichen Brüder Grimani haben ihn ein weiteres Mal gewonnen, um sich den Erfolg ihrer Spielzeit zu sichern. Was für ein Triumph, als Carlo die Rolle des Epitide in *Merope* von Giacomelli singt. Der zweite Akt bietet ihm eine der schönsten Arien seines Repertoires, eines der Lieder, die dem sterbenden König von Spanien das Leben zurückgeben werden: *Quell'usignolo che innamorato* mit einem Text von Domenico Lalli. Der Komponist nimmt darin alle Regeln des Genres auf (virtuose Passagen, ansteigende und abfallende Triller, *Messe di voce*, Sprünge nach oben über zwei Oktaven), aber er führt sie zu einem Höhepunkt, der die Arie zu einem Wunder an Geschmeidigkeit und Eleganz macht. Schon während seines Studiums hatte Carlo gelernt, den Vogelgesang nachzuahmen. Dies war für die neapolitanischen Lehrer eine der besten Übungen, sich eine sichere Technik anzueignen. Die Arie Giacomellis nimmt all diese Kunstfertigkeiten auf und fügt ihnen einige Glanzstücke hinzu, so etwa die Serie von fünfundzwanzig Trillern mit Auflösung in einem Atemzug. Farinelli ergänzt sie noch um seine persönliche Note, indem er selbst Verzierungen und Kadenzen komponiert, wie wir sie heute kennen.

Der andere große Augenblick dieser Aufführung in Venedig ist der erste gemeinsame Auftritt mit dem anderen Idol des italienischen Publikums, dem Kastraten Caffarelli, der die Partie des Trasimede singt. Der große Sopran ist zweifellos das andere Genie des barocken Gesangs, auch er ein Schüler Porporas, nach Porporino und Farinello (Porporino beendete seine Ausbildung 1715, Farinelli 1720 und Caffarelli 1726). Für Farinelli ist er der einzige echte Rivale, auch wenn der Vergleich nur auf dem Gebiet des Gesangs möglich ist. Als Mensch ist er einer der launischsten und selbstgefälligsten Kastraten. Er wirkt roh, arrogant und unsympathisch, sein Verhalten auf der Bühne unterscheidet sich völlig von dem Farinellis. Während letzterer seine Partner respektiert, manchmal sogar bewundert und nach Kräften versucht, sie nicht in den Schatten zu stellen, ist Caffarelli in der Lage, seinen Gesang mitten in einer Arie zu unterbrechen, wenn die Zuschauer laut sind, sich mit den Anwesenden im Saal zu unterhalten, wenn er ein paar Takte Pause hat, auf der Bühne Tabak zu schnupfen, ein Echo zu singen, wenn sein Partner an der Reihe ist, oder eine Sängerin während ihres Gesangs in den Hintern zu kneifen, um ihr einen falschen Ton zu entlocken! Dennoch wendet sich Farinelli nie von ihm ab. Ihre gemeinsame Herkunft (Apulien), ihr Studium bei Porpora und das Talent ihrer Sopranstimmen haben die beiden

Männer einander für immer nahegebracht. Carlo wird sogar aufrichtig erfreut sein, ihn in Madrid unter der Herrschaft Philippe V. zu empfangen.

Anders als man annehmen könnte, sang Farinelli nicht nur in Werken, die ihm auf den Leib geschneidert wurden, um sich den Erfolg zu sichern. Das Beispiel der *Berenice* von Araya nach einem faden Libretto von Antonio Salvi ist ein deutlicher Beleg. Wie wir wissen, haben auch die größten Sänger des 18. Jahrhunderts wenig Einfluß auf ihr Repertoire. Sie werden für eine Spielzeit, einen Karneval oder eine bestimmte Anzahl von Vorstellungen engagiert und erfahren oft erst im letzten Augenblick, welches Werk ihnen zugedacht ist. Daher rühren die zahllosen Diskussionen mit dem Impresario, um eine Arie zu verschieben, ein zusätzliches Lied zu erhalten oder nicht gerade nach dem großen Auftritt eines Rivalen singen zu müssen.

Das venezianische Beispiel zeigt sehr deutlich, welch ein Fiasko auch der am meisten umjubelte Sänger seiner Zeit erleben konnte: »Sonnabend wurde unsere Oper aufgeführt, die unwiderruflich gescheitert ist. Glücklicherweise haben zwei meiner Arien viel Anklang gefunden, ohne sie hätte es keine zweite Vorstellung gegeben. Im Augenblick läßt man sie dank dieser beiden Arien laufen, dabei denkt man an die nächste Hilfe, die uns, wie ich glaube, die Inszenierung des *Artaserse* des ›Sachsen‹ in wenigen Tagen bringen wird.«[46] Trotz der drei erstklassig besetzten Hauptrollen erlebt das Stück völligen Schiffbruch, der gewiß dem bedeutungslosen Libretto und der armseligen Musik zuzuschreiben ist, aber ebenso der Armseligkeit eines Sängers, der während der Proben nur Grimassen schneidet und dumme Witze macht, um dann auf der Bühne einen erbärmlichen Jupiter darzustellen. Das bringt uns eine der seltenen beißenden Passagen in Farinellis Briefen ein: »Er tut mir leid, denn kein Hund hat ihm Beifall geklatscht, bis auf den ersten Abend bei der ersten Arie, die er sang, bevor ich auf die Bühne kam. Jetzt tut dieser Jupiter nichts anderes, als über die Musik herzuziehen. Am ersten Abend wollte er nicht auf die

Bühne kommen, er weinte in seiner Garderobe und sagte, er wollte niemals mehr mit mir zusammen singen. Ich gestehe Euer Exzellenz, daß ich mich über solche Dinge totlachen könnte. Das Libretto hatte großen Anteil an dem Schiffbruch, während man allgemein die Musik dafür verantwortlich macht ...«[47]

Nicht nur wegen dieses lächerlichen Fiaskos und trotz des Riesenerfolgs von *Artaserse*, der anschließend gespielt wird, scheint Farinelli bei diesem Aufenthalt in Venedig all die Jahre seiner Jugend in Frage stellen zu wollen, in denen er von einer Stadt zur anderen, von einer Vorstellung zur nächsten geeilt ist. Mit neunundzwanzig Jahren ist für ihn der Zeitpunkt gekommen, Bilanz für sein berufliches wie privates Leben zu ziehen. Niemals seit den Anfängen in Neapel hat er sich so lange in einer Stadt aufgehalten (mehr als sechs Monate!), und viele widersprüchliche Gedanken scheinen während dieses Aufenthaltes in seinem Kopf herumzuschwirren.

An seinem beruflichen Erfolg gibt es augenscheinlich keinen Zweifel. In wenigen Jahren ist er zum *Divo assoluto* der Vokalmusik geworden, er erfreut sich eines Ruhms und eines Vermögens, wie sie kein anderer Sänger vor ihm kennengelernt hat. In etwa fünfzehn Städten hat er mit vielleicht sechzig Partituren von zwanzig verschiedenen Komponisten triumphiert. Das italienische, deutsche und österreichische Publikum hat ihn überall, wo er aufgetreten ist, in den Himmel gehoben, sein Bildnis wurde auf Hunderte Medaillons geprägt, und verschiedene Dichter haben sein Talent, das man für ein Wunder hält, besungen. Sein Vermögen, seit langem gesichert, hat ihn zum Grundbesitzer gemacht, und er kann ohne Angst an ein späteres Seßhaftwerden in Bologna denken.

Aber das Übermaß an Glück kann auch seine Schattenseiten haben. Einerseits ist sich Carlo bewußt, daß er, abgesehen von den Aufenthalten in Österreich und Bayern, kaum die Grenzen Italiens überschritten hat. Während sich viele bedeutende Kastraten nach Rußland, Polen, Schweden, England, auf die Iberische Halbinsel oder in die verschiedenen deutschen Staaten aufgemacht haben, findet er sich gefangen in einer Routine wiederholter Besuche derselben Städte, unter dem Druck derselben Theaterunternehmer (wie den Grimani in Venedig), ständig unter dem wohlwollenden, aber wachsamen Auge Sicinio Pepolis. Kaum verwunderlich also, daß ein Sänger wie er das Verlangen verspürt, Luft zu holen und auf eigenen Flügeln zu fliegen.

Natürlich bleibt er auch nicht von Rivalität und Eifersucht verschont. Für die italienischen Zuschauer ist er bereits ein lebender Mythos, für viele Sänger – Kastraten oder nicht – stellt er dagegen eine gewaltige Bedrohung dar. Unter den letzten Kabalen, die ihn gezeichnet haben, ist vielleicht die vom April 1734 von nicht geringer Bedeutung für seine Entscheidung, das Land zu verlassen. Von Stadt zu Stadt eilt das Gerücht, der große Farinelli habe alles verloren, was er besitzt, und wird seinen Grundbesitz in Bologna verkaufen müssen, um zu überleben. Was er als »diabolischen Tratsch« bezeichnet, über den er zu lachen versucht, drückt unvermeidlich auf sein Gemüt, so daß er eilig an Pepoli schreibt, um ihn zu warnen, solchen Einflüsterungen kein Gehör zu schenken. Bei seiner Ankunft in Florenz im folgenden Sommer stößt er auf dieselben Gerüchte und gesteht resigniert: »[Meine Ankunft in Florenz] hat wunderbar geklappt, und ich habe hier eine Welt von Klatschgeschichten wiedergefunden, ein wohl unvermeidliches, vertrautes Phänomen, wenn man in der Oper singt.«[48] Diese Verleumdungen, scheinbar ohne Folgen, zeigen deutlich, daß der italienische »Kreislauf« der Opernwelt eine geschlossene Welt ist, in der sich alle Künstler kennen, einander immer wieder begegnen, sich beobachten und neidvoll übereinander herziehen.

Schließlich spielt auch die persönliche Situation keine unbedeutende Rolle für seine Entscheidung. Carlo hat keine echten Bindungen (hat er sie je gehabt?). Der einzige Mensch aus seiner Familie, der ihm nahesteht, sein Bruder Riccardo, führt dasselbe Wanderleben wie er. Seine Mutter, die er so selten sieht, auch wenn sie in seinen Gedanken immer gegenwärtig ist, versucht durch kleine, anrührende Aufmerksamkeiten, die Bindung an den

Sohn zu erhalten, wie 1734 mit jener Sendung von zwei Hemden mit Seidenfutter, die »bei der Post begraben« bleiben. Stets ist Graf Pepoli für Caterina Barrese eine ideale Adresse, ein Vermittler, dem sie von ganzem Herzen dankt, wenn sie »das Übermaß an wohlwollender Gnade, das Eure Exzellenz Farinello stets erwiesen hat«,[49] erwähnt.

Außerhalb der Familie scheinen die Beziehungen kaum enger zu sein. Porpora ist nach einem siebenjährigen Aufenthalt im Ospedale degli Incurabili in Venedig nach England gegangen. Da man ihn als *Maestro* in San Marco abgewiesen hat, nimmt er das Angebot des Londoner Adels an. Metastasio, sein geistiger Bruder, will Wien nicht mehr verlassen, der Kastrat Bernacchi singt für Händel in London, während sich sein Freund Hasse in Sachsen niederlassen will. Nur Sicinio Pepoli bleibt sein einziger Zufluchtspunkt (und wird es noch lange bleiben).

Es ist also sehr wahrscheinlich, daß Farinelli kaum gezögert hat, als ihm Mylord von Essex, Botschafter Englands in Turin, den Vorschlag machte, sich in London niederzulassen, um mit Porpora das Zugpferd eines Ensembles zu werden, das der Prinz von Wales in Konkurrenz zur Truppe Händels geschaffen hat. Es erstaunt und zeigt einen grundlegenden Sinneswandel, daß er diese Entscheidung anscheinend allein getroffen hat, ohne Pepoli um Erlaubnis zu bitten. Im Gegenteil, er informiert ihn erst im nachhinein, am 8. Mai 1734, als der Vertrag bereits unterschrieben ist: »Ich darf Eurer Exzellenz die Neuigkeit nicht verschweigen, daß ich vor zwei Tagen meine Reise nach England besiegelt habe. Die Abreise wird Anfang September stattfinden. Die Honorare, die mir die Akademie zubilligt, sind sehr vorteilhaft für mich, eine solche Auszeichnung durch diese großzügige Nation habe ich nicht verdient. Der Lohn beträgt tausendfünfhundertzwei Guineen und einen Abend zu meinen Gunsten nach meinen Vorstellungen, ohne andere Details zu erwähnen, die ich mir erlauben werde, Euch persönlich zu berichten. Ich hoffe, Gott gibt mir gute Gesundheit, um mein Glück unter diesem Himmel zu erhalten.«[50]

Die Ankündigung der Abreise Farinellis ins Ausland, und dies allem Anschein nach für längere Zeit, verbreitet sich wie ein Lauffeuer über die Halbinsel. Ergriffenheit, Fassungslosigkeit, Ungläubigkeit, Verzweiflung erfassen die unzähligen Bewunderer des »Ragazzo«. Niemand mag an eine längere Abwesenheit dieses Landeskindes glauben, das die Gesangskunst bis zu unvergleichlichen Gipfeln getragen und seinen Bewunderern Augenblicke des Glücks gewährt hat. Nur einer einzigen Stadt noch ist es vergönnt, ihn vor seiner Abreise zu hören. Das Pergola-Theater hat ihn für den Sommer 1734 gemeinsam mit Vittoria Tesi und Caterina Fumagalli engagiert. Diese erlesene Besetzung entfesselt Ovationen, was Carlo bescheiden in seinem letzten Brief aus Italien berichtet: »Die Oper erhält viel Beifall, und es werden viele Eintrittskarten verkauft.«[51] Auf die Begeisterungsstürme reagieren die Abschiedsgedichte von Crudeli, Lombardi oder Crossi. Alle wenden ihr Talent auf, um die Abreise des Sängers zu betrauern und zu versuchen, ihn auf italienischem Boden zurückzuhalten.

Ende des Sommers 1734 macht sich Farinelli über Lucca und Turin auf den Weg nach England. Ein neues Kapitel seines Lebens beginnt; zugleich endet eine vierzehnjährige enthusiastische Beziehung zu seinem italienischen Publikum, das seinen Gesang nie wieder hören wird.

ZWEITER TEIL

London und die Opera of the Nobility (1734–1737)

1. Eine Hauptstadt in Aufruhr

ALS Farinelli die Einladung der englischen Theaterdirektoren
annahm und so seinem Lehrer Porpora wiederbegegnete, der
sich seit über einem Jahr in London aufhielt, war er nicht darauf
gefaßt, in einen Strudel heftiger politischer und musikalischer
Streitigkeiten zu geraten.

Die Wurzeln dieser Auseinandersetzung, die sich über vier
Theaterspielzeiten hinzog und das Leben vieler Menschen vergiftete, waren vielfältig. England sträubte sich gegen die italienische
Oper. Die erste Oper im italienischen Stil, die in London aufgeführt wurde, war *Arsinoe, Queen of Cyprus*, 1677 von dem Geiger
Thomas Clayton komponiert. Clayton lebte zu jener Zeit in Italien; er nahm seine Oper mit nach London, wo sie am 16. Januar
1705 im Drury Lane Theatre Premiere hatte. Das Libretto, ursprünglich italienisch, war ins Englische übersetzt worden, um
dem Publikum, dem dieses Genre noch unbekannt war, entgegen-
zukommen. Die Partitur stammte nicht allein von Clayton, der die
schönsten Arien anderer italienischer Komponisten aufgenommen hatte. Das hauptstädtische Publikum zeigte sich enttäuscht
von diesem zusammenhanglosen Werk, das weder gesprochene
Dialoge noch Masken, unverzichtbares Zubehör englischer Mu-
sikbühnen, enthielt.

Einen weitaus tieferen Eindruck hinterließ der erste Auftritt des
Kastraten Valentino Urbani, genannt Valentini, während der Spiel-
zeit 1706/07 in London. Er gehörte zwar nicht zu den ersten
Sopranisten Italiens, war aber ein hervorragender Schauspieler und
vermittelte den Engländern eine Weite des Vokalgesangs, eine
Brillanz der Stimme und kristallklare Höhen, die sie von den
Countertenören in der Musik von Purcell nicht gewöhnt waren,

von der sie niemals auch nur die geringste Vorstellung erhalten hatten. In der Aufführung einer von Alessandro Scarlatti und Bononcini adaptierten Oper, *Thomyris, Queen of Scithia*, eroberte Valentini im Sturm die Herzen der Zuschauer des Drury Lane. Die Texte wurden englisch gesungen, nur die Partie des Kastraten blieb italienisch. Schnellstens wiederholte man diesen Erfolg in der Spielzeit 1708/09, diesmal allerdings mit den besten italienischen Kastraten: Der große Nicolino (Nicolo Grimaldi) sang im Queens Theatre in einer Oper von Scarlatti, arrangiert von Haym, *Phyrrhus and Demetrius*, ebenfalls eine zweisprachige Version, Mit dreiundzwanzig Vorstellungen in der ersten Spielzeit erlebte sie auf englischem Boden, der noch unberührt war von Erfahrungen mit der italienischen Oper, einen unerwarteten Triumph.

Händel, der 1710 aus Sachsen kam, mußte nur noch den Staffelstab aufnehmen. Er hatte die italienische Oper in den größten Städten der Halbinsel studiert, und so bereitete es ihm keine Mühe, die frische Leidenschaft des Londoner Publikums für dieses Musikgenre zu verstärken, indem er ihnen seinen *Rinaldo* (1711) mit dem Kastraten Nicolino und der Sopranistin Francesca Vanini Boschi präsentierte. Wie all seine Nachfolger mußte er jedoch bald erfahren, daß auch die größten Erfolge in Großbritannien nicht von Dauer sind und daß die italienische Oper trotz ihrer Stunden des Ruhms immer ein fremdes Genre bleiben würde.

Die erste Krise, die erste Abwendung des Publikums erfolgte 1719. Händel überwand sie, indem er aus Italien eines jener *Monstres sacrés*, den wunderbaren Francesco Bernardi, genannt Senesino, kommen ließ. Sein erster Auftritt in London, im November 1720, in *Astarto* von Bononcini, besiegelte nicht nur eine neue Bindung des Publikums an Händels Musik, sondern auch den Beginn einer dreizehnjährigen Zusammenarbeit zwischen den beiden Männern. Anfänglich scheint Händel den Sänger gefördert zu haben. Entschieden unterstützte er den ungewöhnlich hohen Lohn, den man diesem anbot:»Ich verstehe«, schrieb der Komponist an den Gesandten des englischen Königs beim Herzog der

Toskana,»die Gründe, die Euch bewegt haben, Signor Senesino für vierzehnhundert Guineen einzustellen. Wir stimmen dem zu. Genannter Senesino ist vor zwölf Tagen eingetroffen, und ich habe nicht versäumt, ihm auf Vorlage Eures Schreibens die einhundert Guineen bar auszuzahlen, die Ihr ihm versprochen hattet.«[1] Diese Zuvorkommenheit und bescheidene Zurückhaltung konnten jedoch nicht anhalten. Händel war eine Persönlichkeit mit schwierigem Charakter, der sich selten auf Zugeständnisse einließ. Allmählich entdeckte er die Launen, die wechselhaften Stimmungen, die grenzenlosen Ansprüche des Sängers, der sich in Italien angewöhnt hatte, mit den Komponisten zu kämpfen und die Impresarios zu unterwerfen. Andere Zeiten, andere Sitten: Händel konnte nicht einmal die Hälfte dessen ertragen, was viele seinesgleichen hinnahmen. Er ging so weit, die Sänger seiner Truppe zu schikanieren. Als sich 1733 der endgültige Bruch zwischen ihm und Senesino vollzog, folgten dem Kastraten alle anderen Sänger, mit Ausnahme der Strada, die Händel die Treue hielt.

Während jener Monate unaufhörlicher Querelen mischte sich ein Mann ein, der – wenn es um Musik ging – keine geringe Rolle spielte. Der Prinz von Wales, Frederick, Herzog von Marlborough, das Enfant terrible der Königsfamilie, verpaßte keine Gelegenheit, sich gegen seine Eltern, König Georg II. und Königin Karoline, aufzulehnen. Da diese, wie auch Prinzessin Anne, Händel bei seinen Unternehmungen unterstützten und sich der Komponist bei verschiedenen Anlässen unverschämt und tyrannisch gegen die Aristokratie gezeigt hatte, nahm Frederick die ewigen Streitigkeiten zwischen Händel und Senesino und deren Trennung zum Vorwand, um eine neue Truppe zu gründen, die Opera of the Nobility im Lincoln's Inn Field. Er erhielt große Unterstützung von Teilen der Aristokratie und des niederen Adels.

Derartige Machenschaften brauchen ihre Zeit. Geduldig spann der Prinz von Wales ein Netz, um sein Ziel zu erreichen. Unter anderem veranlaßte er eine Spendenaktion der Aristokratie, wie der Graf von Delaware in einem Brief vom Januar 1733 an den

Grafen von Richmond bestätigt: »Er verbreitet einen Geist der Rebellion gegen die Tyrannei von Mr. Händel. Eine Subskription wurde eröffnet, die Theaterdirektoren, die Verträge mit Senesino hatten, wurden entsandt, um die Cuzzoni und Farinelli zu engagieren. Letzterer wird hoffentlich gleich nach dem Ende des Karnevals von Venedig eintreffen, wenn nicht noch früher … Wir haben Porpora eingeladen. Wir zweifeln nicht, daß Euer Gnaden Seinen Namen auf unsere Subskriptionsliste setzen wird.«

Wie der Brief zeigt, wollte man sich auf den Komponisten stützen, der den Werken Händels am besten die Stirn zu bieten vermochte: Porpora war siebenundvierzig Jahre alt und versprach mit seinen achtundzwanzig Opern, drei Oratorien, den Serenaden und der Kirchenmusik, die er in Italien komponiert hatte, sichere Gewähr für einen Erfolg. Er nahm das verlockende Angebot des englischen Adels an. Um ihn gruppierte sich ein Ensemble erstrangiger Sänger (vor allem der Kastrat Senesino, aber auch Montagnana, Rocchetti und die Cuzzoni), die den Vergleich mit den hervorragenden Künstlern Händels (Carestini, Carlo Scalzi, Anna Maria Strada, Margherita Durastante und Maria Negri) nicht scheuen mußten.

Das neue Ensemble eröffnete die Spielzeit am 29. Dezember 1733, sechs Uhr abends, mit *Arianna in Nasso* von Porpora. Senesino, der zur Konkurrenz übergegangen war, sang die Rolle des Theseus, Signora Segatti die der Arianna. Auch Händel blies zum Kampf und begann am 5. Januar 1734 mit *Arbace*. Während der Prinz von Wales die Vorstellungen von Porporas Oper besuchte, ermunterten der König, die Königin und die drei ältesten Prinzessinnen Händel bei seinem neuen Unternehmen im King's Theatre.

Im Sommer, am 6. Juli, endete Händels Vertrag mit dem Theaterdirektor Heidegger. Die Opera of the Nobility wollte das King's Theatre am Haymarket für sich gewinnen. So nutzte man die Gunst der Stunde und unterzeichnete einen Vertrag, der ihren Einzug ermöglichte. Händel, der so aus seinem Haus gejagt wurde, konnte jedoch mit seinem Ensemble nach Covent Garden ziehen, wo er einen Vertrag mit John Rich schloß, dem Produzenten der berühmten *Beggar's Opera* (1728) und Erbauer dieses 1732 eröffneten Theaters. Dieser produktive und aktive Mann hatte seine Tochter mit Händels berühmtem Tenor John Beard verheiratet. Die Verbindung mit Rich befreite Händel aus einer sehr mißlichen Situation, obwohl er bis in den Winter hinein warten mußte, ehe er mit seinen Vorstellungen beginnen konnte, da sich die Massen noch um die Aufführungen der *Bettleroper* prügelten.

Die Erleichterung wird aus einem Brief Händels an einen unbekannten Adressaten deutlich, der ihm anscheinend einen interessanten Vorschlag machte:»Ich bedaure wirklich, daß ich unter den gegenwärtigen Umständen dieses Vergnügens entsagen muß, da ich einen Vertrag mit Mr. Rich habe, um die Opern in Covent Garden vorzubereiten.«[2]

Die Idee, Farinelli nach London zu holen, ist weit älter als der Beginn der Auseinandersetzung und die ersten Verhandlungen der Opera of the Nobility. Schon 1729 spricht ein Brief des Librettisten Paolo Rolli von der Absicht des berühmten Theaterdirektors Heidegger, ihn nach London einzuladen. Rolli zweifelte nicht an Händels Geschäftssinn, der auf dem Weg nach Italien war, um verschiedene Sänger zu hören und zu engagieren:»Farinelli wird kommen«, schrieb er an Senesino,»denn er wird vielleicht von der Aussicht auf eine Vorstellung zu seinen Gunsten angezogen werden. Niemand – außer Euch – ist in der Lage, ihm [Händel] etwas zu verweigern, verzichtet er doch auf jede Zurückhaltung, wenn er eine Wohltat erbittet.«[3] Händel brachte aus Italien nicht Farinelli, sondern den Kastraten Carestini mit. Das hatte mehrere Gründe: Sicher lag es zunächst an dem hohen Preis, den Carlo verlangte und der wahrscheinlich die Mittel, die Händel zur Verfügung hatte, beträchtlich überstieg. Außerdem war Carlo ein Schüler Porporas, von dem Händel wußte, daß er bald, mit der Gründung der Opera of the Nobility, zu seinem Rivalen würde. Schließlich, und das war ein nicht unwesentliches Hindernis, schrieb Händel all seine Rollen für Kastraten mit Altstimmen wie Nicolino, Senesino oder

Carestini. Er zögerte wahrscheinlich, für Farinellis Sopranstimme von seinen Schreibgewohnheiten abzuweichen.

Die Ankunft des größten Kastraten Europas 1734 wurde durch das um einige Monate vorangegangene Engagement seines Lehrers und einer von ihm hoch verehrten Sängerin, Francesca Cuzzoni, begünstigt. Nach der Einladung durch die Direktoren der Opera of the Nobility bat Porpora seinen Schüler, zu ihm zu kommen. Nun mußte man nur noch den Preis festsetzen, und angesichts der erbitterten Konkurrenz zwischen den beiden Ensembles gab es kein Zögern. 1500 Guineen pro Jahr sowie eine Vorstellung zu seinen Gunsten bildeten die Grundlage des phantastischen Vertrages, den man ihm vorschlug. Das Ungleichgewicht in den Ausgaben der Truppe Händels (9000 Pfund für eine Spielzeit) und des Ensembles von Porpora und Farinelli (12 000 Pfund) zeigt, daß man nicht an den Gehältern geizen wollte.

Carlo erreichte London im Herbst 1734 nach einer Fahrt, die er kaum vergessen würde, wie sein erster Brief an Sicinio Pepoli zeigt: »Nach aufreibender Reise bin ich endlich wohlbehalten in London angekommen. Während der entsetzlichen Überfahrt meinte ich, die Insel nie zu sehen. Aber dem Himmel sei Dank, nun kann ich trotz allem das Te Deum Laudamus sagen.«⁴ Ganz London sprach von nichts anderem als von seiner Ankunft, die Händels Anhänger erbeben ließ. Carlo schien erstaunt von soviel Bewunderung und Freundlichkeit, beunruhigt fast, sein Können unter diesen Umständen beweisen zu müssen: »Hier bin ich wie üblich auf die Unannehmlichkeiten der Musikwelt gestoßen, aber im Augenblick hat man mich auf einen so hohen Podest erhoben, daß ich mich nie in meinem Leben so bedeutend gefühlt habe. Dies zu erreichen hat mich jedoch viel Kraft gekostet, denn ich mußte zahlreiche Proben meines Könnens geben, um in diesem Klima dahin zu gelangen, wo ich heute stehe.«⁵

Zwei wichtige Ereignisse bestimmten seine Ankunft in London. Seine erste Vorstellung gab er in privatem Kreis im Hause Francesca Cuzzonis vor den bedeutendsten Direktoren und Opernsängern. Der Eindruck, den er auf diese Runde machte, die doch auf die Leistungen der Kastratenstimmen vorbereitet war, übertraf alle Vorstellungen: Als der Direktor des Lord Cooper Theatre mit seinen Leuten gehen wollte, fand er sich allein, denn die Mitarbeiter, erfüllt von Bewunderung und Staunen, waren unfähig, sich loszulösen.

Die andere Prüfung, von gleicher Bedeutung, war das kleine Konzert beim König und bei der Königin im Saint James Palace. Die Herrscher baten ihn – war es nur ein Spiel, oder wollten sie ihn auf die Probe stellen? –, einige Arien ihres Schützlings Händel zu singen. Aber Carlo wußte sich wohl zu verhalten, und mit jener Eleganz, die er in Spanien später täglich aufs neue bewies, unterdrückte er Erstaunen oder Unwillen: »Mit großer Freimütigkeit habe ich diese Arien gesungen und, dem Himmel sei Dank, sehr viel Ruhm geerntet.«⁶

Die erste öffentliche Vorstellung fand am Dienstag, dem 29. Oktober 1734, im King's Theatre statt. »An diesem Abend«, schreibt der *Universal Spectator*, »war die ganze königliche Familie in der Oper am Haymarket, wo Signor Farinelli zum erstenmal in der Öffentlichkeit auftrat und erstaunlichen Beifall erzielte. Das Theater war übervoll.«⁷ Wie es sich gehört, hatte Carlo den *Artaserse* seines teuren Freundes Johann Adolf Hasse gewählt, das Werk, das er am liebsten mochte und bereits zweimal in Venedig gesungen hatte. Für den sächsischen Komponisten war dies nach den zahlreichen Auseinandersetzungen zwischen Händel und Hasses Frau, der Sängerin Faustina Bordoni, auch eine gewisse Revanche. *Artaserse* wurde allerdings nicht in der Originalfassung gegeben, sondern in Form eines *Pasticcio*, das die schönsten Arien verschiedener Komponisten mit denen Hasses mischte. Farinelli reservierte sich den Löwenanteil, von neunundzwanzig Liedern sang er zehn allein und eins im Duett: ein Drittel der Partitur, die an sechs große Rollen erinnerte!

Bei dieser Gelegenheit sang Carlo zum erstenmal die Arie seines Bruders Riccardo *Son qual nave ch'agitata*, die für lange Zeit die

Zusammenarbeit der Brüder krönte und später eines von Carlos Bravourstücken am spanischen Hof wurde. Das Publikum war hingerissen, als es die *Messa di voce* hörte, mit der die Partitur auf der ersten Silbe des Wortes *nave* begann. Während Farinellis Aufenthalt in London wurde das Werk vierzigmal aufgeführt, ein für jene Zeit außerordentlich seltenes Phänomen. An einem Abend wurde seine Leistung mit fünf langen Minuten des Applauses belohnt, der nicht ermüden wollte, ein anderes Mal rief eine vor Begeisterung fassungslose Dame aus ihrer Loge:»One God, one Farinelli!«

In dieser ersten Londoner Aufführung sang Carlo die Rolle des Arbace, begleitet von Senesino (der Arbatan spielte und die berühmte Arie *Pallido il sole* sang), Montagnana (Artaserse) und der Cuzzoni (Mandane). Eine solche Besetzung hatte London bisher ebensowenig erlebt wie die meisten europäischen Hauptstädte. Burney berichtet: Als Senesino die herzzerreißende Klage des göttlichen Farinellis hörte, der einen Gefangenen in Ketten spielte, war er so bewegt, daß er seine eigene Rolle vergaß und sich in seine Arme warf, um ihn zu trösten.

2. Farinelli und das englische Publikum

DIE folgenden Wochen dämpften weder den Triumph des ersten Abends noch die seit Farinellis Ankunft neu auflebende Anziehungskraft der italienischen Oper auf das englische Publikum. »Kein Ort«, schrieb Lord Hervey, »ist so voll wie die Oper, und Farinelli wird so sehr geliebt, daß sich ungeheure Menschenmengen drängen, um ihn zu hören. In diesem Winter gibt es nicht weniger als zwei italienische Opern, ein französisches und drei englische Theater. Heidegger hat die Ausgaben für diese Aufführungen überprüft und schwarz auf weiß bewiesen, daß die Administration mehr als sechsundsiebzigtausend Pfund einnehmen muß, um ihre Kosten zu decken, bevor sie selbst auch nur einen Pfennig verdient.«[8]

Zahlreiche Dokumente, Briefe oder Erinnerungen zeugen von dieser allgemeinen Begeisterung für Carlo Broschi während der ersten Zeit seines Aufenthaltes. Lord Egmont schreibt kurz und knapp in seiner Zeitung: »Ich bin in die Oper gegangen, wo ich die schönste Stimme vernommen habe, die Europa zu bieten hat. Farinelli ist vor kurzem eingetroffen.«[9] Pater Prévost schreibt voller Anerkennung: »Die anderen liebte man, diesen betet man an. Es ist einfach hinreißend. Unmöglich, besser zu singen. Ein Zauber zieht die Massen zu ihm. Stellen Sie sich all das Talent Senesinos und Carestinis mit einer Stimme vor, die schöner ist als die der beiden zusammen.«[10] Die gleiche begeisterte Mitteilung bei John Hawkin: »Alle Welt ist hingeeilt, selbst die Stadträte und andere Bürger mit ihren Frauen und Töchtern, in so großer Zahl, daß es inzwischen sprichwörtlich geworden ist, jene, die Farinelli nicht singen und Foster nicht beten gehört haben, können es nicht mehr wagen, sich in der guten Gesellschaft zu zeigen.«[11]

Eines der bewegendsten Dokumente ist wohl ein Brief des
Librettisten Rolli vom 9. November 1734, um so mehr, wenn man
weiß, was dessen scharfe Zunge sonst über die »Kapaune« äußerte:
»Ich muß Ihnen etwas von Farinelli erzählen, was er wahrhaft verdient. Ich gestehe, daß er mich erstaunt hat, und ich ahne, daß ich
bis zu diesem Tag nur zum Teil verstanden habe, was die menschliche Stimme vermag, während ich mich heute glücklich schätze,
alles gehört zu haben, was ist oder sein kann. Abgesehen von seinem Gesang ist er ein Mensch von liebenswürdigem und höf-
lichem Wesen, und ich empfinde größtes Vergnügen, seine Gesellschaft und seine Freundschaft zu pflegen. Er hat mir ein Geschenk
gemacht, die Gedichte von Metastasio, die ich schon lange begehrte und die mir zu angenehmen Stunden verhelfen werden ...«[12]
   Vergnüglicher dagegen liest sich ein langer, leidenschaftlicher
Brief, den eine Anhängerin Farinellis, Catherine Phillips, später
Mrs. Muilman, 1735 in London drucken ließ,[13] nachdem sie ihn
vielleicht an ihn persönlich gesandt hatte. Als wollte sie die Anony-
mität wahren, und damit man den Mann ihres Lebens nicht erkenne, vermerkte sie lediglich: »C... P... to the Angelick Signor
Far..n..li.« Neben den lyrischen Höhenflügen, die sie ihm widmet,
ist diese lange Tirade in Versen (sechzehn Seiten!) beispielhaft für
die bewundernde Aufmerksamkeit, die die Damen einer bestimmten Gesellschaftsschicht den Kastraten entgegenbrachten. Einige
Passagen sollen genügen, um den Grundton dieses seltenen Dokuments wiederzugeben:

Du, der jeden Gedanken und jedes Verlangen beherrscht,
Verzeih die freimütige Bloßstellung meiner Seele.
Empfange in deiner sanften und liebenswürdigen Art
Das Überquellen eines getroffenen Herzens:
Eines Herzens, das dir allein gehört ...

Laß nicht eifersüchtige Gedanken deinen Geist verwirren,
Denke nicht an die Rivalen jenes hassenswerten Geschlechts;

Männer, widerwärtige Gefährten! Gift in meinen Augen,
Schockierend für meine Sinne, Entsetzen meines Geistes,
Monster mit hartem Bart, Borsten gleich, Nervensägen!
Was ist schon eine zarte Frau unter ihren Tatzen?
...

Dein zartes, bartloses Kinn dagegen, deine rosigen Wangen,
Die angenehme und melodiöse Sanftheit, wenn du sprichst;
Diese Augen, die strahlen wie zwei funkelnde Sterne
Und alle Herzen wie das meine durchbohren.
Mehr als Worte den Sinnen zu sagen vermögen,
Verbreitest du um dich tausendfachen Charme.
...

Ermüdet vom Beifall der Allgemeinheit,
Mache ich dich auf ewig zu meinem Auserwählten.
Wenn ich einst auch S..n..o [Senesino] liebte,
Was war er, verglichen mit dir? Herrlicher Knabe!
Mit ihm ein Amüsement, mit dir höchste Leidenschaft,
Er ein Schimmer, du ein strahlendes Feuer.

Der arme S..n..o ist jetzt alt geworden,
Aufgedunsen und fett, kalt für die Freuden der Liebe,
Ohne Geist und vom Publikum verspottet,
Selbst die alten Jungfern wollen ihn nicht mehr.

Verstehst du nicht den Grund dieser Geschenke?
Das goldene Kästchen, die Uhr, der Diamantenring,
Die Brieftasche, die Pinzette mit den Edelsteinen.
Diese Geschenke mögen dem Lohn für Wohlklang gleichen,
Aber sie haben eine ganz andere Bedeutung.

Nicht deine süße Stimme, die zwitschernde Zunge,
Sondern daß du schön bist, kraftvoll und jung;
Rührt unsere britischen Schönen.
...

Die prüde R... weiß aus Erfahrung,
Daß ein Eunuch mehr wert ist als ein abgenutzter Liebhaber:
Und sie hat die Eunuchen genossen, lange bevor
Du deinen Fuß auf das britische Ufer setztest.
War sie auch ein junges, reines Mädchen, sie ist nicht dumm,
Und V...ni [Valentini] hat sie gelehrt, wie es zu machen ist.
Eunuchen können Freude ohne Grenzen schenken,
Ohne den Mädchen Schande zu bereiten.

Kurz gesagt, teurer junger Mann – dein Glück ist gemacht;
Was bedeutet es schon, wenn Geschäftsleute leer ausgehen.
Wenn Kinder Hunger haben, Väter, Ehemänner sterben,
Es ist unbedeutend, gemessen an deiner teuren Gesundheit ...

Kastraten haben immer eine sehr privilegierte Schicht von Frauen
fasziniert, Adlige meist, die gleichzeitig von der gefahrlosen Lieb-
schaft begeistert und von der geistigen Dimension einer solchen
Verbindung geschmeichelt waren. Wie Mrs. Muilman zeigt, war
schon Senesino vor Farinelli das Idol der Londoner Zuschauerin-
nen. Er, den Paolo Rolli als »Hahn, der von den englischen Hüh-
nern verfolgt wird«, bezeichnete, gab sogar selbst zu, daß alle
Frauen inniges Verlangen nach seinem »Baum, der keine Früchte
gab«, empfanden!

Aus der Zeit jenes Briefes (1735) stammen die ersten großen
Porträts Carlo Broschis. Im Unterschied zu all jenen, die in
London oder Spanien gemalt wurden, gibt es nur wenige Bilder
aus seiner Jugendzeit, denn der Sänger war darauf bedacht, seinen
Ruhm in Italien zu festigen, und blieb nie lange genug an einem
Ort, um Künstlern Modell zu stehen. Unter den seltenen Jugend-
porträts ist das von Amigoni, heute im Carnavalet-Museum, am
wenigsten schmeichelhaft: Man sieht darauf das fast mürrische
Gesicht eines großen Jungen, der noch weit von seiner herrlichen
Reife entfernt ist. Eindrucksvoller ist das Gemälde von Nazzari,
wahrscheinlich in Venedig entstanden, kurz bevor Carlo nach

England ging. Auf diesem Bild, wie auf den Gemälden oder Stichen aus der Londoner Zeit, meist von Amigoni signiert, sieht man zwar noch immer ein rundes, glattes Gesicht (ohne Barthaare und ohne Adamsapfel), aber auch einen hochgewachsenen, gut gebauten Körper, sein Gesicht wirkt sanft, intelligent und distinguiert. Die Londoner Etappe ist die Zeit des Übergangs (die zur physischen und geistigen Vollendung in Spanien führen wird).

Trotz all dieser Vorurteile scheint Farinelli sehr viel weniger Liebesabenteuer erlebt zu haben als Senesino oder andere Kastraten. Genugtuung bereitete ihm eher die kollektive Zuneigung des Publikums. Meist bleibt er in seinen Briefen sehr zurückhaltend, nur wenige Zeilen drücken aus, was er am Morgen nach der Aufführung von *Artaserse* empfand: »Nun standen wir auf der Bühne. Ich finde keine Worte, um die Güte zu beschreiben, die diese Nation mir bezeugt. Das allein reicht aus, um mich glücklich zu machen. Ich könnte mehr darüber schreiben, aber ich will nicht all diese Kleinigkeiten zu Papier bringen, die als Prahlerei verstanden werden könnten.«[14] Er freut sich, daß das englische Klima weder seiner Gesundheit noch seiner Stimme geschadet hat, und erwähnt, ohne sich je zu beklagen, das beachtliche Arbeitspensum, das auf ihm lastet (und ihn zweifellos starkem psychischem Druck aussetzte):»Seit ich den Fuß in die Stadt London gesetzt, habe ich den Mund nicht mehr geschlossen. Allmählich frage ich mich, wie ich das aushalten kann.«[15]

Wie immer ist er darum besorgt, dem Grafen Pepoli seine unvergängliche Zuneigung zu beweisen. Er sendet ihm eine Flasche Salz und eine Kiste mit Wolle für Signora Eleonora. Ein Brief vom 23. Mai 1735 zeugt von seiner Bindung an den Herzog von Linz, seinen »bevorzugten Herrn«, mit dem er Ende Mai 1735 eine Reise nach Schottland macht. Aus anderen Quellen geht hervor, daß er mit dem Herzog und der Herzogin von Leeds oder Lord Cobham mehrere kleine Reisen durch England unternahm. Gewiß waren ihm auch hier wieder einmal die Beziehungen der

Pepolis hilfreich, denn Gräfin Eleonora war mit der Familie Stuart verwandt. Ansonsten finden sich nur wenige persönliche Anmerkungen. Sie betreffen meist seinen Bruder Riccardo, der in Mailand ein ärmliches Dasein fristet, nachdem er sein Talent und sein Geld vergeudet hat. Riccardos schöpferische Phase, in der er seine wichtigsten Heldenopern komponierte, endete 1735. Wahrscheinlich hat er Carlo zunächst nach London begleitet und die Aufführung von *Artaserse* erlebt. Aber bald schon verschlechterte sich seine Situation, und er konnte nicht mehr von seinen Kompositionen leben. Carlo schickt ihm 40 Zechinen und teilt Graf Pepoli seinen Wunsch mit, der Bruder möge sich in Bologna niederlassen und eine ernsthafte Arbeit aufnehmen, »wenn er wie ein Bruder unterstützt werden will«. Er möchte, daß sich Riccardo mit der Leitung eines Landgutes vertraut macht, um während seiner Abwesenheit den Besitz in Bologna zu führen. Die Erträge könnten ihm ein bescheidenes monatliches Einkommen sichern. Wie immer wendet sich Carlo an seinen Wohltäter: »Ich richte mich an die Menschlichkeit Eurer Exzellenz. Riccardo wird in mir einen Vater haben, wenn er Euch als Herren zu gewinnen versteht.«[16] Tatsächlich klärt sich Riccardos Situation vorübergehend im November 1736, einige Monate nach diesem Brief. Er erhält die Stelle des »Compositeur de musique« beim Herzog Karl Alexander von Württemberg, mit einem Jahresgehalt von 1200 Gulden. Dort, in Stuttgart, führt er sein Werk *Adriano in Siria* auf, das er bereits zwei Jahre zuvor komponiert hat. Durch den Tod des Herzogs am 12. März 1737 verliert er diese Stellung zum 1. April. Von nun an schlägt sich Riccardo nur noch mühsam durch und bleibt auf musikalischem Gebiet immer unbefriedigt. 1739 nimmt er sogar den Posten des Weininspektors von Neapel an.

Die Politik und vor allem das Erstarken des Militärs sind häufig ein Thema in Farinellis Briefen an Pepoli. In den kleinen italienischen Staaten hatte er nur wenig vom Wirken des Militärs gespürt. Der Umzug in eine der größten Expansionsmächte Europas scheint bei ihm ein gewisses Interesse geweckt zu haben, das er auch während seines Aufenthaltes in Spanien nicht verlieren wird. Hier und da finden sich Gedanken über die verschiedenen Länder, die ihn umgeben: eine tiefe Bindung an das österreichische Kaiserreich, Geringschätzung für Frankreich, die offensichtliche Unterstützung für seinen Gastgeber England und, mehr als alles andere, sein Verlangen nach Frieden zwischen den Nationen. Ein Nachsatz vom Mai 1735 faßt die Situation in wenigen Worten zusammen: »Aus der großen Welt hört man, daß der König nach Hannover gereist ist; die Flotte wird in wenigen Tagen nach Portugal auslaufen. Wenigstens sind wir stärker als Frankreich. Jeden verlangt es nach Frieden. Holland liebt die Neutralität. Möge Gott all das beenden, zum größten Wohle aller Herrscher.«[17]

Im Juli rüstet England eine weitere Flotte von dreißig Schiffen. Der Krieg scheint unvermeidbar, was Carlo große Sorgen macht: »Frankreich und Spanien verstehen die Entsendung dieser Flotte nicht, und jeden Tag erreichen uns neue Botschaften. Schließlich werden die Holländer zur Aufgabe ihrer Neutralität gezwungen sein, obwohl sie sich gern aus allem heraushalten würden…«[18] Ein paar Zeilen später findet sich ein Satz, der Aufschluß über seine wahren politischen Sympathien erlaubt: »Wir müssen die Pille schlucken und Gott bitten, daß sich die Dinge zum Frieden wenden, damit uns das Schlimmste erspart bleibt.«[19] Als er erfährt, daß zwanzigtausend Preußen, bald darauf schon dreißigtausend, in Böhmen einmarschiert sind, ertönt sein Verzweiflungsschrei: »Wenn sie kommen, werden wir den Helden Eugen [Prinz von Habsburg] bei einigen ruhmreichen Waffengängen sehen, sollte Gott diesen Krieg wirklich wollen.«[20]

Mit Berichten über die Theater oder die Vorstellungen, an denen er beteiligt ist, hält sich Carlo sehr zurück. Offensichtlich ist es ihm gelungen, den Erfolg der Opera of the Nobility vorübergehend zu sichern, und damit hat er auch dazu beigetragen, den Streit mit Händel ins Zentrum des Londoner Lebens zu rücken. Nur eine kleine Bemerkung zeigt, zu welchem Lager er neigt und daß er an

die Gerüchte glaubt, auch wenn sie im November 1734 noch
verfrüht sind:»Man munkelt in London, das andere Theater [Hän-
dels] würde bald schließen.«[21] Carlo ist natürlich auch in dieser
Stadt bald auf den Klatsch und Tratsch gestoßen, unter dem er in
Italien litt:»Hier erzählt man sich mehr leeres Gewäsch als an
jedem anderen Ort. Die Freiheit des Landes macht es möglich, aber
zuweilen ist es schmerzhaft.«[22] In den Londoner Salons wird es
zum täglichen Geschäft, sich leidenschaftlich für die eine oder
andere Truppe einzusetzen, zu streiten, zu verurteilen, zu schwär-
men, in den Schmutz zu ziehen. John Arbuthnot sah darin ein
zusätzliches Beispiel für das ewige Zweiparteiensystem Englands,
mit dem das Land in Whigs und Tories, Ober- und Unterkirche,
Anhängern des Königs oder des Prinzen von Wales geteilt war.
Gerade noch spaltete sich die Stadt zwischen den Anhängern
Faustina Bordonis (die»Faustini«, geführt von der Gräfin von
Pembroke) und denen von Francesca Cuzzoni (die»Cuzzonisti«
unter dem Banner der Gräfin von Burlington). Ein paar Jahre später
schwört London nur noch auf Händel oder Porpora, auf Carestini
oder Farinelli, und endlose Streitereien folgen aufeinander, die
Mrs. Delany geschickt zusammenfaßt:»Unsere Opernhäuser be-
gründen große Unordnung. Männer wie Frauen sind voller Leidenschaft. Nie wurde eine Debatte in der Stadt mit größerer Hitze
geführt. Die Diskussion über die Verdienste der Komponisten und
der Sänger geht so weit, daß alle echten Anhänger der Musik
fürchten, die Oper selbst könnte im Ruin enden. Ich muß zugeben,
daß all das ein reichlich dummes Bild von uns selbst entwirft.«[23]
Ein vorausschauender Brief, der binnen zwei Jahren von den Ereignissen bestätigt werden sollte.

Farinelli gehört zu haben oder nicht – das ist das ewig wiederkehrende Thema vieler Briefe:»Ich habe es so lange hinausgescho-
ben, Farinelli zu hören, daß ich es wohl gar nicht mehr schaffen
werde, denn es steht außer Frage, daß ich in diesem Monat käme, und außerdem wäre ich für so kurze Zeit da, daß es nicht
lohnte.«[24] Oder, etwas später:»Heute abend findet die Vorstellung

zugunsten Farinellis statt. Ab vier Uhr wird die gesamte bessere Gesellschaft hineilen, aus Angst, nicht rechtzeitig einzutreffen. Ich verabscheue das Bad in der Menge, deshalb überlasse ich sie sich selbst.«[25] In der Tat ist das Parkett, ob der Abend dem Künstler zugute kommt oder nicht, immer ab vier Uhr gefüllt, obwohl die Vorstellung erst um sechs Uhr beginnt! Das elegante Publikum ist meist voller Begeisterung, so daß nur wenige Arien dem geforderten Dacapo entgehen. Diese Manie nimmt solche Ausmaße an, daß im März 1736 dagegen vorgegangen wird, wie ein Theaterplakat verkündet: »Da die Wiederholung der Arien die Oper beträchtlich verlängert, weswegen es viele Beschwerden gab, hoffen wir, daß sich niemand erregen wird, wenn die Sänger in Zukunft kein Dacapo mehr singen werden.«

Die Aristokratie hält Farinelli um so mehr die Treue, als viele Adlige das italienische Ensemble am Haymarket finanziell unterstützen. Man spart nicht an Freundschaft, Einladungen und Geschenken. Die Salons stehen ihm weit offen, denn man hofft natürlich, ihn singen zu hören. Außerdem macht es in diesen Kreisen größten Eindruck, eine so berühmte Persönlichkeit bei einem Dinner zur Schau stellen zu können. Obwohl man die Vertreter der beiden Ensembles nur selten zusammenbringt, um Zwischenfälle zu vermeiden, findet sich Farinelli eines Abends gemeinsam mit Händel bei Lady Rich wieder. Man bittet Händel, eine Arie zu singen, er folgt dem Wunsch voller Anmut, ohne falsche Bescheidenheit in Anwesenheit des bedeutendsten Kastraten seiner Zeit, der zu seinen erbitterten Rivalen gehört. Händel wählt ein langsames, gemessenes Lied, das alle Gäste so berührt, daß sich Farinelli, der gewiß keinen Konkurrenten zu fürchten hat, weigert, nach ihm zu singen. So erweist er dem Schöpfer des *Rinaldo* die Ehre.

Die Gesellschaft belohnt ihre Helden auch mit kostbaren Geschenken. Schmuck, Edelsteine, Geld ergänzen nach jeder Veranstaltung die im Vertrag vereinbarten Bezüge, manchmal sogar als »Ermunterung«, bevor sich der Vorhang hebt. »Man erwartet«, schreibt der *Daily Advertiser,* »daß Farinelli das beste Konzert bieten wird, das man je erlebt hat. Uns wurde mitgeteilt, daß man ein Arrangement gefunden hat, um 2000 Zuschauern Platz zu bieten. Seine Königliche Hoheit, der Prinz von Wales, gab ihm 200 Guineen, der Botschafter Spaniens 100, der Botschafter des Kaisers 50, Seine Gnaden, der Herzog von Leeds, 50, die Gräfin von Portmore 50, Lord Burlington 50, Seine Gnaden, der Herzog von Richmond, 50, der Ehrenwerte Colonel Paget 30, Lady Rich 20 und die meisten der anderen Edlen jeder 50, 30 oder 20 Guineen. Man darf also annehmen, daß ihm dieser Auftritt mehr als 2000 Pfund einbringt.«[26] Ein anderes Mal erwähnen alle Zeitungen die ziselierte goldene Tabaksdose, die der Prinz von Wales seinem Lieblingssänger feierlich überreicht hat: Sie ist mit Rubinen und Diamanten gefaßt und enthält nicht weniger als ein Paar Strumpfbänder aus Diamanten und eine Börse mit 100 Guineen!

Unabhängig von all diesen Geschenken hatten die Gehälter, die man den Sängern und vor allem den Kastraten zubilligte, in der Auseinandersetzung zwischen den Anhängern der italienischen Oper und deren Gegnern, große Bedeutung. Die Entwicklung vollzog sich sehr schnell. 1720 reichte ein Budget von 4000 Pfund aus, das ganze Ensemble zu bezahlen. Im Jahre 1735 genügte diese Summe kaum, die Gagen der beiden ersten Kastraten zu decken. Am Ende seines Aufenthaltes verdiente Farinelli mit seiner Gage und dem Abend zu seinen Gunsten mehr als 5000 Pfund im Jahr, eine phantastische Summe, die noch nicht einmal die zahllosen Geschenke einschloß. All das für zwei Vorstellungen in der Woche, das heißt ein wesentlich geringeres Arbeitspensum als in Italien. Ein sehr amüsanter Artikel des *Fog Journal* mokierte sich über diese »Großzügigkeit«, zu der die englischen Zuschauer fähig waren: »Ich möchte von dem großen Signor Farinelli sprechen, zu dem die Massen stürzen, um der Ekstase willen, die er ihnen mit seiner Stimme verschafft. Sie belohnen ihn so großzügig für seine Arbeit, daß sie ihm, wenn er ihnen den Gefallen tut, noch zwei oder drei Jahre länger zu bleiben und zwei oder drei Abende zu seinen Gunsten mehr zu bewilligen, nichts mehr zu geben haben werden außer ihren Ohren.«[27] In seinen Briefen erwähnt Carlo diese finanziellen Vorteile nur selten. Sein Leben lang zeigt er, ohne jemals habgierig zu erscheinen, daß er am Geld und mehr noch an den Ehrungen interessiert ist. Das ist eine seiner wenigen Schwächen. Sinn für Sparsamkeit (und zuweilen gar ein Hauch von Geiz) kehren in seiner Korrespondenz immer wieder. Auch die Briefe aus London betonen, daß er wenig von dem Geld, das ihm zur Verfügung steht, ausgibt und daß sein einziges Ziel darin besteht, seinen Ruhestand durch die Einrichtung und Verschönerung seiner Villa in Bologna zu sichern. In seinem ersten Brief schildert er dem Grafen Pepoli eine prekäre Situation: »Hier fliegen die Guineen davon wie in Bologna das Kleingeld, und alles ist teuer. Für das Haus gebe ich einhundert Guineen im Jahr aus [nur ein Fünfzehntel seines Einkommens!], während ich mir in Bologna mit dieser Summe viel Land kaufen würde. Ich gebe Gott sei Dank nicht mehr aus, als notwendig ist, und werfe keinen Shilling für meine Launen zum Fenster hinaus.«[28] Diese Zeilen schrieb er bei seiner Ankunft, lange bevor ihm die Erhöhung seiner Gagen und ein Regen phantastischer Geschenke eine noch günstigere Finanzsituation bescherte.

3. Größe und Niedergang

WÄHREND der ersten Spielzeiten erlebte Farinelli große Augenblicke des Ruhms. Die Saison 1734/35 im Lincoln's Inn Field krönte der soeben eingetroffene Sänger mit *Artaserse* von Hasse (November 1734) und *Polifemo* von Porpora im Februar 1735. »Am Samstag«, schrieb die *London Daily Post*, »sahen Ihre Majestäten, der Prinz von Wales und die Prinzessinnen Amelia und Carolina, die Oper *Polifemo*. Selten hat man in dieser Spielzeit vor so vielen Zuschauern gespielt.«[29] Die Saison wurde mit der triumphalen Reprise von *Artaserse* anläßlich eines denkwürdigen Abends zugunsten Farinellis am 13. März fortgesetzt. Dann beteiligte sich der Kastrat ohne großen Erfolg an den vier mageren Aufführungen der *Ifigenia in Aulide* von Porpora im Mai.

Am 28. Oktober wurde die Spielzeit 1735–1736 am Haymarket mit einer Wiederaufnahme von *Polifemo* in Anwesenheit der gesamten Königsfamilie und des Fürsten von Modena eröffnet. Wenig später folgte *Adriano* von Veracini. Senesino spielte Adriano, Farinelli Farnaspe und Francesca Cuzzoni Emirena. Der *Daily Advertiser* lieferte einige wertvolle Informationen: »Die Oper *Adriano* wird gegenwärtig mit größtem Erfolg gespielt, vor allem dank einiger wunderschöner Arien auf italienisch, die von Herrn Farinelli komponiert wurden. Da Seine Majestät die Aufführung als etwas lang empfand, wurde sie von Signor Veracini gekürzt, und Seine Majestät hat die Absicht bekundet, der Vorstellung beizuwohnen. Wie wir erfahren haben, wird auf diese Reihe von Aufführungen eine neue Oper folgen, *Mitridate*, ein Drama, geschrieben auf englisch von Colley Cibber und ins Italienische übersetzt.«[30]

Am 24. Januar 1736 teilten sich Senesino und Farinelli, erneut vereint in *Mitridate* von Porpora, den Beifall einer Zuschauermenge, die alles bisher Dagewesene überstieg: »Die Oper *Mitridate* war am Dienstagabend so voll, daß neben den Abonnenten mehr als vierhundert Ladies und Gentlemen im Parkett und in den Rängen Platz finden mußten. Mehr als fünfhundert Personen mußten den Saal wegen Überfüllung verlassen.«[31] Im Frühjahr fanden verschiedene Wiederholungen statt, darunter *Adriano* und die traditionelle Vorstellung zugunsten Farinellis mit *Artaserse*, bevor im April *Onorio* von Campi aufgeführt wurde, mit Farinelli als Eucherio und Senesino als Honorius.

Im Mai fanden die Festlichkeiten anläßlich der Hochzeit des Prinzen von Wales statt. Seit einiger Zeit schon spürte Porpora, daß die Zuneigung des Londoner Publikums für die italienische Oper am Haymarket nachzulassen begann. Zwar vollzog sich der Rückzug langsam, aber er beunruhigte ihn so sehr, daß er an eine Rückkehr nach Italien dachte. Die Hochzeit des Prinzen von Wales war der Tropfen, der das Faß zum Überlaufen brachte. Porpora mußte hinnehmen, daß sein Gönner, wichtigste Stütze seines Ensembles, die Oper *Atalanta* von Händel seinem ebenfalls zu diesem Anlaß komponierten Werk *Le Feste d'Imeneo* vorzog. Er erkannte die Bedeutung dieses Umschwungs und verließ England im Sommer, um zu Beginn des folgenden Jahres seinen Posten bei den Incurabili in Venedig wieder einzunehmen. Man ersetzte ihn durch den Venezianer Pescetti.

Seine Abreise hätte nicht unbedingt etwas ändern müssen: Italien fehlte es nicht an Komponisten, und das Londoner Publikum füllte die Theater viel mehr wegen der Stimmen seiner bevorzugten Kastraten als um des Talentes eines Hasse oder Veracini willen. Zahlreiche Vorzeichen ließen jedoch eine äußerst schwierige Spielzeit erahnen, um so mehr, als Porpora die beiden Idole Senesino und die Cuzzoni mit sich genommen hatte.

Der eigentliche Grund für die Krise lag in den Anfängen der italienischen Oper in England. Ganz Europa erbebte schon seit einem Jahrhundert bei den Klängen der italienischen Musik, als England noch nicht die geringste Vorstellung davon hatte. Zu Beginn des 18. Jahrhunderts galt die plötzlich aufkommende Zuneigung zur italienischen Oper eher dem Talent der Kastraten Nicolino, Senesino, Carestini oder Farinelli. Dieser Begeisterung für die *Opera seria* und ihre Sänger gelang es jedoch nicht, in der englischen Gesellschaft wahrhaft Wurzeln zu schlagen. Die transalpine Oper blieb ein intellektuelles Genre, an die Hauptstadt und die Protektion des Hofes gebunden, einer Elite vorbehalten, die in dieser importierten Kunst eine Möglichkeit sah, sich über die weit populäreren typisch englischen Vergnügungen wie die *Bettleroper* zu erheben, deren Spott über Minister Robert Walpole und die italienische Oper eine der deutlichsten Bekundungen der englischen Volksseele war. Ein satirisches Gedicht von Carey (»Die Klage des Dandy über die Abreise Farinellis«) beschreibt den Unterschied zwischen jenen Gesellschaftsklassen und den Snobismus der Anhänger der italienischen Kultur:

Oh! sprecht nicht von jenem unsäglichen Engländer, meint er,
Ich sage Euch, daß Italienisch die rechte Sprache für mich ist.
Sie ist besser als Latein, besser als Griechisch,
Es ist die Sprache, die Edle und Bürger sprechen müßten;
Mag bescheidenes Englisch den Clowns als Sprache dienen,
Aber nicht in diesem eleganten Viertel!

Von 1710 bis 1735, innerhalb einer Generation, gelang es der italienischen Oper, sich zu behaupten und zu triumphieren, aber sie wurde zu einem immer teureren Vergnügen. Die Spaltung in zwei rivalisierende Ensembles, seit Beginn der Spielzeit 1733/34, zeigt gleichzeitig ihren Gipfel und den Beginn ihres Niedergangs. London hatte nicht die Mittel, sich zwei Operntruppen zu leisten und die mit Gold aufgewogenen Gagen der Sänger zu verdoppeln. Nach vierjähriger Rivalität mußten die beiden Opernensembles diesen Kampf am Rande des Ruins beenden.

Hinzu kam die nachlassende Zuneigung des Publikums, das unbeständiger war als in anderen europäischen Hauptstädten und immer bereit, sich neuen Vergnügungen zuzuwenden. Mrs. Delany hatte dies bereits im April 1736 gespürt: »Als ich die Stadt im letzten Herbst verließ, waren alle verrückt nach Farinelli. Ich habe den Eindruck, jetzt ist *Pasquin* in Mode, ein satirisches Drama über unsere Zeit. Es hat fast ebensoviel Erfolg wie die *Beggar's Opera*.«[32]

Trotz der überschwenglichen Lobgesänge, die man den Kastraten widmete, hatten sie nicht das gesamte Publikum gewinnen können. Widerspruch gab es vor allem in den unteren Schichten und bei Künstlern oder Schriftstellern, die jenen als Wortführer dienten. Seit der Ankunft der Kastraten in London hatte sich John Dennis gegen diese Invasion erhoben, der er vorwarf, die englische Würde und »die Majestät des britischen Genies« zu entehren. »Wenn ich behaupte«, schrieb er, »daß eine Oper nach italienischer Mode abscheulich ist, so meine ich nicht zu übertreiben. Ich füge sogar hinzu, daß sie außerordentlich unnatürlich ist, daß sie in keinem anderen Land entstehen konnte als in jenem, das überall in der Welt dafür berühmt ist, abartige und abscheuliche Vergnügungen denen vorzuziehen, die sich in Einklang mit der Natur befinden.«[33] Eine bemerkenswerte Verdammnis, die den Gedankenflug eines anonymen Zuschauers, Nicolino betreffend, unterstützte: »Hinfort, Objekt des Vergnügens, Schande für unsere Nation! Möge Großbritannien nicht länger von frivolen Trillern verdorben werden. Möge sich jene Rasse von Sängern dorthin zurückwenden, wo Wollust und Sittenlosigkeit herrschen. Laß dort deine Fistelstimme erschallen … Hinfort mit deinem verruchten Gesang! Großbritannien will seine Freiheit behaupten …«[34]

Die berühmten Stiche von Hogarth (wie die Zeichnungen Zanettis in Italien) trugen dazu bei, die Karikatur des fetten Kastraten zu verbreiten, der durch seine wenig anziehende Masse zarte, verängstigte Sängerinnen abstößt. Die Federzeichnung eines unbekannten Künstlers zeigt eine Theateraufführung, bei der alle Sänger Tierköpfe tragen. Der Titel heißt:»The Opera House or the Italian Eunuchs Glory« (Die Oper oder der Ruhm der italienischen Eunuchen). Auf der rechten Seite werden verschiedene Geschenke aufgezählt, links kann man folgendes lesen:»Eine Liste reicher Gaben, die Signor Farinelli, euer italienischer Sänger, freundlicherweise anläßlich einer Aufführung des *Artaserse* von euch, englische Edelleute, annahm.«[35]

Von allen italienischen Künstlern, die seit Beginn des Jahrhunderts nach England gekommen waren, war Farinelli am wenigsten angreifbar. Seine engelsgleiche Schönheit, die Sinnlichkeit seiner Stimme, seine Höflichkeit und seine Diskretion in der Gesellschaft waren eher eine Quelle für Lobeshymnen als für Spott. Sein Bühnenspiel dagegen konnte kritischen Beobachtern nicht entgehen. Das englische Theater wurde von Komödianten geprägt und legte großen Wert auf das Spiel der Akteure. Deshalb war man sehr enttäuscht von der *Opera seria*, die grandiose Gestalten zeigte, bei denen aber das mimische Talent weitaus geringere Bedeutung hatte als die stimmliche Begabung: erst die Ohren, dann die Augen.

Farinelli entsprach dieser italienischen Tradition stereotyper Gesten und vorbestimmter Haltungen. Pickering bewies es voller Ironie in seinen»Reflexionen über den theatralischen Ausdruck in der Tragödie« von 1755:»In den folgenden Anmerkungen möchte ich auf das alte italienische Theater zurückkommen, aus der Zeit, da Farinelli die Zuschauer am Haymarket begeisterte. Was für eine Kehle! Was für Modulationen! Was für ein Genuß für das Ohr! Aber um Himmels willen! Was für eine Ungeschicklichkeit! Was für eine Dummheit! Was für eine Beleidigung für das Auge! Leser, wenn du aus der Stadt kommst, so hast du wahrscheinlich auf den Feldern von Islington oder Mileend – oder wenn du in der Umgebung von Saint James lebst, in den Parks – beobachtet, mit welcher Leichtigkeit und Geschicklichkeit sich eine trächtige Kuh auf Befehl der Melkerin erhebt. So ist auch der Göttliche Farinelli von der moosbedeckten Böschung gesprungen.« Es folgt eine köstliche Beschreibung der Gestik Farinellis während einer Vorstellung: »Dann trat er einige große Schritte vor, die linke Hand gegen die Hüfte gepreßt, in schöner Beugung, die dem Henkel eines alten Kerzenleuchters glich. Die rechte Hand lag unbeweglich auf der männlichen Brust, bis sie so steif geworden war, daß sie ihr Pendant bat, sie abzulösen. Nun schöpfte sie wieder Kraft und bildete den anderen Leuchterhenkel.« Zahlreiche Franzosen, die über die Halbinsel reisten, machten angesichts des erbärmlichen Spiels der italienischen Sänger die gleichen Feststellungen.

Nach der Abreise von Porpora, Senesino und der Cuzzoni mußte man eiligst ein neues Ensemble zusammenstellen, um die folgende Spielzeit zu sichern. Man konnte so hervorragende Künstler wie den Kastraten Francesco Tolvo und die Sängerinnen Antonia Merighi und Elisabeth Duparc (»la Francesina«) gewinnen. Mit dieser neuen Truppe begann die Spielzeit am Dienstag, dem 23. November 1736, mit Hasses Oper *Siroe, re di Persia*. Farinelli sang die Titelrolle. Diese Besetzung erreichte jedoch angesichts der Krise der italienischen Oper nicht mehr den gleichen Erfolg wie die vorangegangene. Der Gegenschlag der Händel-Anhänger ließ nicht auf sich warten. Er kam aus der Feder von Mrs. Delany, schon immer eine Freundin Händels: »Sie haben Farinelli, die Merighi – ohne einen Ton im Mund, aber mit großartigen Gesten, eine Schönheit ohne jedes Talent –, die Clementi, eine annehmbare Frau mit einer schönen Stimme, und die Montagnana, die, wie gewohnt, herumbrüllt. Mit dieser Bande von Sängern und mit zweifelhaften italienischen Opern, die dich fast einschlafen lassen, wollen sie Händel die Stirn bieten, der die Strada hat, die besser singt als je zuvor, Giziello, der seit dem letzten Jahr große Fortschritte gemacht hat, und Annibali, der das Beste der Stimmen von Senesino und Carestini mit einem erlesenen Geschmack und einem schönen Spiel vereint ... Am nächsten Mittwoch gibt man *Porus*, und Annibali singt die Rolle von Senesino. Mr. Händel hat zwei neue Opern fertiggestellt, *Erminius* und *Justino*. Vor zwei, drei Tagen war er bei mir und hat mir die Ouvertüren vorgespielt, die wirklich charmant sind.«[36] Tatsächlich ging es Händel jedoch nicht besser als seinem Rivalen. Der Kastrat Carestini, einer der großen Namen des 18. Jahrhunderts, war türenknallend abgereist, weil er genug davon hatte, vor fast leeren Sälen zu spielen. Händel selbst setzte seine Gesundheit aufs Spiel, um in diesem wahnsinnigen Wettkampf, der mit jedem Tag absurder wurde, zu bestehen. Überraschend waren die letzten sechs Monate reich an neuen Werken. Am 8. Januar 1737 führte die Opera of the Nobility *Merope* auf, eine Oper von Riccardo Broschi, in der sein Bruder Carlo den Epitides spielte. Vom 1. Januar an folgte man, vielleicht in der Hoffnung, ein immer spärlicher werdendes Publikum zurückzugewinnen, dem Gedanken, komödiantische Einlagen zwischen die Akte der *Opera seria* einzufügen, wie man es bereits 1733 in Neapel bei *La Serva Padrona* von Pergolese getan hatte. Dieses neue Genre, bald als *Opera buffa* bezeichnet, das dem einfachen Volk anstelle der Helden der Mythologie oder der Antike einen Platz auf der Bühne einräumte, tauchte nun mit einer Verzögerung von vier Jahren zur größten Freude des englischen Publikums in London auf. Am 1. Januar hatte man vor der Königin Karoline und ihrer Familie zwischen den Akten von *Siroe Il Giocatore* von Orlandini gespielt. Nun war *Pourceaugnac e Grilletta* von demselben Komponisten an der Reihe, das sich zwischen die Akte von *Merope* schob. Auch *Demetrio* von Pescetti mit Farinelli als Alceste im Februar und *Tito* von Veracini im April gaben diesen komödiantischen Zwischenspielen Raum, die in Italien bereits weit verbreitet waren.

Carlo litt seit längerem unter der ungünstigen Konjunkturlage, war jedoch dem Vertrag verpflichtet, den er unterzeichnet hatte. Er war gezwungen, klägliche Rollen zu spielen, und mußte mit ansehen, wie sich das Publikum allmählich abwandte und die Säle sich leerten. Im November 1735 spiegelt ein Brief von Lord Hervey, der *Adriano* von Veracini gehört hatte, die allgemeine Unzufriedenheit wider:»Ich bin eben nach Hause gekommen, nachdem ich mich an der Seite des Königs vier Stunden lang bei der endlosesten und eintönigsten Oper gelangweilt habe, mit der die edle Unwissenheit unserer gegenwärtigen musikalischen Direktion die Unwissenheit des englischen Publikums heimgesucht hat … Das Drama stammt aus der Feder eines anonymen Idioten und die Musik von Veracini, einem Verrückten, der aus einem halben Dutzend schlechter Rollen die beiden schlimmsten für Farinelli und die Cuzzoni ausgewählt hat, um sein Talent als Komponist zu beweisen.«[37]

Während der Spielzeit 1736/37 gelangt man zu einem Endpunkt, den der Schriftsteller Cibber der Unbeständigkeit des Publikums zuschreibt:»Es gibt noch immer eine solche Besessenheit für Neuheiten in der Oper, daß wir Farinelli in den letzten beiden Jahren nur noch vor einem Billigpublikum singen sahen!«[38] Nach so großartigen Triumphen in Italien und in Österreich, nach so großen Hoffnungen, die Farinelli in diesen Aufenthalt in London gesetzt hatte, erfuhr er hier seine erste tiefe Erniedrigung.

Wie zu erwarten, verliefen die beiden letzten Monate erbärmlich: Von *Demofoonte*, einer Oper des Neapolitaners Duni, gab es nur eine einzige Aufführung am 24. Mai. *Sabrina*, ein Werk, in dem die Marchini trotz allem am 31. Mai einen beachtlichen Erfolg vor der königlichen Familie feierte, wurde nach einigen Veranstaltungen abgesetzt, weil es keine Einnahmen brachte. Selbst der Prinz von Wales schien sich allmählich von der Truppe abzuwenden, die er doch verlangt und gefördert hatte. Er bezeugte sogar Händel neue Sympathie. Enttäuscht von diesem langsamen Niedergang und den mittelmäßigen Werken, die er verteidigen sollte, gab Farinelli vor, an einer Unpäßlichkeit zu leiden, um in der letzten Vorstellung, die für den 14. Juni vorgesehen war, nicht mehr auftreten zu müssen. Gleich darauf bestieg er ein Schiff, um über Paris nach Spanien zu fahren. Burney schrieb:»… der große Sänger verließ die englische Bühne mit so geringem Aufsehen, daß es scheint, als hätte die Stadt ihn verlassen und nicht umgekehrt.«[39]

So endete das allzu ehrgeizige Unternehmen der Opera of the Nobility in einem monumentalen Zusammenbruch, der tiefe Narben hinterließ. Auch Händel war gezwungen aufzugeben: Enttäuscht, am Ende seiner Kräfte, vom Rheumatismus fast gelähmt, reiste er im Sommer zu den Aachener Heilbädern. Einige Monate später hatte er jedoch die Genugtuung, seinen Platz im Londoner Musikleben wieder einnehmen zu können, mit dem großen Caffarelli als Stern eines neuen Ensembles, von Direktor Heidegger im King's Theatre zusammengestellt.

Wann Farinelli der Hilferuf der spanischen Königin erreichte, die ihn bat, zu kommen, um die Melancholie ihres königlichen Gemahls zu mildern, geht aus seinen Briefen nicht hervor; nur sein Testament gibt eine lakonische Erklärung:»Schließlich, im Jahre 1737, wurde ich vom spanischen Königshof gerufen, mich zu den Erhabenen Monarchen Philipp V. und Elisabeth Farnese zu begeben, ruhmreiche Erinnerungen ... Sie befreiten mich in ihrer Gnade aus dem Engagement bei der königlichen Direktion in London ...«[40] Fest steht, daß Carlo diese Einladung frühzeitig erhalten hat, sicher durch die Vermittlung des spanischen Botschafters, des Grafen von Montijo, und er während des Debakels im Juni 1737 bereits darüber nachdachte. Das erklärt die plötzliche Abreise aus England. Carlo hielt diesen Abschied jedoch nicht für endgültig, denn er war noch immer vertraglich an die Unternehmer der Opera of the Nobility gebunden. Seine Abwesenheit sollte deshalb nur einen Sommer dauern, dann, so nahm man an, würde er wieder auf der englischen Bühne stehen. Als er in Paris haltmachte, versäumte die *Daily Post* vom 7. Juli nicht, ihre Leser darüber zu informieren:»Signor Farinelli, der gerade einen längeren Aufenthalt in Paris hatte, begibt sich nach Spanien, wo er bis zum Ende des Jahres zu bleiben gedenkt, um anschließend nach London zurückzukehren.« Ob Carlo in seinem tiefsten Innern wirklich noch Lust verspürte, eines Tages wieder britischen Boden zu betreten?

Trotz der Ablehnung, die ihm das Publikum bezeugte, erholten sich zahlreiche Anhänger nie von der Abreise ihres Idols: Gedichte, Pamphlete und satirische Stücke erwähnten mit mehr oder weniger Ironie die Verzweiflung ob dieses tragischen Ereignisses. Eine Komödie von Carey und Burgess, *The Coffee-House*, beschrieb das Leben in einem Café, mit seinen Backgammonspielern und den politischen Gesprächen. Aus dem allgemeinen Gemurmel taucht plötzlich das Klagelied eines Dandys auf:

> *Grausames Spanien, bekommst du nie genug?*
> *Gibt es nichts, um dieses teure Gut zurückzukaufen?*
> *Nimm all unsere Schiffe, nimm all unsere Männer,*
> *Aber laß uns wieder seinen Gesang genießen!*

Die Geschichte der Kastraten auf britischem Boden endet jedoch nicht 1737. Einige Jahre später erwachte das Interesse von neuem, als es zu einer Zusammenarbeit zwischen Händel und dem Kastraten Guadagni kam, für den der Komponist 1749 sein *Foundling Hospital Anthem* schrieb. Eine letzte Gruppe von großen Kastraten begeisterte England am Ende des Jahrhunderts: Pacchiarotti, Rauzzini (der sich später in Bath zur Ruhe setzte) oder Tenducci, dem man die Aufgabe anvertraute, die ersten Händel-Festspiele in Westminster zu leiten.

Auch über diese Stunden des Ruhmes hinaus spielten die Kastraten bei der Entwicklung der englischen Vokalmusik eine große Rolle. Durch die Macht und den Heldencharakter ihrer Stimmen, durch das herzzerreißende Gefühl, das aus ihren Kehlen drang, war es den Kastraten mit der Zeit gelungen, die Partien der Countertenöre, im 16. und 17. Jahrhundert ein wahrer Schatz der englischen Vokalmusik und Hauptakteure in den Meisterwerken von Purcell, zu verdrängen. Um die Kastraten zu ersetzen, ließ Händel die männlichen Heldenrollen von Frauen singen, vor allem, wenn schon bekannte Werke wieder aufgenommen wurden. So vergaß England allmählich die Falsettstimmen, die

man während zwei, drei Jahrhunderten mit Genuß geformt
hatte.

Erst Mitte des 20. Jahrhunderts kehrte die seit langem von
Kastratenstimmen befreite englische Musik mit dem Talent eines
Alfred Dellers zu ihren Wurzeln zurück. Heute begeistert man sich
erneut für den berührenden Charme der Countertenöre.

4. Die Tabaksdose Ludwigs XV.

NACHDEM Farinelli England verlassen hatte, beschloß er, für einige Zeit in Paris zu bleiben, ohnehin eine unvermeidbare Station auf dem Weg zwischen London und Madrid. Es war sein zweiter Aufenthalt in Frankreich, schon im vorangegangenen Jahr hatte er seine Sommerferien genutzt, um Paris und Versailles zwischen zwei Spielzeiten einen kurzen Besuch abzustatten. Wahrscheinlich träumte er bereits davon, dort zu bleiben, aber das musikalische Umfeld in Paris und die Haltung der Franzosen gegenüber den Kastraten waren nicht gerade ermutigend, diesen Plan umzusetzen. Frankreich bildete innerhalb Europas eine Ausnahme, weil es als einziges Land das italienische Repertoire und seine würdigsten Vertreter, die Kastraten, nicht übernommen hatte. Seit Ludwig XIV. eine Oper »à la française« (die lyrische Tragödie) schaffen wollte, war Frankreich der europäischen Bewegung nicht mehr gefolgt. Man sang französisch, in Werken, die sich sehr von denen der italienischen Halbinsel unterschieden, ausgerichtet an den großen Tragödien und ihrer Art der Deklamation. Für hohe Stimmen bevorzugte man männliche Altisten und Frauenstimmen, zum Nachteil der »italienischen Diskanten«.

Am schlimmsten war die abfällige, das heißt sehr kritische Meinung der Franzosen über die Kastraten. Bestenfalls bezeichnete man sie als »belästigend«, ansonsten als »Kapaune« oder »Krüppel«. Nie erlangten sie einen bedeutenden Platz am französischen Königshof, höchstens eine Rolle als einfache Chorsänger der königlichen Kapelle oder in den Opern Rameaus. Selbst die Frauen, die doch in ganz Europa für Kastraten schwärmten, zeigten in Frankreich die kalte Schulter, wenn sich diese »Herren« näherten.

Sie verstanden nicht, so Sara Goudar, wie man »die Hälfte dem
Ganzen« vorziehen könne. Mehr als ein Kastrat bewahrte eine
bittere Erinnerung an seinen Aufenthalt in Frankreich, denn die
musikalische Erziehung der Franzosen, angefangen bei Hofe, ließ
zu wünschen übrig, und die Knausrigkeit gegenüber den großen
Künstlern war einfach demütigend. Siface, Balatri oder Caffarelli
hatten ihre Erfahrungen gemacht. Unter der Herrschaft Ludwigs
XV. hatte Frankreich, was die Ausbildung der Sänger und die
Schönheit der Stimmen betraf, gegenüber Italien zweifellos ein
halbes Jahrhundert Verspätung. Farinelli wußte das alles. Bei seinem zweiten Aufenthalt in Paris
und Versailles, Ende Juni, Anfang Juli 1737, gestattete man ihm
erneut, in den Gemächern der Königin vor Ludwig XV. zu singen.
Der König, kein großer Anhänger der Oper, zeigte sich begeistert.
Farinelli hinterließ in Frankreich eine deutliche Erinnerung, wie ein
Artikel des *Mercure de France* vom Januar 1760 über den Kastraten
Potenza zeigt: »Seine Stimme ist süß, biegsam und harmonisch, er
versteht es [die berühmte *Messa di voce*] anschwellen zu lassen und
zu entfalten ... Er besitzt die bewunderungswürdige Kunst, die
Farinelli auf eine so hohe Stufe der Perfektion gehoben hat.« Aber
die Entlohnung war kärglich. Ein renommierter Sänger, selbst der
größte, war für den französischen Hof nichts als ein liebenswürdi-
ger Gaukler, dem man höflich lauscht, dem man einige Dankes-
worte schenkt, was bereits größte Ehre bedeutet, um ihn anschließend wegzuschicken. Der Herzog von Luynes berichtete in
wenigen Worten über das Ereignis:»Vor einigen Monaten kam ein
neapolitanischer Musiker namens Farinelli nach Versailles, dessen
außerordentlich leichte Stimme sehr bewundert wurde. Er sang
vor dem König, und Seine Majestät schenkte ihm eine goldene
Tabaksdose. Er erhielt auch einige kleine Geschenke in den verschiedenen Häusern, wo er während seines Aufenthaltes auftrat.
Da er aber diese Gaben anscheinend nicht sehr beachtlich fand,
beschloß er, nach Spanien zu gehen, um ein vorteilhafteres Engagement zu suchen.«[41]

Nicht die Bedeutungslosigkeit dieser Geschenke trieb Farinelli, woanders nach dem Glück zu suchen. Er hatte die Einladung der spanischen Königin bereits zuvor angenommen. Aber diese wenigen Zeilen aus der Feder eines vorurteilsfreien Mannes, dessen Erinnerungen von peinlicher Genauigkeit sind, zeigen sehr deutlich die französische Haltung gegenüber einem so berühmten Kastraten wie Farinelli. Allein schon von einem »neapolitanischen Musiker namens …« zu sprechen zeigt die geringe Begeisterung, die seine Ankunft in Versailles hervorrief. Ganz Europa spricht von ihm, Italien und England trauern ihm nach, aber sein Name scheint bei einem französischen Aristokraten, dem Gatten der Ehrendame der Königin, wenig Assoziationen zu wecken. Dazu kommt »die außerordentlich leichte Stimme«, wohl der schwächste Kommentar und das dürftigste Kompliment über die schönste Stimme, die man im 18. Jahrhundert gehört hat. Schließlich die »goldene Tabaksdose«, die für den Herzog von Luynes in bestem Glauben als kostbares Geschenk erscheint: Allein die Tatsache, sie aus den Händen des Kardinals de Fleury vom französischen König erhalten zu haben, müßte seiner Meinung nach ausreichen, lebenslang zufrieden zu sein. Der französische Memoirenschreiber ahnt nicht, daß man sich über diese goldene Tabaksdose bald in Spanien lustig macht und sie den französischen Interessen teuer zu stehen kommen wird.

Während sich Caffarelli, der 1753 in der gleichen Situation war, über eine solche Geringschätzung empörte, zeigte sich Farinelli von größter Höflichkeit und nahm dankend Abschied. In Paris hatte er noch Gelegenheit, privat vor der Prinzessin von Rohan und dem Prinzen von Carignano zu singen, aber er konnte aus Rücksicht auf die spanische Königin nicht zu lange verweilen. Am 15. Juli 1737 schrieb er dem Grafen Pepoli einen letzten Brief aus Frankreich: »Um Eurer Exzellenz einen Beweis meiner Hochachtung zu geben, möchte ich nicht versäumen, Ihnen mitzuteilen, daß ich mich in einer Stunde auf den Weg zum spanischen Hof machen werde. Ich habe mit dem Prinzen von Torella, bei dem ich gewohnt habe, auf Ihr Wohl getrunken. Er gibt mir seinen Postwagen, damit ich während der Reise in größerer Sicherheit bin. Mehr kann ich wahrhaft nicht verlangen.«[42] Noch am selben Tag brach Carlo auf. Das Wetter war für Juli außergewöhnlich. Unaufhörlicher Regen, Hagelschauer und mächtige Gewitter begleiteten Carlo durch Frankreich und ließen keine Ahnung von der brennenden Hitze des Madrider Sommers aufkommen, die ihn erwartete.

DRITTER TEIL

Spanien: Der Gipfel des Ruhms (1737–1759)

1. Das Monster und der Engel

Farinelli war am 15. Juli aus Paris abgereist und erreichte Madrid am 7. August, Tag des heiligen Gaetano, dem er besondere Ergebenheit bezeugte. Ein paar Tage der Erholung wurden ihm zugestanden, aber noch bevor er sich häuslich niederlassen konnte, rief man ihn schon an das Lager des Königs, der unter einem seiner schlimmsten Anfälle von Melancholie litt. Wie jeden Sommer wohnte er in seinem Palast von La Granja de San Ildefonso, zwanzig Meilen von der Hauptstadt entfernt. Nur bei Hofe wußte man um die Schwere der Krankheit, während das spanische Volk in Unwissenheit gehalten wurde.

Philipp V., Enkel Ludwigs XIV. und erster Bourbone in Spanien, regierte zum Zeitpunkt seiner Begegnung mit Farinelli seit siebenunddreißig Jahren. Fehlendes Profil, Schwäche, Unentschlossenheit und vor allem die immer häufiger auftretenden Depressionen ließen ihn seit langer Zeit zum Spielball der Macht, vor allem zu dem der Frauen, werden. Seit seiner Ankunft in Spanien bis zum Tod seiner ersten Gattin, Marie Luise von Savoyen, hatte sich Philipp von einer außergewöhnlichen Frau beherrschen lassen, die Ludwig XIV. einsetzte, um über die Interessen seines Enkelsohns zu wachen: von der Prinzessin Orsini. Die zuweilen heilsame Macht, die sie über den König besaß, war selbst über die Grenzen hinweg bekannt. Grund genug, sie 1715 bei der Ankunft der zweiten Ehefrau des Königs, der autoritären Italienerin Elisabeth Farnese, zu entlassen.

Zwei Tage vor Weihnachten zog ein Teil des königlichen Gefolges der künftigen Königin entgegen, um sie in Jadraque, einige Meilen vor Guadalajara, zu empfangen. Elisabeth befahl Madame des Orsini zu sich. Obwohl man nichts über den Verlauf des

Gespräches erfuhr, ließ das Gezeter, das durch die Palasttüren drang, bei den Höflingen keine Zweifel am Fortgang der Ereignisse aufkommen. Die französische Prinzessin, die die Heirat zwischen Philipp und Elisabeth Farnese selbst vermittelt hatte, weil sie sie fälschlicherweise für kindlich und fügsam hielt, wurde aus dem spanischen Königreich verbannt und aufgefordert, es noch am selben Abend zu verlassen. Fassungslos und erniedrigt mußte Prinzessin Orsini in der Nacht nach Bayonne reisen, mitten im Winter und ohne warme Kleidung, so daß sie glaubte, niemals lebendig ans Ziel ihrer Reise zu gelangen. Beim spanischen König war eine Frau durch eine andere ersetzt worden.

Wie die meisten Bourbonen hatte Philipp zwei große Leidenschaften: die Jagd und die Fleischeslust. Die erste beschäftigte ihn ganze Tage, in allen königlichen Residenzen, in denen er sich im Laufe des Jahres aufhielt. Die zweite beanspruchte den größten Teil der ihm verbleibenden Zeit. In Ermangelung von Mätressen, unvorstellbar im überaus strengen und katholischen Spanien, kam die Pflicht, seine Bedürfnisse zu befriedigen, den legitimen Ehefrauen zu. Saint-Simon meinte, »Völlerei und ehelicher Beischlaf« hätten die Gesundheit des Königs ruiniert.

Philipp, niedergedrückt vom Tod seiner ersten Gattin, Marie Luise, die ihm vier Söhne geschenkt hatte, von denen nur zwei am Leben blieben, hatte sich für einige Zeit zurückgezogen, um sich unter dem wachsamen Auge der Prinzessin Orsini seinen Kindern zu widmen. Aber sehr bald mußte sich die resolute Sechzigjährige, die die Gedanken des Königs erriet, der Realität stellen: Dem König fehlte eine Frau im Bett. Es war an der Zeit, nach einer neuen Gemahlin zu suchen. Die Tage vergingen; Philipp dachte an nichts anderes mehr, so daß sich der Fürst von Monaco »über die Ungeduld des Königs und darüber, daß er die Frau, die er verloren hat, so schnell vergißt«, wunderte.

Elisabeth Farnese traf am Vorabend des Weihnachtsfestes ein, und diese erste Begegnung war bezeichnend für den Charakter des Mannes, den sie heiraten sollte. Um drei Uhr nachmittags wurde sie dem König (der sie nie zuvor gesehen hatte) und den verschiedenen Vertretern des Hofes vorgestellt. Sogleich wurde die kirchliche Trauung zelebriert, dann, um sechs Uhr, nach dem Austausch von Geschenken und Komplimenten, führte sie Philipp direkt in sein Bett, das sie erst zur Mitternachtsmesse verließen. Elisabeth verstand sehr schnell, daß sie auf diesem Weg Macht über den König besaß. Ihr Berater Alberoni, der mit ihr aus Italien gekommen war, bemerkte, ohne sich um die Wahl seiner Worte zu sorgen, daß alles, was der König brauche, »ein Betschemel und die Schenkel einer Frau« seien. Diese Anekdote zeigt einmal mehr die Unfähigkeit Philipps V., Entscheidungen zu treffen und selbständig, unabhängig vom Willen seiner Frau und seines Beichtvaters, zu regieren.

Während Marie Luise noch das Privileg genossen hatte, das Lager mit einem jungen, temperamentvollen und relativ gesunden König zu teilen (depressive Zustände und Migräne hatten ihn schon immer geplagt), mußte Elisabeth die langen Jahre eines körperlichen und geistigen Verfalls erleben, die jeder anderen Ehefrau den Mut genommen hätten. Philipp V., heimgesucht von Anfällen, die man heute als manisch depressive Zustände bezeichnen würde, verfiel allmählich dem Wahnsinn.

Die ersten schweren Symptome zeigten sich bereits einige Jahre vor Farinellis Ankunft, etwa ab 1729/30. Bei seinen Aufenthalten im Alcazar von Sevilla begann der König, sich in sein Zimmer einzuschließen, Türen und Fenster zu verbarrikadieren und die ganze Nacht hindurch trostlose Schreie auszustoßen. Wenn er reiste, vermied man nach Möglichkeit alle Städte, damit die Bevölkerung nichts von seinem langsamen Verfall bemerkte. Während dieser Zeit sprach die *Gaceta de Madrid* stets von seiner »hervorragenden Gesundheit«. 1731 beschrieb der Botschafter Frankreichs, Rottembourg, sein Erschrecken angesichts des Anblicks, den der Monarch bei seinen öffentlichen Auftritten bot. Eines Tages ließ er den Hof anläßlich der traditionellen Zeremonie des »Handkusses« zum Geburtstag der Prinzessin von Asturien von drei Uhr nachmittags bis halb neun warten, ehe er sich endlich zeigte, verstört und in schmutzige Lumpen gehüllt. Seine lebhaften Augen waren das einzig Bewegliche in dem Gesicht eines wandelnden Leichnams. Nachdem er etwa zwanzig Personen (von vierhundert wartenden) die Hand zum Kuß gereicht hatte, verschwand er wieder in seinen Gemächern, ohne ein einziges Wort gesprochen zu haben.

Zuweilen hielt sich Philipp für tot und schwieg mehrere Tage lang. Er aß nicht mehr, warf die gefüllten Teller den Dienern an den Kopf, steckte sich das Tischtuch in den Mund und verharrte so für mehrere Stunden, oder er starrte endlos lange auf den Fußboden. Am 14. Januar 1733 glaubte er wahrhaft zu sterben, und er ließ seinen Beichtvater kommen, der feststellen mußte, daß es sich nur um eine der üblichen Krisen handelte.

Dann wieder folgten lange Phasen, in denen sein Bewußtsein ungetrübt war. Er gewann wieder ein gewisses Interesse an den Geschäften und konnte dem vielschichtigen Spiel der europäischen Allianzen folgen, in dem seine Gattin sehr geschickt war. Seine einzige Quelle des Ansporns, die schönsten Momente geistiger Klarheit, verschafften ihm meist Nachrichten von einer schweren Krankheit des jungen Ludwig XV., dem er noch immer auf den Thron des heiligen Ludwig zu folgen hoffte. Zuweilen wollte er auch die Intrigen seiner Frau durchkreuzen und sich jener entledigen, die er die »vier Evangelisten« nannte, das heißt die vier grauen Eminenzen der Königin: Marquis Scotti, Minister Patiño, Erzbischof de Maida und Cameriere Pellegrina. Aber alle Anstrengung war vergebens, und wenn man dem französischen Botschafter Louville glaubt, so »führte ihn der geringste Willensakt zu völliger Erschöpfung«.[1]

Das schlimmste – und Farinelli würde es alltäglich erleben – war der körperliche Niedergang, den der verheerende Wahnsinn mit sich brachte, angefangen beim Verzicht auf Hygiene, dem der König mehr oder weniger bewußt verfiel, aber ebenso seiner Umgebung aufzwang und seiner Frau, die noch immer gehalten war, das königliche Lager zu teilen. Tage-, wochenlang und, während der schlimmsten Krise, über anderthalb Jahre lehnte es der König ab, sich zu waschen, sich die Haare schneiden zu lassen und die Kleider zu wechseln. Wenn die Ärzte in diesen schmerzlichen Augenblicken ein kaltes Bad empfahlen, fand Philipp die Energie, sich dagegen aufzulehnen, mied er doch das Wasser wie die Pest.

Elisabeth tat alles, um ihren Mann zu schützen, denn sie wollte so lange wie möglich spanische Königin bleiben. Sie starb fast vor Angst, ihr Gatte könnte ein zweites Mal abdanken, wie er es zugunsten seines Sohnes Ludwig I. getan hatte, der 1724 nach siebenmonatiger Herrschaft starb. Damals hatte Philipp seinen Platz auf dem Thron wieder eingenommen. Von diesem Tag an wachte sein Weib darüber, daß keine Feder und kein Tintenfaß in die Nähe des Königs kamen, um ihn daran zu hindern, in ihrer Abwesenheit abzudanken. Sie hatte, mit allen möglichen Zerstreuungen, die geeignet waren, seine Tage zu erheitern, versucht, die Depressionen des Königs zu bekämpfen. Bälle kamen nicht mehr in Frage, waren sie doch meist zu lang und zu offiziell. Deshalb ermunterte sie die Infanten, kleine Theaterstücke einzustudieren, die dem König in der Intimität irgendeines Salons vorgespielt wurden. Diese anspruchslosen, aber sehr natürlichen und fröhlichen Vorstellungen fanden jeden Sonntagabend statt und schienen beste Auswirkungen auf Philipp V. zu zeitigen.

Kann Kunst nicht in all ihren Formen heilende Wirkung auf einen so schwerkranken Menschen ausüben? Aus dieser Überlegung heraus entstand Elisabeths Idee, auch weiter entfernt zu suchen, um größeren Erfolg zu erzielen. Farinellis unvergleichlicher Ruf, seine fast übernatürliche Stimme und die Ausstrahlung, die man ihm überall in Europa nachsagte, beschäftigten die spanische Königin, die bereits durch ihre italienische Herkunft für den Gesang der Kastraten eingenommen war, mehr und mehr. Ihre einzige Sorge war die Abneigung ihres Gemahls gegen die Musik und die geringe Achtung, die er seinen Musikern entgegenbrachte: »Bisher schien sich der König nicht für Musik zu interessieren«, schrieb der Herzog von Luynes. »Zwar gibt es an seinem Hof viele

Musiker, aber er sieht sie nie, sie bleiben immer in Madrid, ohne dem König zu folgen. Und selbst wenn sie an manchen Tagen in der Kapelle spielen, bittet man sie, nicht zu lange zu musizieren. Dieses Detail erfuhr ich vom Marquis de la Mina.«[2]

Ebendieses »Detail« ließ die Königin zunächst unbeachtet, rechtfertigte doch der Zweck die Mittel. Deshalb wollte sie an dem Tag, da sie aus London die Antwort des Sängers erhielt, die seine baldige Ankunft am spanischen Hof ankündigte, für einen Augenblick an die heilende Wirkung glauben, die jene Engelsstimme möglicherweise ausüben könnte.

Als Farinelli am 25. August durch das Tor des Palastes von La Granja trat, wußte er genau über die Gesundheit und die Gewohnheiten des Monarchen Bescheid. Ihm war auch bekannt, daß er ihn in wenigen Stunden mitten in einer seiner Krisen antreffen würde. Die Königin, als Italienerin erfahren in der Inszenierungskunst, bereitete diesen ersten Abend, der den König und den Sänger, zwei so gegensätzliche Persönlichkeiten, zusammenbringen sollte, sorgfältig vor. Sie war schlau genug, eine direkte Begegnung zu vermeiden, die Philipp sicher abgelehnt hätte. Statt dessen verbarg sie den *Divo assoluto* in einem Nebenzimmer, um den Zauber der Musik wirken zu lassen.

Wenn Farinelli auch während seiner zehn Jahre im Dienste des Königs nicht immer wieder dieselben vier oder fünf Arien sang, so haben wir doch dank Burney, Sacchi und anderen eine Vorstellung davon, was er in diesem schicksalhaften Moment vortrug und später sehr oft wiederholen sollte. Er schöpfte aus seiner reichen musikalischen Vergangenheit und wählte die Quintessenz, das heißt jene Melodien, die am meisten dazu beigetragen hatten, die Qualität seiner Stimme zu beweisen, und seine größten Triumphe gewesen waren. Zunächst kamen zwei Arien aus der 1730 in Venedig entstandenen Oper *Artaserse* von Johann Adolf Hasse (*Per questo dolce amplesso* und *Pallido il sole*), dann ein Menuett von Attilio Ariosto (*Fortunate passate mie pene*), das den Abschluß des *Artaserse* bildete, die berühmte Arie aus *Merope* von Geminiano Giacomelli, bei der Farinelli die unendliche Vielfalt des Nachtigallengesangs imitierte *(Quell'usignolo che innamorato)*. Sie sollte zum Lieblingslied Philipps V. werden. Als letztes kam das Glanzstück seines Bruders Riccardo *(Son qual nave ch'agitata)*, die man in London in *Artaserse* eingefügt und für die der Sänger selbst zusätzliche Ornamente und Kadenzen komponiert hatte.

Von den fünf wichtigsten Arien stammten also vier aus Hasses berühmter Oper. Carlo suchte nicht nur nach Glanzleistungen: Extrem hohe oder tiefe Noten waren eher selten, während volle, warme und gefühlvolle Klänge einer ausdrucksstarken Virtuosität dienten. Die beiden letzten Lieder, von Giacomelli und seinem Bruder, gehören zu der Sammlung von sechs Stücken, die Carlo am 30. März 1753 mit folgender Anmerkung an die österreichische Kaiserin sandte: »In diesem Buch erlaube ich mir, eine kleine Sammlung der Arietten zu präsentieren, die durch meinen Gesang über mehrere Jahre hinweg behilflich waren, diesen verehrungswürdigen Herrschern, meinen überaus großzügigen Wohltätern, Entspannung zu bringen ...«[3]

Es ist müßig, unbedingt wissen zu wollen, welche Arien Carlo an jenem Augustabend des Jahres 1737 beim König sang. Der Zauber seiner Stimme, die Macht der Gefühle, die ihn begleiteten, wurden zweifellos von diesen vier oder fünf Melodien hervorragend unterstützt, aber es hätten auch zwanzig andere Stücke aus seinem Repertoire sein können. Wichtig ist nur diese eine Minute, da es den kristallklaren, samtweichen und sinnlichen Tönen des besten Sängers der Welt gelang, das verzagte Gesicht Philipps V. vor Glück erstrahlen zu lassen. Wichtig ist nur das wiederkehrende Lächeln und die Lebenskraft, die in den reglosen Körper eines von Krankheit gezeichneten Mannes fuhr. Jeder Klang, der aus dem benachbarten Zimmer kam, jede Notengruppe, jede gewagte Koloratur schienen ihn, der seit Monaten vor sich hin dämmerte, dem Leben zurückzugeben.

Der König fand die Kraft, Farinelli zu rufen, ihn zu berühren, ihn

um weitere Lieder zu bitten, diesmal direkt an seinem Bett. Dann
bot er ihm an, ihm zum Dank jeden beliebigen Wunsch zu erfüllen.
Farinelli antwortete, sein einziges Verlangen sei, der König möge
aufstehen, sich waschen und rasieren sowie seine Staatsgeschäfte
aufnehmen. Diese Worte waren natürlich nicht von Bescheidenheit und Verzicht diktiert (auch wenn er diese Eigenschaften oft
unter Beweis stellte). Der Sänger war sorgfältig auf diese Begegnung vorbereitet worden und wußte, was die Königin und ihr
Gefolge von ihm erwarteten. Es war ausgeschlossen, sie, die so
große Hoffnungen in ihn gesetzt hatten, zu enttäuschen, erst recht
in einem Moment, da der König bereit zu sein schien, zu neuem
Leben zu erwachen.

Die Nachricht von dem Wunder, das Farinelli vollbracht hatte,
verbreitete sich sehr schnell unter den Würdenträgern des Staates,
den Botschaftern und den Nachbarstaaten. Die Genesung von
Philipp V. kam so plötzlich und so eindrucksvoll, daß sie dem
gesamten Palast von La Granja neues Leben schenkte. Aus Lissabon schrieb die kleine Prinzessin Maria Ana, Tochter von Philipp
und Elisabeth, die man vierzehnjährig mit dem Infanten von Portugal verheiratet hatte, an die Mutter:»Ich habe gehört, daß der beste
Sänger, den es gibt, da ist. Bitte lassen Sie mich wissen, wie er
Ihnen gefallen hat und ob er so gut ist, wie man sagt.«[4] Dann, einen
Monat später:»Ich danke Ihnen unendlich, daß Sie sich die Mühe
gemacht haben, mir von Farinelo zu berichten. Nach dem, was Sie
schreiben, glaube ich, daß es ein Wunder sein muß. Ich bin sehr
froh, daß Sie und mein teurer Vater das Vergnügen haben, ihn zu
hören …«[5] Aus dem folgenden Satz sprach auch die Wehmut, so
jung an einem Hof dahinzusiechen, an dem sie sich nicht wohl
fühlte:»Ich hätte große Lust, ihn zu hören, aber man muß sich in
Geduld fassen, denn Gott hat es so gewollt.«[6]

Gefesselt vom Talent des Kastraten, den er von nun an jeden
Abend hörte, wollte der von neuem Schwung erfüllte Philipp V.
nicht warten, um ihn seinem Wert entsprechend zu entlohnen. Er
flehte ihn an, nicht nach London zurückzukehren, wie es sein

Vertrag vorsah. Um ihn an sich zu binden, befahl der König Marquis Scotti, Farinelli am 28. August zum *Musico de Camara* (Hofmusiker) zu ernennen. Schon am folgenden Tag bat er den Marquis de la Quadra und den Marquis de San Juan, diesen Titel zu korrigieren und durch den des *Criado familiar* (Familiendiener) zu ersetzen, eine außerordentliche Ehre, die Carlo zum persönlichen Sänger der Königsfamilie machte. Weiterhin verfügte der König, daß er in Spanien dasselbe Einkommen genießen sollte wie in den Londoner Theatern; also wurden die dort in Guineen erhaltenen Gagen in *Reales* umgerechnet.

Fünf Tage nachdem er Farinelli zum erstenmal gehört hatte, unterzeichnete Philipp V. am 30. August 1737 das Ernennungsdekret: »Deshalb habe ich entschieden, daß Don Carlo Broschi, genannt Farinelo,* ob seines einzigartigen Könnens und seiner Gewandtheit im Gesang als *Criado familiar* in meinen königlichen Diensten bleibt, einzig mir und der Königin, meiner teuren und heißgeliebten Gattin, verpflichtet. Ich gewähre ihm ein Gehalt von 1500 Guineen, englische Münze, umgerechnet 1300 *Reales de velon* im Jahr; einen Wagen mit zwei Maultieren für seine Person, in Madrid wie an jedem anderen Ort, zu dem er mir folgt, und ein Maultiergespann, um die Umzüge des Hofes zu begleiten; Wagen für seine Familie und seine Dienerschaft und ein angemessenes Heim für seine Person und seine Familie, sowohl in den königlichen Residenzen als auch in jedem anderen Ort, an den er mir folgt ...«[7]

Die königliche Familie war mit diesem außerordentlichen Gnadenbeweis noch nicht zufrieden und beeilte sich, ihn mit einer Vielzahl wertvollster Geschenke zu begleiten: Wie ein durch Wunder Geheilter seinem Retter übergab Philipp ihm sein Porträt in einem Rahmen von Diamanten, die Königin ergänzte es um eine

---

* Die spanische Sprache wandelte seinen Namen oft in »Carlos Brosqui Farinelo« um, wie man auch »Isabel de Farnesio« für Elisabeth Farnese oder »Domingo Escarlati« für Domenico Scarlatti schrieb.

beachtliche Geldsumme und ein goldenes Kästchen mit zwei großen Diamanten, und der Infant Ferdinand fügte ein weiteres goldenes Kästchen und eine ebenfalls goldene, mit Diamanten geschmückte Uhr hinzu.

Den einzigen Schatten über dieses harmonische Bild warfen die einige Wochen nach der Ankunft des Sängers in Spanien immer komplizierter werdenden Beziehungen mit London. Die dortigen Theaterdirektoren fühlten sich durch Farinellis Abschied verraten, hatte er doch seine Rückkehr versprochen. Deshalb wollten sie ihm unter keinen Umständen das Geld auszahlen, das sie ihm schuldeten. Entrüstet wiesen sie ihn darauf hin, daß ein Vertrag eingehalten werden müsse. Über den Theaterdirektor Heidegger ließen sie am 15. September »in Beantwortung eines Briefes von Herrn Farinelli vom 8. September 1737 den einstimmigen Beschluß der Herren Theaterdirektoren [verkünden], sich strikt an den Vertrag zu halten, in Erwägung beachtlicher Verluste, die durch seine Abwesenheit unweigerlich entstehen würden, um so mehr, als alle Opern für das kommende Jahr für ihn als Hauptdarsteller komponiert sind und die Spielzeit bereits so weit fortgeschritten ist, daß es unmöglich wäre, ihn zu ersetzen«.[8]

Dieser Brief enthält eine offensichtliche Übertreibung: Die Londoner Theater und vor allem die Opera of the Nobility hatten zu diesem Zeitpunkt nicht mehr die Macht, irgend etwas von Farinelli zu fordern. Die leeren Säle, die Ablehnung des Publikums gegen die italienische Oper und Farinelli selbst machten den genannten Vertrag zu einem wertlosen Dokument. Carlo hatte nicht die geringste Lust, die Londoner Erfahrungen fortzusetzen, die anfänglich sehr beglückend waren, später jedoch immer katastrophaler, um nicht zu sagen erniedrigender wurden.

Sein erster Brief aus Spanien an Pepoli, sechs Monate nach seiner Ankunft geschrieben, zeigt die innere Ruhe eines Menschen, der nun, nach so vielen Reisen quer durch Europa, unter dem Schutz des Königspaares sich endlich an einem Ort niederzulassen und ein regelmäßigeres Leben zu führen wünscht: »Mein bescheidener Verdienst hat im Herzen dieser glorreichen Monarchen tausendfache erhabene Gnade geweckt. Deshalb kann ich nun sagen, daß ich meinen Frieden gefunden habe: *Haec est Requies mea.*«[9] Offensichtlich möchte Carlo nicht nach London zurückkehren, betrachtet er doch Spanien schon nach so kurzer Zeit als seine zweite Heimat. Er ist sehr verstimmt über die schroffe Haltung der englischen Unternehmer, hinzu kommt die finanzielle Drohung, die in seinen Augen nicht ganz unwichtig ist:»Die Direktion rächt sich dafür, mich nicht zu bekommen. Sie hat beschlossen, mir die Hälfte dessen, was sie mir von meinen Honoraren aus dem vergangenen Jahr schuldet, zu verweigern. Unwürdige Rache, von wem sie auch stammen mag, um so mehr jedoch von einem Rat, der solch erlesenen Adel in sich vereint.«[10] Diese wenigen Zeilen wie alle anderen brieflichen Anspielungen auf sein Vermögen und seine Honorare lassen wieder einmal Carlos Sorge hervortreten, es könnte ihm jemals an Geld fehlen.

Durch einen Freund, der in England geblieben ist, erfährt er noch dazu, daß man ungeachtet des Willens Philipps V., ihn bei sich zu behalten, ihm persönlich vorwirft, in Spanien bleiben zu wollen und den König angefleht zu haben, ihn von den ursprünglichen Verpflichtungen zu befreien, angelockt von den goldenen Brücken, die man ihm am spanischen Hofe baut. Carlo weiß, daß die Anklage zum Teil berechtigt ist, und bemüht sich darum, kein weiteres Öl ins Feuer zu gießen: Er läßt die Affäre durch Minister austragen und antwortet lediglich, er sei nun in Spanien im Dienste Ihrer Katholischen Majestät, die um ihres »königlichen Vergnügens« willen nach ihm verlangt habe. Es wäre deshalb widersinnig, ja schockierend, wollte er ohne die Zustimmung seines neuen Herren nach England zurückkehren.

Ein neues Leben lag vor ihm, wenn er auch anfangs nur der Diener eines Herren war: bezahlt, um dessen Wünsche zu befriedigen, mit einem Aufwand, der zwar relativ gering war, ihn aber dennoch voll und ganz in Anspruch nahm. Oft wurde über diese vier immer gleichen Arien gespottet, die er zehn Jahre jeden Abend gesungen hätte, um die geistige Gesundheit des Königs zu bewahren. Hauptquelle für diese Darstellung ist ein Text, den Burney viele Jahre später nach einem Besuch bei dem Sänger schrieb. Auch durch einen Brief des englischen Botschafters Keene vom 2. August 1738, also knapp ein Jahr nach Farinellis Ankunft, wird diese Version bestätigt:»Bei Nacht zerstreut er sich damit, Farinelli zu lauschen, der die immer gleichen fünf italienischen Arien singt, die er ihm beim erstenmal vorgetragen und während fast zwölf Monaten jeden Abend wiederholt hat.«[11]

Es besteht kaum ein Zweifel, daß Farinelli zumindest anfänglich fast jeden Tag gesungen hat, so sehr hing das seelische Gleichgewicht des Königs davon ab. Daß er immer wieder dieselben Melodien vorgetragen habe, ist eine schöne, aber unwahrscheinliche Legende, konnte Carlo doch aus dem großen Repertoire schöpfen, das er in seinem Gepäck mit sich trug, und er zog die Vielfalt sicher der Eintönigkeit vor. Ein unveröffentlichter Brief an seinen Freund Pepoli zeigt, daß ihn eher die Anstrengung dieser allabendlichen Vorträge als die mechanische Wiederholung derselben Arien belastete:»Seit dem Tage meiner Ankunft führe ich ein gleichförmiges Leben, singe ich doch jeden Abend zu Füßen der Herrscher, und man lauscht mir noch immer, als wäre es das erstemal. Ich bitte Gott, daß er meine Gesundheit erhält, um dieses Leben fortzuführen. Jeden Abend muß ich acht oder neun Arien vortragen, nie gibt es eine Ruhepause.«[12] Diese »acht oder neun Arien« (es könnten wohl auch sieben oder zehn gewesen sein) scheinen eher eine Auswahl aus seinem Repertoire gewesen zu sein – ständig wechselnd zwar, aber körperlich ermüdend – als eine aufreibende Wiederholung von vier Liedern, die der Sänger gewiß irgendwo schriftlich vermerkt hätte.

Sehr berührend ist auch hier Carlos Bescheidenheit, der sich immer zu wundern scheint, daß man ihm zuhört wie am ersten Tag, daß man auch nach einigen Monaten noch nach ihm verlangt: »Diese Beständigkeit, die Treue meiner Zuhörer, müßte mich stolz machen ... Aber sie werden meiner bescheidenen Verdienste noch nicht überdrüssig, weil man mich hier nicht einfach als Farinelli, sondern als den Gesandten Farinelli ansieht.«[13] Über die Ehrungen und die Komplimente für seine Kunst hinaus (an die er seit langem gewöhnt ist) betonen Carlos erste Briefe immer wieder seine wachsende Zuneigung für die Herrscher, die er fast als Verwandte ansieht, die ihn adoptiert und ihm eine neue Familie gegeben haben: »Man behandelt mich wie einen Sohn, sowohl erstere [der König und die Königin] als auch die gesamte königliche Familie. Die vier Infanten spielen am Ende jeder Woche eine kleine Sainete mit Gesang und Tanz. Glauben Sie mir, Herr Graf Sicinio, ich war begeistert von ihrem Talent und ihrer Grazie.«[14]

Seine so oft erwähnte Müdigkeit erklärt sich durch die mühevolle Anpassung an den ungewöhnlichen Tagesablauf, den Philipp V. seiner Umgebung auferlegt. Allmählich und immer stärker, je älter er wird, verschiebt Philipp seinen Zeitrhythmus gegen das normale Leben und wacht schließlich Tag und Nacht, mit sehr wenig Schlaf. Seine Nächsten müssen diesen Stundenplan sorgsam beachten. Sie haben nur die Wahl, sich anzupassen oder vor Erschöpfung zu sterben. Philipp und Elisabeth erwachen um zehn Uhr, frühstücken gegen dreizehn Uhr im Bett, verbringen die Zeit bis sechzehn Uhr damit, von ihrem Schlafzimmer aus verschiedene politische Angelegenheiten zu verhandeln oder Gäste zu empfangen. Zur Messe, die mit einer Sondergenehmigung der Kirchenleitung erst um siebzehn Uhr zelebriert wird, stehen sie auf. Dem Mittagessen gegen achtzehn Uhr folgt ein Imbiß um Mitternacht. Danach erreicht die Aktivität der Herrscher ihren Höhepunkt und währt bis zum Abendessen, das man am frühen Morgen zu sich nimmt. Anschließend schlafen der König und die Königin drei, vier Stunden. Angesichts der seelischen Schwäche des Königs war es nahezu ausgeschlossen, daß Farinelli oder andere dem Herrscher Nahestehende auf diesen verschobenen Tagesablauf hinwiesen, etwa um Mitternacht erwähnten, daß die Sterne leuchten, während der König bei seinem Nachmittagsimbiß saß und davon überzeugt war, es sei heller Tag.

Elisabeth Farnese gewöhnte sich allmählich an diesen ungewöhnlichen Rhythmus (so sehr, daß sie ihn auch nach dem Tod
des Königs nicht mehr änderte), nachdem sie einige qualvolle Jahre
durchlitten hatte, um schließlich ihr Gleichgewicht wiederzufinden und einen klaren Kopf zu bewahren. Todmüde fiel sie am
frühen Morgen ins Bett, begierig, die wenigen Stunden Schlaf
auszunutzen, die ihr der Gatte zugestand. Da er nicht bei geschlos-
senem Fenster schlafen konnte, erwachte sie manchmal von der
schneidenden Kälte, die ins Zimmer eindrang. Nach heftigen Diskussionen schrie der König oft mit der ihm eigenen Logik:»Sehr
gut, man schließe das Fenster halb für die Königin und lasse es für
mich halb offenstehen!«

Farineli paßte sich also an. Seine natürliche Güte, sein Wunsch
zu dienen und das Gefühl, dem König etwas Gutes geben zu
können, ließen ihm das allgemeine Interesse wichtiger als seine
persönlichen Sorgen sein. Philipp ging es tatsächlich besser, und er
konnte seine intimen Begegnungen mit Farinelli nicht mehr mis-
sen, bei denen nicht immer der Gesang im Mittelpunkt stand: Der
König fand in ihm einen Vertrauten, einen Menschen mit Herz,
aufrichtig, tiefsinnig, von sehr festem Glauben, der ihm beim
Nachdenken half, ihn beruhigte und zum Lächeln brachte. Über
die Therapie durch den Gesang hinaus war dies ein Kraftquell, fern
von Palastintrigen und politischen Allianzen. Immer größer wurde
der Einfluß, den der Sänger über das Königspaar gewann, diente er
doch mehr und mehr als Filter zwischen seinen Herren und der
Außenwelt.

Geduldig lernte er, die gefährliche Persönlichkeit der Elisabeth
Farnese zu schätzen und zu verstehen. Er wußte ihre Gunst zu
gewinnen und ihre jähen Stimmungsumschwünge und oft eisigen
Worte zu ertragen. Selten war eine Königin Gegenstand so gegen-
sätzlicher Kommentare:»Eine Prinzessin, deren Eigenschaften sie
in unserer Zeit der Bewunderung und für die Nachwelt der Erinnerung würdig erscheinen lassen« (Francesco Venier).»Letztendlich
ist sie eine gute Frau« (Herzog von Noailles).»Die Königin war

wahrhaftig eine wütende Furie, sie hat Spanien verloren« (Marquis von Argenson).

Die italienische Königin besaß ganz einfach jenen starken Charakter, der ohne Grenzen die Welt und seine Nächsten ausnutzt, um die eigenen Interessen zu verteidigen. Teilte man ihre Ansichten, sicherte man sich die Zuneigung einer begeisterten, leidenschaftlichen, tüchtigen und künstlerisch veranlagten Frau. Ihr in den Weg zu treten kam einem Todesurteil gleich. Eine der schlimmsten Anklageschriften stammt vom Bischof von Rennes, französischer Botschafter von 1741 bis 1749, der sie als geistlos, geizig, falsch, verlogen, ohne Anmut, eifersüchtig, undankbar, voller unstillbarem Haß, gewalttätig, feige und blind in ihre eigenen Interessen verstrickt beschrieb. Die Schriften des Bischofs von Rennes waren jedoch nie sehr glaubwürdig: Bei der Königin wie auch bei anderen Personen war die Tendenz des Botschafters, negative Züge hervorzuheben, immer stärker als eine genaue und scharfsichtige Beobachtung. Viele andere Memoirenschreiber gestanden der Königin politisches Talent zu und sahen in ihr angesichts der Unbeständigkeit des Königs einen Segen für Spanien.

Elisabeth verfolgte ein großes Ziel: ihre Kinder auf den verschiedenen Thronen Europas zu sehen und so die Herrschaft der Farnese über die Grenzen zu tragen. Zunächst begehrte sie den französischen Thron. Wie Philipp genügte auch ihr die kleinste Meldung über ein Fleckfieber am französischen Hof, um sie glücklich zu machen: So zählte sie die Stufen, die ihren Gatten oder einen ihrer Söhne dem Königssessel näher brächten. Ohne Mitleid und mit erschreckender Kälte beobachtete sie die Sterbefälle am Hofe Ludwigs XV. 1733 rief sie bei der Nachricht des dreijährig verstorbenen Herzogs von Anjou aus: »Das macht zwei in sechs Wochen. Wenn es so weitergeht, werde ich eines Tages einen meiner Söhne als König von Frankreich sehen.«[15]

Ihr Wunsch wurde nie erfüllt, aber es gelang ihr zumindest, ihre Tochter Marie-Therese mit dem französischen Dauphin zu verheiraten, der allerdings starb, bevor er die Herrschaft übernehmen konnte. Ihr zweiter Erfolg bestand darin, ihre Tochter Maria Ana den portugiesischen Thron besteigen zu sehen. Die größte Quelle des Ruhms war jedoch die Doppelherrschaft ihres Lieblingssohnes Karl, der nichts Geringeres als die Toskana und anschließend Neapel für das Haus der Bourbonen gewann (wodurch er sich »König beider Sizilien« nennen durfte), ehe er nach dem Tod Ferdinands VI. König von Spanien wurde.

Der Infant Ferdinand, zum Nachfolger Philipps V. bestimmt, war ein Sohn von Marie Luise von Savoyen, der ersten Frau des Königs. Elisabeth Farnese, die ihre Kinder über alles andere stellte und sie behütete wie eine Glucke ihre Jungen, brachte diesem Stiefsohn eine Abneigung entgegen, die bis zum Tode Philipps V. die Atmosphäre bei Hofe vergiftete. Sie tat alles, um ihren Sohn Karl mit seinem Halbbruder Ferdinand zu entzweien, denn nach dem Recht des Älteren würde dieser den spanischen Thron besteigen. Ihre Schwiegertochter Maria Barbara von Bragança versuchte sie stets zu erniedrigen und sie spüren zu lassen, daß sie ganz von ihrem Wohlwollen abhinge. 1731 schrieb Rottembourg an einen Pariser Adressaten: »Obwohl es keinen offenen Streit oder Bruch zwischen der Königin und der Prinzessin gibt, hassen sie einander doch zutiefst, und es ist nicht übertrieben, wenn ich Ihnen die Beziehung als unversöhnlich beschreibe.«[16]

Farinelli bemühte sich, ebenso gute Beziehungen mit der Königin wie mit dem Infanten Ferdinand und dessen Frau Maria Barbara zu unterhalten. Durch seine Geschicklichkeit und seinen scharfen Sinn für Diplomatie gelang es ihm, sich die Gnade und Bewunderung Elisabeths zu erhalten und gleichzeitig herzliche Beziehungen zum Prinzenpaar von Asturien herzustellen. Besser noch, er verstand es, sich der grausamen Eifersucht der Königin entgegenzustellen, wenn sie ihn von den beiden fernhalten wollte. Eines Tages sandte sie ihm einen Boten mit dem Befehl, nicht mehr bei Ferdinand und Barbara zu singen. Seiner selbst gewiß und in Einklang mit seinem Gewissen, entgegnete Farinelli dem Boten: »Sagen Sie der Königin, daß ich mich dem Prinzen und der Prinzessin von Asturien zutiefst verpflichtet fühle und daß ich einem solchen Befehl nie gehorchen werde, sofern ich ihn nicht direkt aus dem Munde Ihrer Majestät oder vom König selbst erhalte!«[17] Diese Treue des Sängers gegenüber dem Prinzen und der Prinzessin war für sie eine spürbare Unterstützung, und der Mut, für sie zu singen, während die Königin ihnen den Zugang zu ihren Gemächern bei privaten Konzerten verwehrte, sicherte Farinelli ein Ansehen, das die künftigen Herrscher nie vergessen sollten.

2. Madrid und die italienische Oper

Mehrere Monate lang schreibt Farinelli nicht einmal seinen besten Freunden wie dem Grafen Pepoli. Das Heimischwerden in Spanien verbraucht all seine Energie: Er muß sich auf seine neuen Aufgaben einstellen und gleichzeitig die vielschichtige Psyche der königlichen Familie und der wichtigen Männer des Staates, die sie umgeben, verstehen lernen.

Außerdem muß er sich an sehr unterschiedliche Örtlichkeiten gewöhnen, die den Jahreskalender des Hofes markieren. Nach uralter Tradition wechselt man zu jeder Jahreszeit den Palast, um sich den Zwängen des Klimas anzupassen und zum Vergnügen der Herrscher. Bei seiner Ankunft hat Carlo die Frische der Springbrunnen von La Granja entdeckt, dem Sommerpalast, den Philipp und Elisabeth inmitten der Sierra von Guadarrama mehr als elfhundert Meter über dem Meeresspiegel erbauen ließen, um die Sommerhitze leichter zu ertragen. Es ist ein wunderschönes Lustschloß, typisch für das 18. Jahrhundert, entworfen von einem spanischen und zwei italienischen Architekten in frankoitalienischem Stil. Offensichtlich betrachtet Philipp es als ein »Gegen-Escurial«, das sich mit der lieblichen Anmut der Gebäude und dem Park der großartigen Strenge des Palastes Philipps II. entgegenstellt. Das Wunderbare dieses Ortes sind jedoch die französischen Gärten, angelegt im Stil von Versailles, nach einem Plan des Landschaftsarchitekten Marchand: Terrassen, gestutzte Hecken, kleine Wäldchen, Wasserspiele und Springbrunnen bilden vor dem Hintergrund der Berge ein märchenhaftes Ensemble.

Mit dem Herbst, von Ende Oktober bis Anfang Dezember, kommt die Zeit des Escurial, ein Aufenthalt, der weniger dem Geschmack der neuen Herrscher als einer in ganz Spanien allzeit lebendigen Hommage an Philipp II. und den Pantheon der Könige und Königinnen entspricht. Zur Weihnachtszeit hält man sich in Madrid auf, im Januar begibt sich der Hof in die einstige Jagdresidenz von Pardo. Ostern feiert man wieder in Madrid, ehe man das Frühjahr im Palast von Aranjuez verbringt, eine wahre Oase am Tajo, am Rande der Madrider Wüste. Es folgt noch einmal ein kurzer Aufenthalt in Madrid, und dann macht der Hof wieder von Juli bis Oktober in seinem Sommersitz La Granja de San Ildefonso Station.

Diese unaufhörlichen, ermüdenden Reisen, im Winter durch den Schlamm, im Sommer unter riesigen Staubwolken, sorgen bei Königinnen und Prinzessinnen für ständige Empörung. Wie am französischen Hofe bieten sie jedoch die Gelegenheit, die Paläste, in denen man gewöhnlich wenig auf Hygiene achtet, einmal von Grund auf zu reinigen.

Während der ersten Monate in Spanien war Farinelli vor allem durch die Entdeckung von Madrid betroffen, war es doch wohl die am wenigsten geordnete und zudem schmutzigste Stadt, die er bei seinen Reisen durch ganz Europa bisher gesehen hatte. Madrid war eine künstliche Hauptstadt, unförmig und ohne Vergangenheit, wegen der zentralen Lage auf der Halbinsel Ende des 16. Jahrhunderts von Philipp II. auserwählt. Barcelona genoß schon lange den Titel *Ciudad*, als Madrid noch nichts als eine *Villa* war, die zum größten Teil aus Klöstern, Gärten und unbebautem Gelände bestand. Einen Sänger wie Carlo, der in Neapel, der drittgrößten Stadt Europas mit einer unvergleichlichen künstlerischen Ausstrahlung, aufgewachsen ist und der später in London gelebt hat, der bevölkerungsreichsten Stadt des Kontinents, erinnern diese hundertzehntausend Einwohner von Madrid höchstens an einen großen Marktflecken.

Die ungepflasterten, dreckigen und staubigen Gassen waren das Reich der Schweine und Ziegen. Aristokratische Paläste und elende Hütten standen nebeneinander, eine Tradition, die vielen Städten jener Zeit gemeinsam war, mit dem einzigen Unterschied, daß die einstöckigen Häuser bei weitem in der Mehrzahl waren, weil für höhere Bauten zusätzliche Steuern erhoben wurden. Nur die geradlinigen Prachtstraßen, die Eleganz einiger großer Plätze wie der Plaza Mayor und der Reichtum im Innern der Kirchen (der allerdings im Vergleich zu den Invalides in Paris oder Saint Paul in London nicht eben bedeutend erscheint) konnten das Interesse der Reisenden wecken.

Nach allen Zeugnissen jener Zeit litt die Stadt am meisten unter dem Dreck in den Straßen: »Überall nur Schmutz, widerlicher Unrat und Gestank«, schrieb Pater Caimo. »Wo man sich auch aufhält, überall meint man, sich in einer Latrine wiederzufinden.«[18] Dies bestätigte auch Baron von Gleichen, als er diese Stadt beschrieb: »… deren Gestank so entsetzlich war, daß man ihn in einem Umkreis von sechs Meilen wahrnahm und ihn noch sechs Wochen lang im Mund zu spüren meinte, ehe man sich daran gewöhnt hatte.« Da es keine Kanalisation gab, war es üblich, Exkremente und Abwasser aus dem Fenster zu schütten, nachdem man eine kurze Warnung hinausgeschrien hatte: »Agua va!« (Das Wasser kommt!), die den Passanten kaum Zeit gab, sich in Sicherheit zu bringen. Manchmal leiteten lange Dachrinnen in einer Höhe von etwa drei Metern die Abwässer in die Mitte der Straße und ergossen sich über Karren und Kutschen, die das Pech hatten, gerade vorbeizukommen.

Am erstaunlichsten war für Farinelli die Feststellung, wie sehr sich die Madrilenen an diesen allgemeinen Gestank gewöhnt hatten. Es war völlig normal, daß eine edle Dame ihren Freunden die Schokolade auf einem Balkon servierte, der sich direkt über diesen Lachen befand. Die Bevölkerung war überzeugt, der ständige Gestank der Exkremente würde, wie eine Chronik jener Zeit erklärte, »jede andere verdorbene Ausdünstung« verschlucken, in gewisser Weise die Atmosphäre reinigen und so der allgemeinen Gesundheit dienen. Viele Franzosen spotteten über einen spanischen Verwundeten, der in Paris gepflegt wurde, weil man ihn nicht transportieren konnte. Um ihn zu retten, ließ man ihn »ein

Gefäß voll vom Geruch Madrids« einatmen: Wie zu neuem Leben erwacht, rief der Mann tief einatmend: »Ah, Madrid, meine Seele!«

Ein weiterer Nachteil Madrids war die Umgebung, die keinerlei Entschädigung für die Unannehmlichkeiten im Innern der Stadt bot. Die Wüste, in der Philipp II. wie aus einem Irrtum heraus die Stadt errichtet hatte, erklärte den drängenden Wunsch des Hofes, angenehmere Aufenthaltsorte aufzusuchen. Man kann also die Enttäuschung verstehen, die sich in den Briefen oder Memoiren vieler Ausländer niederschlägt, die für einige Zeit in Madrid gelebt haben. Die Herzogin Louise-Elisabeth von Bourbon, Tochter Ludwigs XV., heiratete in dieser Stadt den Infanten Philipp. Kurz nach ihrer Hochzeit lud sie ihr junger Ehemann zu einer Kutschfahrt ein, um die Umgebung Madrids zu entdecken. Nach einigen Meilen ließ die Prinzessin das Gespann anhalten, wandte sich zu ihrem Gemahl und sagte liebenswürdig, daß sie lieber zum Palast zurückkehren würde, falls er ihr keine andere Landschaft zu zeigen hätte. Dies tat sie auch, um den Palast später fast nie mehr zu verlassen.

Sie tat gut daran, denn für jene, die das Glück hatten, bei Hofe zu leben, waren die Paläste noch der erträglichste Ort in der spanischen Hauptstadt. Den kargen Alcazar-Palast, in dem Philipp V. und Elisabeth Farnese gelebt hatten, lernte Farinelli nicht mehr kennen, da er 1734 in einer Nacht völlig niedergebrannt war. Danach zog der Hof ins Buen Retiro, jenen Palast, in dem Farinelli zweiundzwanzig Jahre ein und aus ging. Diese herrliche Anlage von Gärten und Gebäuden lag – im Gegensatz zum Alcazar – im Osten der Stadt, fast schon außerhalb, um jede Gefahr einer Rebellion zu vermeiden. Ursprünglich hatte es Philipp II. dem Mönchskloster San Jeronimo hinzugefügt, die spanischen Herrscher des 17. Jahrhunderts gestalteten es immer größer und schöner.

Die Pracht der Empfangsräume, des großen Tanzsaales und des Theaters entsprach dem Charme des Parks mit seinen Becken voll klarem Wasser, den Blumenterrassen und den kleinen, mit Spalieren und Weinranken geschmückten Pavillons. Die Menagerie mit Löwen, Bären, Tigern und Adlern war im 17. Jahrhundert entstanden. Trotz des Liebreizes dieses Ortes, den weder Philipp V. noch Ferdinand VI. verlassen mochten, drängte Elisabeth Farnese ihren Gatten, nach dem Brand des Alcazar den Bau eines riesigen Palastes zu planen, der an Größe und Herrlichkeit alles übertreffen sollte, was es bisher in Spanien gab.

Das Königspaar ließ sogleich den Architekten Filippo Juvara aus Turin kommen, um die Pläne für diesen neuen Sitz der Monarchie zu entwerfen, der auf dem Platz des einstigen Alcazar entstehen sollte. Nach sechsundzwanzig Jahren Bauzeit war der heutige Königspalast von Madrid, zweifellos einer der schönsten Europas, fertiggestellt. Weder Philipp V. noch sein Sohn hatten indes Gelegenheit, ihn zu bewohnen. Juvara, der bald nach seiner Ankunft in Madrid starb, hinterließ einen Entwurf, den die Königin als »zu französisch« ablehnte. Nun rief man einen Schüler dieses Meisters, Sacchetti, der das Projekt eines Palastes mit sechs oder sieben Etagen (anstelle von nur zwei Stockwerken in der ursprünglichen Zeichnung) in italienischem Stil entwickelte, das Elisabeth Farnese nicht zufällig an den Herzogspalast von Modena erinnerte.

Der Bau wurde 1738 genehmigt, und bald entstand eine große Baustelle, die Farinelli während seines Aufenthaltes oft besuchte und betrachtete. Täglich arbeiteten dort zweihundertfünfzig Italiener, von den größten Spezialisten der verschiedenen Gewerke bis zum einfachen Arbeiter. Viele italienisch-spanische Ehen kamen auf diese Weise zustande. Selbst italienische Beichtväter standen den Immigranten zur Verfügung. Es gab allerdings auch häufig Streit und Prügeleien zwischen den beiden Nationalitäten, vor allem wegen der unterschiedlichen Löhne und Arbeitsbedingungen, bei denen die Italiener deutlich benachteiligt waren. Es gibt heute keine Zweifel daran, daß die Dekrete Ferdinands VI., die Gerechtigkeit und Gleichheit festschrieben, von Farinelli selbst angeregt wurden.

Die Unannehmlichkeiten des Klimas und des Lebens in Madrid verlieren vor Carlos persönlicher und beruflicher Entfaltung während der ersten Jahre in Spanien an Bedeutung. Er erlangt das Vertrauen der königlichen Familie, teilt ihre Freude und ihren Kummer. Oft erwähnt er die Barmherzigkeit, Menschlichkeit und Freundlichkeit des Königs und der Königin, die Farinelli in den Momenten des Glücks wie schwerer Prüfungen nach Kräften unterstützt, so zum Beispiel, als ein böses Fieber die vierzehnjährige Infantin Maria, »das engelhafteste und anbetungswürdigste Geschöpf«, fast umbringt: »Ich gehe zum Hof, um mit allen anderen zu weinen. Wir sind vor Schmerz verwirrt angesichts der unerklärlichen Ursache dieser Krankheit.«[19]

Der Musiker betrachtet sich noch immer als treuen Diener, der voller Eifer und Dankbarkeit eine fast heilige Pflicht erfüllt: »Es ist meine größte Ehre, daß ich es keinen Abend versäumt habe zu singen, und mein Gott, es ist eine harte Mühe für mich und eine große Qual für die anderen, mich jeden Abend, den Gott uns schenkt, singen zu hören. Ich habe mein zweites Jahr begonnen, mit derselben Kraft und demselben wohlwollenden Vergnügen.«[20] Welchen Lohn bekommt er dafür! »Ich stelle fest, daß meine Situation allgemeinen Neid weckt. Ich kann die königlichen Gemächer betreten oder verlassen, ohne jemandem Rechenschaft zu geben und, mehr noch, zu jeder Zeit. Ich werde wie eines ihrer Kinder anerkannt und behandelt ...«[21]

Hinter diesem scheinbaren Glück, dem Gefühl, gut zu dienen und dafür geliebt zu werden, steht jedoch die Qual der Einsamkeit, die ihn sein Leben lang bedrückt und mit den Jahren immer stärker wird. In der Öffentlichkeit wie in seinen Schriften diskret und schamhaft, teilt Carlo seine Melancholie nur in Andeutungen mit. Er ist das klassische Beispiel eines Menschen, der allein ist in der Menge: angebetet, aber ohne eigene Familie, beneidet, aber daran leidend, seinem Zuhause und seinen Wurzeln fern zu sein: »Ich wiederhole, daß mich diese Ehre [vom König als Sohn angesehen zu werden] sehr glücklich macht, sonst würde ich umkommen, erst recht, wenn ich an mein teures Italien denke, denn Gott allein weiß, daß es keinen besseren Ort gibt, wo man sein Leben verbringen kann. Hier führe ich ein einsames Leben, um niemandem Gelegenheit zu geben, über mich zu reden. Mit Vergnügen erfülle ich meine Pflicht und lasse geschehen, was Gott wünscht.«[22]

Quälend ist für ihn natürlich auch die Tatsache, daß er nicht das gleiche Liebesleben genießen kann wie die anderen Männer. Seine Beziehungen zu Frauen bleiben immer platonisch. Das bestätigt ein Brief aus dem Jahre 1739, in dem Carlo von der Heirat des Infanten Philipp mit Louise-Elisabeth von Frankreich berichtet: »Der König, die Königin, der königliche Prinz und die Prinzessin führten die beiden liebenswürdigen Geschöpfe bis an ihr Bett. So ins Bett geleitet, blieben sie im Dunkeln, um das zu tun, was alle in der ersten Nacht tun, nur der, der Ihnen schreibt, kann solche angenehmen dunklen Nächte nicht kennenlernen.«[23]

Ein solches Dasein, in dem die größten Siege neben den Frustrationen und der Melancholie stehen, macht die immer stärker werdende Bindung begreiflich, die ihn an den Grafen Pepoli fesselt (bevor der lange Briefwechsel mit seinem »teuren Zwillingsbruder« Metastasio beginnt). Pepoli ist fern, er erinnert ihn mit einer gewissen Wehmut an Bologna und Italien, vor allem aber verkörpert er den beruhigenden, liebevollen Beschützer aus der Vatergeneration. Viele Briefe beginnen mit Klagen über das zu lange Schweigen des Empfängers und schließen mit endlosem Flehen: »Bewahren Sie mir Ihre ewige und unvergleichliche Güte, befehlen Sie mir, und Sie werden mich immer voller Bereitschaft finden, Ihnen zu gehorchen, *per omnia saecula saeculorum*.«[24]

Während die Jahre vergehen, entwickelt sich in ihm gleichzeitig ein immer stärkeres Gefühl von *Italianità* und das Bedürfnis, jederzeit auf eine Zuflucht in Italien zählen zu können. Daher rührt seine ständige Sorge, das 1732 bei Bologna gekaufte Grundstück zu unterhalten und zu bebauen. Es ist für ihn Symbol der Sicherheit und der Dauerhaftigkeit der Dinge.

Aus Madrid bittet er Sicinio Pepoli im April 1739, ihm einen Plan zu senden, damit er sich seinen Besitz, von dem er träumt und der sein Denken beherrscht, besser vorstellen kann: »Ich bitte Eure

Exzellenz, einen Plan meiner Villa und ihrer neuen Anordnung auf einem Bild mit der Länge von zwei Armspannen und der Breite von einer halben anfertigen zu lassen … Wenn es fertig ist, möge man es dem Gemahl der Marquise [Rodolfi] anvertrauen, der es mir persönlich überbringen wird.«[25] Im November hat er es immer noch nicht erhalten, aber er glaubt an eine baldige Lösung: »[Der Bankier Francesco Rodolfi] wird in einem Monat zurückkommen, und Eure Exzellenz wird mir das Vergnügen bereiten können, mir das Bild meines kleinen Gutes zu übersenden. Ich sterbe vor Verlangen, darin zur Ruhe zu kommen, so Gott will.«[26] Für all diese Wünsche und für die Verwaltung seines Vermögens durch den Grafen aus Bologna wiederholt Carlo unendliche Danksagungen voller Herzlichkeit, »weil es keinen zweiten Sicinio Pepoli auf der Welt gibt«.[27] Unaufhörlich gehen Geschenke von Madrid an seinen Wohltäter und die Gräfin Eleonora (spanische Vasen, chinesische Seidenwaren, Tabak), die er durch die Vermittlung so bedeutender Persönlichkeiten wie Pater Taddei, Botschafter Neapels in Madrid, sendet. Im September 1740 ist Carlo endlich beruhigt: »Ich habe den Plan meiner Villa erhalten. Manchmal macht er mich wehmütig, denn mein Wunsch, dort zu sein, ist so stark, daß ich nicht weiß, wie ich meine Ungeduld besänftigen soll … Ich zweifle nicht, daß es ein wahres Schmuckstück ist, denn schon der Plan läßt Anmut und Charme erahnen.«[28] So verbringt Carlo sein Leben in Gedanken an diesen kleinen paradiesischen Winkel (den er erst in zwanzig Jahren kennenlernen wird), und Monat für Monat, Jahr für Jahr wird ihm der Hafen der Ruhe, der ihn erwartet, Hoffnung und Trost schenken.

Seit seiner Ankunft in der spanischen Hauptstadt und während der etwa neun Jahre, die Philipp V. noch blieben, erfüllte Farinelli zwei wesentliche Aufgaben. Vor allem war er der persönliche Sänger des Königs und der Königin, deren Gemächer er bis auf die Abende, an denen sich die Herrscher auf das heilige Sakrament vorbereiteten, täglich aufsuchte. Außerdem sang Carlo an allen

Festtagen der königlichen Familie, wie er in seinen Briefen erzählt, beispielsweise bei der Hochzeit des Infanten mit der Tochter Ludwigs XV.: »Der Königshof begab sich nach Alcalá, um die Braut zu treffen, die am 29. dieses Monats um 21 Uhr eintraf. Sie wurde vom Königspaar und der Königsfamilie auf der Schwelle des Salons mit Tränen der Rührung und der Freude empfangen. Am Abend sang man mit dem Beistand aller Götter eine schöne Serenade in den Privatgemächern. Ich durfte in dieser Serenade mitsingen, anschließend gab es ein großartiges Feuerwerk und ein prächtiges Abendmahl.«[29]

Farinelli hatte auch die Aufgabe, gemeinsam mit Marquis Scotti, dem er gleich nach seiner Ankunft in Spanien vorgestellt wurde, italienische Opernaufführungen zu organisieren. Scotti war von Elisabeth Farnese nach Madrid gerufen und zum Maître de plaisir am Königshof ernannt worden. Einer seiner großen Erfolge war die Vorbereitung der Feierlichkeiten zu Ehren der Hochzeit des künftigen Königs von Neapel, des Infanten Karl, mit Maria Amalie von Sachsen. Scotti hatte *Alejandro en las Indias* von Corselli aufführen lassen, auf spanisch gesungen, an das Publikum wurde ein zweisprachiges Libretto verteilt.

Wie Farinelli bald feststellen konnte, hatte die Oper in Madrid seit langer Zeit einen festen Platz. 1629 fand die erste Aufführung statt, nach einem spanischen Text von Lope de Vega und mit einer Musik, die Bernardo Clavijo zugeschrieben wird: *La Selva sin amor*. Spanien bewies also schon vierundvierzig Jahre vor Frankreich, daß man dort Opern im italienischen Stil komponieren konnte.[30]

Die Ankunft der ersten italienischen Schauspieler, die 1703 von Philipp V. eingeladen wurden, und ihre Auftritte im Theater des Buen Retiro, dem Coliseo, markierten den Beginn einer neuen Epoche. Bald erhielten sie den Titel »Italienische Schauspieltruppe Seiner Majestät« und begannen (1703) mit wunderschönen Aufführungen von *El Pomo de oro* zum Tag des heiligen Ludwig und *La Guerra y la Paz entre los elementos* am 20. September. Da in diesen beiden Werken eine Figur namens Trufaldin auftauchte, sprach man bald nur noch von der *Compania de Trufaldines*. Angesichts der Erfolge, die sie im Laufe der Jahre feierten, schlug der Impresario Francesco Bartoli den Bau eines besser geeigneten Theaters anstelle des Caños del Peral vor. Die Stadt stimmte zu und finanzierte 1708 einen im Grunde sehr bescheidenen Theatersaal, der sich etwa an derselben Stelle befand wie das heutige Opernhaus und die Plaza Isabel II. Bald darauf führten finanzielle Schwierigkeiten zur Auflösung der Trufaldines.

Marquis Scotti, ein künstlerisch sehr begabter Mann, kam 1717 als Gesandter des Herzogs von Parma nach Spanien. Während seine offizielle Aufgabe eng mit Musik und Kunst verbunden war, erfüllte er eigentlich die Mission, den Sturz von Minister Alberoni, einem Günstling Philipps V., herbeizuführen, ein Auftrag, den er binnen dreier Jahre ausführte. Sein Handeln erwies sich bald als entscheidend für die Wiederaufnahme der Opernvorstellungen in Madrid: Er engagierte sich für die Aufführungen im Coliseo, berief neue Schauspieler und Sänger und förderte neben den italienischen Werken das Genre der Zarzuela und die spanischen Stücke im italienischen Stil.

Durch seinen Erfolg ermutigt, bat er bei Hofe um die Rekonstruktion und die Vergrößerung des Theaters Caños del Peral. Im Mai 1737, drei Monate vor Farinellis Ankunft, gab der König seine Zustimmung. Wenn er auch bei der Entscheidung anfänglich eher von fremder Hand gelenkt wurde, war er von jenem denkwürdigen Augusttag, da er Carlo Broschi zum erstenmal singen hörte, selbst von ihrer Richtigkeit überzeugt. Ahnte er, welche Erfolge der Kastrat diesem Theater bringen könnte, welche Konkurrenz er dem Teatro San Carlo in Neapel entgegenstellen würde?

Farinelli sah sich also bald an Scotti gebunden, und die beiden übertrafen einander bei der Vorbereitung der Einweihungsvorstellung, die während des Karnevals 1738 stattfinden sollte. Farinelli prägte die Veranstaltung bereits durch die Auswahl des Werkes: Ein Libretto seines Jugendfreundes Metastasio, *Demetrio*, und die

Rezitative seines »teuren Sachsen« Hasse. Nur die Arien kamen entsprechend der weitverbreiteten Mode des *Pasticcio* von unterschiedlichen Komponisten. Der größte Sänger der Zeit legte damit ein erfolgreiches Examen als Theaterdirektor ab.

Der neue Saal des Caños del Peral vermochte hingegen nicht zu überzeugen. Bald entdeckte man seine Mängel und bedauerte, ihn rekonstruiert zu haben. Farinelli erkannte sehr schnell die Vorteile des Theaters im Buen Retiro, wo er mit den Schauspielern des Caños *Alessandro nelle Indie* von Corselli aufführte. Das Coliseo bot einen eleganten Saal mit drei Reihen von acht Logen, die auf jeder Etage eine zentrale Loge einrahmten. Die Loge in der zweiten Etage, *La luneta* genannt, war dem Königspaar vorbehalten. Der Nachteil dieses Theaters lag in seiner Größe, die kaum noch der wachsenden Leidenschaft des Hofes für die Oper entsprach. Im Juli 1738 beschloß man, das Coliseo zu restaurieren und zu vergrößern. Man errichtete zwei zusätzliche Etagen und brachte es so auf vierundsechzig Logen. Farinelli überwachte die Arbeiten so gut, daß man denselben *Alessandro* schon nach wenigen Wochen im neuen Saal wieder aufführen konnte. Eine lange Reihe der größten italienischen Werke schloß sich an, fast alle nach Libretti von Metastasio, in einer Auswahl, die den Einfluß des Kastraten zeigt: *Farnace, Artaserse, La Clemenza di Tito, Siroe ...* Madrid konnte nun in den Rang der bedeutendsten Bühnen Europas aufsteigen.

Die Wahl Farinellis und Scottis fiel von Anfang an auf die bedeutendsten italienischen Künstler. 1740, bei den Zeremonien zur Hochzeit des Infanten Philipp, vereinte eine Serenade den Kastraten Caffarelli, Carlos berühmtesten Zeitgenossen, den großen Tenor Annibalino (Annibale Pio Fabbri, nicht zu verwechseln mit Domenico Annibali), Schüler Pistocchis in Bologna und größter Rivale von Anton Raaf, sowie die Sängerinnen Franchinelli und Anna Peruzzi (wegen des Berufes ihrer Mutter »die Friseuse« genannt). Carlo bedauerte, daß Caffarelli trotz seines erstaunlichen Gesangs keine größere Beachtung fand, aber er war voller Freude über das Vergnügen, das dieses Konzert seinen »glorreichen und überaus gnädigen Herren« bereitete.

Höhepunkt der Zeremonie war die Oper *Farnace* mit der Musik von Corselli, am 4. November mit einer Auswahl wundervoller Sänger aufgeführt, unter ihnen die Tesi (Berenice), die Peruzzi (Tamiri), die Mancini (Selinda), Caffarelli (Farnace), Saletti (Gilade) und Annibalino (Pompeo). Für das Bühnenbild und die Kostüme entfaltete man eine Pracht, wie sie Farinelli nie zuvor gesehen hatte. Sie diente ihm als Quelle der Inspiration für die zahlreichen Werke, die er einige Jahre später unter der Herrschaft von Ferdinand und Barbara inszenierte: »Die Ausstattung hat die Italiener und die Franzosen überrascht, den Spaniern raubte sie die Sinne: vierzig Pferde, zur Hälfte von Edelleuten und zur Hälfte von Männern in Harnisch geritten, alle mit größtem Geschmack und Reichtum gekleidet, auf einer Bühne, die als erlesen gewürdigt wurde. Aber ich meine, mit soviel Geld hätte man Besseres vollbringen können. Leider ist alles hier sehr teuer, deshalb darf man sich nicht wundern.«[31]

Es folgte eine ausführliche Beschreibung der Sänger, bei der Carlo nicht an Komplimenten für jene sparte, die einst mit ihm auf den italienischen Bühnen gestanden hatten: »Unsere Tesi wußte durch ihren sprühenden Geist unter allen Mitgliedern des Ensembles hervorzustechen. Sie hat die Bestimmung gefunden, die die Götter des höchsten Altars für sie vorgesehen haben, denn ihr Spiel und ihr schönes Gesicht haben alle anderen (wie man hier sagt) zu Dienern gemacht. Caffarelli war meiner Ansicht nach der Beste im Gesang und tat alles Nötige, um viel Ruhm zu ernten. Die Parucchiera [Anna Peruzzi] sang so, daß ich sie nicht heraushören konnte, und ich habe im Theater nicht den gleichen Erfolg erkennen können, den sie in der Serenade hatte. Sie sang eine Arie, die vom berühmten Maurino [Mauro de Alai, der mit ihr aus Italien gekommen war] auf der Violine begleitet wurde. Er hat dank seines Bogens alle anderen übertroffen, denn seit dem ersten Abend, da er die Ehre hatte, vor Ihren Majestäten zu spielen, bis zum heutigen Tag erhält er jeden Abend größte Anerkennung. Als Belohnung hat er von der großmütigen Königin ein wunderbares goldenes Kästchen mit zweihundert Golddublonen erhalten. Aus meinen Händen bekam er am letzten Abend im Namen der königlichen Prinzessin eine goldene Repetieruhr mit einer Gliederkette und einem Saphir. Diese Auszeichnungen machen die Verdienste dieses Virtuosen auch für all jene deutlich, die ihn nicht gehört haben. Man redet viel darüber, daß er hier in ihren Diensten bleiben könnte, aber ich weiß nicht, ob er es will, denn er hat seine Familie in Parma [Maurino blieb tatsächlich bis 1747].«[32]

Es scheint, als habe sich Farinelli bereits an den Gedanken gewöhnt, nicht mehr auf einer öffentlichen Bühne zu singen, sondern nur noch in der Intimität privater Konzerte aufzutreten. Keine Wehmut, kein Groll wird in seinen Schriften sichtbar, meist begrüßt er die Leistungen seiner Landsleute mit Freundschaft und Bewunderung.

Gründe für Heftigkeit und Zorn sind einzig die maßlosen Forderungen seiner einstigen Partner sowie ihre schon legendären Launen, an die er sich jetzt, da er die Fronten gewechselt hat, nur schwer gewöhnen kann. Am meisten erregt er sich über Anna Peruzzi, ebenfalls ein Schützling Sicinio Pepolis, die noch in dem von vielen Ornamenten gekennzeichneten und schon etwas aus der Mode gekommenen Stil der Schule Bernaccis singt. Carlo mokiert sich über ihr »Hühnertalent«, das in dieser Nation als »höchstes Verdienst« angesehen wird. Die beißende Kritik hört damit nicht auf: »Das Übel liegt darin, daß diese glücklichen Sängerdamen immer irgendwelche Launen an den Tag legen müssen und mit ihrem ewigen Tratsch das Klima (zu ihren Gunsten) vergiften. Sie sollten Gott danken, auf einen Edelmann wie mich getroffen zu sein, der jedem angemessenes Entgegenkommen gezeigt hat, um ihnen großzügig ein Haus, eine Kutsche, Geld für Lebensmittel zu beschaffen, obwohl diese Nation nur wenig Wert auf solche Feinheiten legt ... Nur diese Närrin Peruzzi, schlecht beraten oder mit wenig Grips ausgestattet, verlangt 600 Golddublonen und weitere 200 für ihre Reise, obwohl sich ihr eine Gelegenheit bot, wie sie einem nur einmal in hundert Jahren begegnet. Dennoch wurde dafür gesorgt, daß sie Haus, Kutsche und Lebensmittel hat und auch ansonsten gut versorgt wird. Das sind die unzähligen Ärgernisse, über die man in Madrid spricht. Man müßte sie mit einem ordentlichen Ochsenziemer behandeln, fördern sie doch die Vorurteile gegen die italienische Nation und gegen den Berufsstand ... Wenn Eure Exzellenz das Getuschel bei den Proben hören könnten, würden Sie sich gewiß totlachen, denn sie denken an nichts anderes als an ihr Verlangen, sich alle Königreiche Europas in die Tasche zu stecken. Aus dem leisesten Ton steigen die Provinzen und Länder empor. Man erzählt sich, Signora Peruzzi hätte eine Dublone bezahlt, um in der Zeitung zu stehen.«[33] Carlo scheint sich in diesen wahnwitzigen Ansprüchen und der naiven Selbstgefälligkeit nicht mehr wiederzuerkennen (hat er sich selbst jemals so gesehen?). Das würde erklären, warum er kein Bedauern verspürt: »Ich war gut beraten, nichts mehr mit der Klasse der Sänger zu tun zu haben.«

Derart harte Worte, wie sie Farinelli nur selten gebraucht, wenngleich sie noch immer Mäßigung und einen feinen Humor bezeugen, zeigen vor allem seinen ausgeprägten Sinn für die *Italianità*. Er leidet darunter, daß der Ruf seiner Landsleute immer schlechter wird. Man erkennt auch, daß für ihn ein deutlicher Unterschied zwischen der beruflichen Entwicklung und der Ehre, einem Monarchen zu dienen, besteht.

Es mag heuchlerisch erscheinen, wenn er sich über die finanziellen Ansprüche der Sängerinnen lustig macht, er, den man in Italien und England mit Gold überschüttet hat. Aber seine unermeßlichen Einnahmen sind niemals von Launen und Klatschsucht begleitet. Er ist offensichtlich davon überzeugt, daß die Gagen eines Theaterdirektors nicht mit der um vieles wertvolleren persönlichen Ehre vergleichbar sind, für eine königliche Familie zu singen und von ihr vielfältige Zeichen der Anerkennung zu erhalten. Diese Gedanken, die nicht alle Berufskollegen teilen, werden durch die Zuneigung und die Wertschätzung unterstützt, die er der Familie Philipps V. entgegenbringt. Carlo genießt in Spanien viele Privilegien und absoluten Wohlstand, der durch zahlreiche Geschenke (Musikinstrumente, Bilder, Möbel) von großem Wert ergänzt wird. Seine Einnahmen scheinen hier jedoch niemals die ungeheuren Summen zu erreichen, die er an den Theatern erhalten hat. Dies erklärt einige flüchtige Anmerkungen in seinen Briefen: »Hier ist alles sehr teuer« oder: »Geld habe ich in Spanien nie, um so mehr Ehre, Würde und Sorgen.«[34] Finanzieller Verzicht, aber gesellschaftlicher Erfolg. Carlo meint, daß den Interpreten bei den Vorstellungen nichts Herrlicheres an Dekorationen und Kostümen geboten werden könne, so daß »der erste Virtuose, der in Italien spielt, sich glücklich schätzen müßte, hier die Gewänder des letzten Statisten zu tragen«.[35]

3. Ferdinand und Maria Barbara

DANK der Sympathie, die ihm Königin Elisabeth bezeugte, und der so starken und gleichzeitig so verwirrenden – auch so unsicheren – Bindung an den kranken König konnte Farinelli mit der Stellung, die er am spanischen Hof erreicht hatte, durchaus zufrieden sein. Mehrere Passagen in seinen Briefen betonten jedoch den anspruchsvollen, ja ermüdenden Charakter seiner Arbeit, so daß man sich fragt, ob er ohne die immer stärker werdende Zuneigung und die Bewunderung, die ihn mit den künftigen Herrschern, dem Prinzen von Asturien, Ferdinand und seiner Frau, Maria Barbara von Bragança, verbanden, in Madrid geblieben wäre. Farinelli zeigte sich zutiefst berührt von ihrer Freundlichkeit ohne jede Berechnung, von ihrer Einfachheit, ihrem tiefen Glauben und vor allem vielleicht von ihrer Situation als Ausgeschlossene, denn Königin Elisabeth verpaßte keine Gelegenheit, sie zu erniedrigen. Ferdinand war ihr Stiefsohn, und der König war viel zu schwach und unbeständig, um seine Gemahlin zu zwingen, ihn seinem Rang entsprechend zu respektieren. Das berühmte Gemälde Van Loos von Philipp V. und seiner Familie enthüllt die untergeordnete Position, die man den Herrschern Asturiens zuwies. Die Prinzessin richtet den Blick nach außen, als wünschte sie sich, dieser lästigen Pflicht so schnell wie möglich zu entkommen.

Elisabeth ersparte ihrem Stiefsohn keine Erniedrigung. Er hatte Befehl, seine Gemächer nicht zu verlassen und sich abgesehen von großen offiziellen Zeremonien nicht in Anwesenheit der königlichen Familie zu zeigen. Jeder, der ihn besuchte, wurde nahezu geächtet. Böse Zungen wußten gar zu berichten, daß die Chirurgen seiner Stiefmutter ihn so schlecht operiert hätten, daß der Eingriff ihn für immer unfruchtbar machte. Man wird nie erfahren, ob

es tatsächlich an Ferdinand oder aber an Barbara lag, aber es ist ge-
wiß, daß dieser Fluch, der Krone keine Erben schenken zu können,
Elisabeth Farnese glücklich machte. Der Botschafter Frankreichs,
La Marck, behauptete, Ferdinand sei ohne Hoden zur Welt gekommen, aber diese wenig wahrscheinliche Vermutung wurde von
niemandem bestätigt: »Ihm fehlte von Natur das, was man in
Italien absichtlich denen raubt, die man für eine Laufbahn als
Sänger ausersehen hat. Dieser Prinz hatte also viel Glut, aber keine
Flammen, nichts, was ihm Nachkommen sichern konnte.«[36]
    Da Ferdinand und Barbara bei Hofe nicht zugelassen waren,
hatten sie sich ein eigenes Leben aufgebaut, einfacher in seinen
alltäglichen Abläufen, ehrlicher in den Freundschaften und vor
allem frei von Zorn oder Eifersucht auf den König und die Königin.
Ihre Güte, Aufrichtigkeit, Lebensfreude und vor allem ihr ausge-
prägter Kunstverstand berührten Farinelli schon in den ersten
Jahren seines Spanienaufenthaltes. Deshalb bot er dem Bann, der
über allen Freunden des Prinzenpaares lag, vorsichtig, aber entschlossen die Stirn.
    Maria Barbara, Tochter des Königs Johann V. von Portugal und
mütterlicherseits Enkelin Kaiser Leopolds I., war äußerlich keine
verführerische Erscheinung. Barbara war »völlig von den Blattern
entstellt«, wie Rottembourg berichtet, und von einer Korpulenz,
die man nicht betrachten konnte, »ohne ein unangenehmes Gefühl
zu verspüren«, so der Herzog von Noailles. Auf allen Gemälden
erkennt man ihr Doppelkinn und die wulstigen Lippen, obwohl
die Maler sicher versuchten, sie etwas zu mildern. Aber was zählt
die Schönheit, strahlte doch die Persönlichkeit Sanftheit, Adel und
Geist aus! Barbara war lebhaft, wußte sich elegant auszudrücken,
sprach sechs Sprachen und empfand eine tiefe Leidenschaft für die
Musik: genug Qualitäten, um Carlo zu verführen. Bis in die noch
ferne Zeit des Ruhestandes in Bologna weihte er ihr eine fast
kulthafte Anbetung.
    Als sie Ferdinand heiratete und von Lissabon nach Madrid ging,
nahm sie als Mitgift den Komponisten mit sich, der die Musik am

prächtigen portugiesischen Hof geformt hatte: Domenico Scarlatti. Man kann sich die Wiedersehensfreude des genialen Komponisten und des größten Sängers Europas vorstellen und ihr Vergnügen, die Musikabende des Prinzen von Asturien zu besuchen. Während jedoch der Kastrat allmählich einen zentralen Platz bei Hofe einnahm, blieb der Schöpfer der Cembalosonaten im Schatten, machte wenig von sich reden und hinterließ nur sehr schwache Spuren (auf den fünfhundertzwölf Druckseiten, die sämtliche Briefe des englischen Botschafters Keene aus Spanien erhalten, ist sein Name beispielsweise keinmal erwähnt). Scarlatti hatte praktisch keinen Kontakt zu Philipp V. und Elisabeth Farnese, er widmete sein Leben Ferdinand und Barbara, der er grenzenlose Bewunderung entgegenbrachte. Mit dreiundvierzig Jahren heiratete Scarlatti ein junges italienisches Mädchen, das ebenso alt war wie die Prinzessin von Asturien (16), und nach seiner zweiten Heirat gab er der ersten Tochter den Namen Maria Barbara.

Der Einfluß eines so außergewöhnlichen Lehrers machte die portugiesische Prinzessin zu einer vollendeten Musikerin: Sie war eine virtuose Cembalospielerin und hervorragende Komponistin, auch ihr Gesang war ohne Fehler, wenn sie in der Vertrautheit ihrer Gemächer ihre Stimme mit der des »göttlichen Farinello« mischte, am Cembalo von Scarlatti begleitet. Augenblicke der Gnade, welche die beiden italienischen Künstler nie vergaßen und die sie in der Zuneigung für ihre Wohltäterin vereinten. Sie selbst, dankbar und großzügig, belohnte zunächst Scarlatti, ehe sie Farinelli nach der Machtübernahme auf den Gipfel des Ruhms heben konnte. Sie wußte, daß die eifersüchtige Königin Elisabeth Domenico nie einen Gefallen gewähren würde, und bat deshalb ihren Vater, König Johann V. von Portugal, dem Komponisten im April 1738 den Titel eines Ritters des Santiago-Ordens zu verleihen.

Obwohl Farinelli in seinen Briefen mit vertraulichen Mitteilungen geizte, ist es gewiß, daß ihn eine feste Freundschaft mit Scarlatti verband, die sich weiter vertiefte und erst 1757 mit dessen Tod in Madrid endete. Die beiden Männer, die sich schon vor

Jahren in Italien kennengelernt hatten, fanden sich jetzt gleich Heimatlosen im Dienste einer gemeinsamen Herrin wieder. Sie teilten eine musikalische Vergangenheit von seltenem Reichtum. Als Barbara 1746 den Thron bestieg, waren Scarlatti einundsechzig und Farinelli einundvierzig Jahre alt. Carlo erlangte eine Stellung, die Scarlatti nie erreichte, und achtete immer darauf, daß die Königin den Musiker und seine Familie unterstützte. Oft bezahlte sie die erheblichen Spielschulden ihres einstigen Lehrers, und nach seinem Tod setzte sie seiner Witwe und den drei Töchtern eine Pension von 4000 Reales aus, um ihnen ein Leben in Armut zu ersparen.

Hin- und hergerissen zwischen dem schützenden Kokon im Palast der Asturier und dem offiziellen Leben, das er bei Hofe führte, versäumte Farinelli während der letzten neun Jahre der Herrschaft Philipps V. niemals seine Pflicht und wahrte stets eine bewundernswerte Diskretion, um Kabalen und Gerüchte zu vermeiden. Carlo hielt dem unausgeglichenen, aber anziehenden König die Treue und blieb beständig in seinem Respekt vor der Königin, die an ihn glaubte. Er hatte sich damit abgefunden, künftig auf den Beifall der zahllosen italienischen, österreichischen oder englischen Zuschauer verzichten zu müssen. Sein Platz war jetzt am Hof, und jeder Tag bestärkte ihn in dem Entschluß, das Wort, das er an einem Augustabend im Jahre 1737 gegeben hatte, nicht zu brechen.

Carlo sang weiterhin für seinen Herrscher, aber auch er stand machtlos vor dessen langem Siechtum. Die lichten Momente wurden immer seltener, die Krisen häuften sich, von lautem Heulen und alptraumartigen Visionen begleitet. Mal glaubte Philipp, die Gestalten auf den Wandteppichen würden ihn angreifen, mal blieb er tagelang ohne zu essen liegen und nahm allmählich ein geisterhaftes Aussehen an. Aus Anstand und Achtung erwähnte Carlo dieses lange Leiden nie in seinen Briefen.

Während sich Philipps Agonie über zwanzig Jahre erstreckt hatte, kam der Tod in sieben Minuten, am 9. Juli 1746. Da er spürte, daß seine Stunde gekommen war, rief er die Königin, die zunächst an eine der gewohnten Krisen glaubte. Man ließ aber auch den Infanten Ferdinand holen, der herbeieilte, um nur noch den letzten Seufzer seines Vaters zu vernehmen. Eine sechsundvierzigjährige Herrschaft, eine der längsten in der Geschichte Spaniens, hatte ihr Ende gefunden.

Die Bilanz dieses desolaten Lebens ist nicht so verheerend, wie man vermuten könnte: Philipp hatte Spanien einen Platz auf dem internationalen politischen Parkett zurückgegeben und damit das Feld für den künftigen »aufgeklärten Despoten« Karl III. bereitet. Er reformierte die Justiz, gründete die Akademien für Geschichte, Medizin und Künste und schuf die Manufakturen von Madrid und La Granja. Philipp hatte aber große Mühe, sich in einer Nation, die ihn mit Recht als Ausländer betrachtete, durchzusetzen. Diese mehr oder weniger starke latente Feindschaft des einfachen Volkes wurde auch vom Adel geteilt. Ein Edelmann von Pamplona unterzeichnete eines Tages bei seinem Notar einen Vertrag mit folgenden Worten: »Don E., edel wie der König und noch etwas edler.« Aufgefordert, eine solche Beleidigung zu erklären, verwies der Mann lediglich darauf, daß der König Franzose wäre, er jedoch Spanier, und daß er seine Abstammung deshalb für überlegen halte. Dieser Vorgang (der dem Unvorsichtigen immerhin fünf Jahre Verlies einbrachte!) zeigt, welch ein nationaler Widerstand die Herrschaft des ersten Bourbonen in Spanien erschwerte.

Der Tod des Königs wurde von den Franzosen verschieden interpretiert, waren sie doch gleichzeitig erleichtert, den Kranken loszuwerden, und beunruhigt, einen Alliierten zu verlieren, der ihrem Hause entstammte. Marquis de Noailles sprach von einem Verlust für Frankreich und beschloß, die Verbindung zur alten Königin zu pflegen. Marquis d'Argenson dagegen skizzierte das Leben und den Tod des Königs in folgenden knappen Worten: »Philipp V. starb aus Kummer und an einer Trägheit des Körpers, die er sich durch seinen wenig bescheidenen Appetit selbst zuzuschreiben hatte. Er arbeitete viel, ohne etwas Nützliches zustande zu bringen. Nie hat ein Mann stärker als er den Mißbrauch der Ehe geduldet, ließ er sich doch von seiner Frau regieren, und sie regierte schlecht. Zuweilen jammerte er über seine Sklaverei, aber die Religion und die Natur hielten ihn darin gefangen. Die Königin zwang ihn, Spanien zu ruinieren, das Land seiner Männer wie seines Geldes zu berauben, um für sie Teile Italiens zu erobern. Gott selbst hat bestimmt, daß sie diese nie genießen würde. Der Vertrag von Turin, im Dezember 1745 unterzeichnet, erregte ihren Zorn, aber als Philipp V. den katastrophalen Zustand seiner Armeen sah, brachte ihn das Bedauern, dieses Abkommen nicht rechtzeitig akzeptiert zu haben, ins Grab.«[37]

Ludwig XV. wurde als einer der ersten vom Tod seines Onkels informiert, den er nie gesehen hatte, und er zeigte keine besondere Trauer. Er bat d'Argenson, ihm ein Konzept für die Botschaft an den neuen König Ferdinand zu entwerfen, das er fast wörtlich übernahm: »Gott raubt Euch den Vater und macht Euch zum Vater über Euer Volk. Meine Zuneigung für Euch, die niemals schwinden soll, wird, so dies möglich ist, durch diesen traurigen Anlaß noch verstärkt. Die Blutsbande, die Interessen unserer Kronen, Eure Gefühle und die meinen lassen mich hoffen, daß unsere Freundschaft und unsere Intelligenz dem Glück der Nationen, die Gott unter Eure Macht gestellt hat, dienen werden.«[38]

Mit dem Tod Philipps verschwand auch die »Königinwitwe« von der politischen Bühne. Die neuen Herrscher, Ferdinand und Barbara, wollten verzeihen und alles Schlechte vergessen, was jene ihnen angetan hatte. Sie verhielten sich liebenswürdig, besuchten sie zweimal am Tag und gestatteten ihr, sich im Liriapalast in Madrid niederzulassen. »Der neue König«, schrieb d'Argenson, »bezeugte ein mutiges und überaus christliches Betragen gegenüber der garstigen Königin und vergalt ihr die Schlechtigkeit mit Wohlwollen.«[39] Aber ihre Güte kam gegen den Groll Elisabeths nicht an. Verbittert und mißgünstig, glaubte sie nie an die Aufrichtigkeit ihrer Worte und gestand Vauréal, »ihren Bezeugungen nur mäßiges Vertrauen entgegenzubringen«. Bei der Machtübergabe

zwischen den beiden Königinnen wunderte sie sich sogar, »daß
man ihr nie zuvor soviel Zuneigung bekundet hätte wie bei diesem
Besuch«.[40]

Das schlimmste war jedoch, daß Elisabeth, kaum daß ihr Gemahl zu Grabe getragen war, Komplotte gegen seine Nachfolger
zu schmieden begann. Von ihrem Palast aus führte sie einen ver-
steckten und geduldigen Kampf, den das neue Königspaar nur
allmählich aufdeckte. Sie, der es dank der Großzügigkeit Ferdinands an nichts fehlte, begann, die Märtyrerin zu spielen, und
schrieb sogar im Juli 1747 an Ludwig XV.: »Ich zweifle nicht daran,
daß Eure Majestät mit einer armen Frau Erbarmen hat, die ohne
jede Hilfe geblieben ist.«[41] Schließlich ließ sie sogar das Gerücht
verbreiten, die neue Königin Barbara wäre in Farinelli verliebt, eine
Verleumdung, die um so glaubhafter erschien, als dem Sänger bei
den neuen Herrschern weitgehende Vertraulichkeiten gestattet
waren.

Diese für den König wie die Königin ebenso unangenehme wie
gefährliche Situation dauerte ein Jahr. Länger konnten sie es nicht
ertragen. Sie erfuhren, daß eine Vertraute der Königinwitwe jedem, der es hören wollte, einen Satz ihrer Herrin wiederholte:
»Otro dia reinará otro sol« (»Eines Tages wird eine andere Sonne
scheinen«), eine unverhüllte Anspielung auf ihren Sohn Karl, der
eines Tages herrschen würde, wenn Ferdinand keine Kinder be-
käme. In einem Brief vom 3. Juli 1747 schrieb Ferdinand seiner
Stiefmutter: »Ich habe gestattet, daß Ihr in Madrid bleiben könnt,
ohne die Dauer Eures Aufenthaltes festzulegen ..., während sich
Ihre Majestät von einem so schweren Schlag erholte. Ein Jahr ist
vergangen, aber jetzt ist keine Verlängerung möglich.«[42] Der König bat sie, ihm zu sagen, ob sie in La Granja oder in einer
beliebigen anderen Stadt leben wollte, »wie es für alle unerläßlich
und notwendig ist«. Im Klartext bedeutete das, daß Elisabeth
Farnese aufgefordert war, nie wieder in Madrid aufzutauchen.
Völlig überrascht, bemühte sie sich umgehend, das Mitleid des
Königs zu erwecken; er entgegnete am 6. Juli: »Ich habe wohl

überlegt, bevor ich diese Entscheidung traf, und nachdem ich alles abgewogen habe, beschließe ich: Was ich für mein Königreich festlege, erlaubt keinerlei Kommentar, ehe es ausgeführt und befolgt wurde ...«[43] Unter der Herrschaft Philipps V. hatte sich Ferdinand niemals in dieser Weise ausgedrückt. Für ihn war es eine der ersten Handlungen als Herrscher: Sie war unwiderruflich.

In der Nacht des 24. Juli verließ die Königinwitwe um vier Uhr morgens Madrid, begleitet von ihren jüngsten Kindern, und begab sich in den Palast von La Granja, wo ihr Gemahl begraben war. Während der zwölfjährigen Herrschaft Ferdinands VI. sollte sie ihn nicht mehr verlassen. Der Hof beschloß, den Sommer nicht mehr in dieser erholsamen Umgebung zu verbringen, und verlängerte statt dessen den Aufenthalt in Aranjuez.

Farinelli stand zweifellos im Zentrum dieser Auseinandersetzung, denn nach dem Tod Philipps V. erkannten alle ausländischen Beobachter, daß die neue Herrschaft auch die des italienischen Kastraten sein würde. Der Botschafter Frankreichs schrieb sogleich nach Paris: »Es gibt hier nur zwei Italiener, die Aufmerksamkeit verdienen, zwei Musiker, einen Cembalospieler namens Scarlatti und den Sänger Farinelli. Ich habe Euch schon berichtet, daß ersterer ein Günstling des Prinzen von Asturien war, der zweite genoß die Gunst der Prinzessin. Nach dem Machtwechsel genießt dieser Vorrang gegenüber seinem Kollegen.«[44]

Um den Einfluß Carlos auf seine neuen Herrscher zu unterlaufen, wandte Elisabeth Farnese all ihre Überzeugungskraft auf, um ihn gemeinsam mit dem unvermeidlichen Marquis Scotti für ihren Ruhesitz in La Granja zu gewinnen. Carlo folgte ihr nicht. Zum einen war seine Zuneigung zu Maria Barbara bereits zu groß, zum anderen hatte er nicht die Absicht, nachdem er neun Jahre am Bett eines kranken Königs gewacht hatte, nun den Rest seines Lebens damit zu verbringen, dessen Grab zu hüten. Die Königinwitwe war zutiefst verärgert. Von diesem Tag an begann sie, gegen ihren einstigen Schützling zu intrigieren, und sie bat Gott, ihr ein langes Leben zu schenken, damit sie eines Tages seine Entlassung erleben

könnte. Einige Dokumente weisen sogar darauf hin, daß sie vor-
hatte, dieses »Bürschchen« beiseite zu schaffen.

Immer wieder versuchte sie, die ausländischen Gesandten davon zu überzeugen, daß durch die neue Herrschaft eine schlechte
Wendung eingetreten sei. »Der König ist zu gutmütig«, vertraute
sie Vauréal an, »aber die Königin haßt die Franzosen. Hier wird nur
noch für Portugal gearbeitet … und für die Musiker.«[45] Der Seiten-
hieb am Schluß zeigt, wie sehr sie den Einfluß des Sängers auf die
neue Königin fürchtete. Während Farinelli für Philipp V. und Elisabeth immer ein ergebener und unverzichtbarer Diener geblieben
war, geliebt wie ein Verwandter, aber ohne persönlichen oder
politischen Einfluß, schien sich mit der neuen Ära eine grundlegende Wandlung anzukündigen.

4. Schauspieldirektor des Königs

BEI ihrem Machtantritt genossen die neuen spanischen Herrscher große Popularität. Ferdinand war der erste wahrhaft spanische Bourbone, mit vierunddreißig Jahren im besten Alter und von einer Freundlichkeit, Großzügigkeit und ökonomischen Umsicht, die große Erwartungen weckte. Er beeindruckte die politisch engagierten Spanier mit seinem festen Willen, niemals die Rolle eines französischen Vizekönigs in Madrid zu spielen, und hielt erfolgreich an diesem Entschluß fest. Bald schon nannte man ihn Ferdinand »den Weisen«. Maria Barbara galt für eine weniger ehrgeizige Königin als Elisabeth Farnese, und man würdigte ihre stärkere Zuneigung zur Iberischen Halbinsel, die sich auf ihre portugiesische Abstammung gründete.

Wie bei den meisten europäischen Monarchien üblich, wurde die Inthronisation mit einem feierlichen Einzug in die Stadt begangen. Er bildete die erste festliche Begegnung mit dem Volk und bot den Menschen das Vergnügen, nach dem sie verlangten. Den Einzug Ferdinands und Barbaras in Madrid am 10. Oktober, in einer prächtigen vergoldeten, mit blauem, goldgesäumtem Samt ausgeschlagenen Kutsche, die von acht weißen Pferden gezogen wurde, begleitete eine jubelnde Menge. Den 12. Oktober krönte ein barockes Feuerwerk von ungewöhnlicher Pracht und Länge. Der 13. war der Tag der Stierkämpfe auf der Plaza Major: Morgens war das Volk geladen, und am Nachmittag wurden im Beisein der königlichen Familie neunzehn Stiere getötet.

Die friedlichste Herrschaftszeit im Spanien des 18. Jahrhunderts begann voller Fröhlichkeit. Binnen kurzem jedoch entdeckte man die Probleme des gerade gekrönten Königs. Er war unentschlossen und schwach. Schon bald ging die Entscheidungsmacht in die

Hände seiner Frau und seiner Ratgeber über. Man sagte nicht ohne Ironie, daß weniger Ferdinand seinem Vater folgte, als vielmehr Maria Barbara den Platz Elisabeths einnahm. Trotz seiner Güte, seiner Sanftmut und seinem Wunsch, dem Land Frieden zu schenken, gelang es dem König nicht, eine politische Linie durchzusetzen.

Seine Zaghaftigkeit wurde von gewalttätigen Launen unterbrochen, denen wiederum Augenblicke tiefster Niedergeschlagenheit folgten. So gestand er eines Tages einem Minister, der sein Jagdtalent lobte: »Irgend etwas muß ich ja können.«⁴⁶ Von diesen Momenten der Schwermut bis zu den schwersten Krisen, die an die Krankheit seines Vaters erinnerten, war es nur ein kleiner Schritt.

Anfänglich war Ferdinand VI. von drei Menschen aus seiner nächsten Umgebung abhängig: von seiner Frau, seinem Beichtvater und Farinelli. Maria Barbara begriff schon bald, daß sie an der Seite ihres Mannes eine entscheidende Rolle spielen würde, aber sie versuchte, die Interessen des spanischen Königs vor die eigenen zu stellen, so daß der König immer von kompetenten Ministern und leistungsfähigen politischen Beratern umgeben war: »Ferdinand ist nicht weniger Weiberknecht [als sein Vater]«, schreibt von Argenson, »er wird ebenso stark, aber besser von seiner Portugiesin beherrscht. Sie ist zwar häßlich, aber vernünftig, sanft und voller Geist. Dieses Paar ist wahrhaft eine Freude. Die Religion bestimmt ihr Handeln, und die Liebe ihres Volkes wird bei jeder Begegnung deutlich. Diesen Herrschern liegt das Glück ihrer Untertanen wahrlich am Herzen.«⁴⁷

Auch der Beichtvater spielte eine entscheidende Rolle. 1747 berief Ferdinand einen Jesuitenpater, Francisco Ravago aus Santander, zu sich. Dieser empfahl seinem Herrscher politische Neutralität, um den Frieden zu erhalten. Damit machte er sich viele Feinde, die seinen Einfluß auf den König beargwöhnten. Der englische Gesandte Keene war besonders verärgert, seine Politik von einem Beichtvater durchkreuzt zu sehen, und tat alles in seiner Macht Stehende, um den Geistlichen aus dem Weg zu räumen. Darin

wurde er vom Botschafter Portugals unterstützt, der die Freundschaft zwischen den beiden Königreichen festigen wollte. Mit
dessen Hilfe veröffentlichte Keene vermeintlich kompromittie-
rende Dokumente zur Rolle, die Pater Ravago in Portugal in der
Frage der Kolonien gespielt hatte. Seine Entlassung wurde unvermeidbar, und der König unterzeichnete sie im Oktober 1755.

Farinellis Mission bestand darin, allein (nicht mehr unter der
Aufsicht Scottis) die Opernaufführungen an den verschiedenen
Königshöfen zu organisieren und die königlichen Feste vorzubereiten. Alle finanziellen Mittel waren in seine Hand gegeben, um
die Schwermut des Königs zu bekämpfen und gleichzeitig dem
überaus anspruchsvollen musikalischen Geschmack der Königin
gerecht zu werden.

Im Frühjahr 1747 übernahm Carlo die Leitung der königlichen
Oper. Eine der ersten Handlungen war die Wiederaufnahme des
Briefwechsels mit seinem Freund Metastasio in Wien. Madrid
brauchte ihn, denn es war unmöglich, Aufführungen ohne gute
Texte zu inszenieren, und die besten Libretti, meinte Farinelli,
konnten von niemand anderem als dem »kaiserlichen Dichter«
kommen. Metastasio schickte ihm zunächst ältere Libretti, die
man bereits in anderen Ländern aufgeführt hatte, später alle neuen
Texte, die er schrieb.

Über die Musik hinaus festigte dieser Briefwechsel die große
Zuneigung zwischen den beiden Männern. Farinelli fand einen
Bruder, einen geistigen »Zwilling«, der seine Freude und seinen
Kummer teilen sollte, die größten musikalischen Ereignisse und
die Kleinigkeiten des Alltags. Fast einhundertfünfzig Briefe schreibt
Metastasio zwischen 1747 und 1782 an Farinelli. Leider existiert
heute kein Brief Farinellis an Metastasio mehr.

Metastasios Briefe beeindrucken durch ihren Charme und Humor, das jugendlich gebliebene Wesen und die offensichtliche
Lebensfreude, trotz der häufigen Anfälle von Hypochondrie. 1747
antwortet der Dichter Farinelli, der ihn gebeten hatte, ihm sein
Porträt nach Madrid zu senden, damit er ihn in seiner Nähe wüßte:

»Oh, welch Schmerz! Die Geduld, der Indiskretion eines Malers als Modell zu dienen, ist für mich die Tugend, die am schwersten zu erreichen ist. Bis jetzt gibt es keine anderen Bilder von mir als jene, mit denen die Drucker die Einbände meiner Bücher versehen. Sie erregen jedesmal, wenn sie mir versehentlich unter die Augen kommen, aufs neue meinen Zorn. Aber wer kann dem Flehen meines geliebten Zwillingsbruders widerstehen? Nach der Rückkehr vom Lande werde ich zur Buße für meine Sünden die Erfüllung Ihres Wunsches anordnen ... Wundern Sie sich aber nicht, wenn ich auf der Leinwand den Ausdruck eines Hypochonders trage: Ich werde große Mühe haben, dem Maler ein lächelndes Gesicht zu präsentieren.«[48] Schon Anfang Oktober 1747 verließ das so beschriebene Porträt Wien im Gepäck des Prinzen Trivulzi, der es nach Madrid brachte.

In diesem Sommer wandte Carlo seine Aufmerksamkeit wieder dem Theater des Buen Retiro zu, um daraus eine außergewöhnliche Bühne zu machen, die zum Empfang der größten italienischen Sänger jener Zeit geeignet wäre. Unter seiner Leitung begannen neue Bauarbeiten. Es entstanden völlig neue Zugänge zu den Bühnen und andere Dekorationen. Die wunderschönen Stiche, die Farinelli in seiner »Beschreibung des gegenwärtigen Zustands des königlichen Theaters im Buen Retiro« hinterlassen hat, zeigen uns einen Meister, der jedes Detail der Vorbereitungen überwacht.

Dieses Buch, das bis heute in den Schränken der Bibliothek des Königspalastes in Madrid aufbewahrt wird, ist eine reiche Quelle an Informationen über dieses Theater, das Farinelli zwischen 1747 und 1759 zum Gipfel seines Ruhmes führte. Mehr als auf das Gebäude selbst konzentrierte er sich auf die Auswahl und das Wohlergehen der Künstler. Die Sänger, die er aus Italien kommen ließ, wurden nach ihrer Ankunft acht Tage von der Theaterleitung versorgt. Nach dieser Frist gab man ihnen Geld für ihre Ausgaben. Man gewährte ihnen eine gut möblierte Wohnung und eine bestimmte Summe für die Garderobe, die auch gelegentliche Ausgaben für die Toilette der Damen einschloß. Das schöne Geschirr, das jeder erhielt, gab Auskunft über den Rang, den der Sänger innerhalb der Oper innehatte.

Während der Vorstellungen mußte der Regisseur darüber wachen, daß ständig warme Getränke oder Erfrischungen für die Interpreten bereitstanden. Für die Umzüge nach Aranjuez erhielt jeder von ihnen eine Equipage, um seine Möbel und seine persönliche Habe transportieren zu können. Da für Fahrten innerhalb Madrids außer dem Anmieten eines Maultierkarrens nichts vorgesehen war, erreichte Farinelli beim König, daß jeder Sänger wegen der Strenge des Madrider Winters eine Kutsche erhielt, um zur Sonntagsmesse zu gehen, Freunde zu besuchen oder zur Casa del Campo zu fahren. Carlo sprach sogar mit dem Personal der königlichen Reitertruppen, damit alle Sängerinnen »um der Liebe Gottes willen« gleich behandelt wurden, fürchtete er doch »Blitz und Donner«, würde eine von ihnen feurige Traber und die andere ein paar alte Gäule erhalten.

Mit dieser Sorge um seine Gäste konnte er die größten Namen Europas an sich binden. Wenn er sie engagierte und ihre Verträge unterzeichnete, versuchte er stets, sie für mehrere Spielzeiten in Madrid zu halten. Er war dabei nicht ohne Erfahrung, hatte er doch schon 1740 einige große Sänger für die Hochzeitsfeierlichkeiten des Infanten Philipp mit Luise Elisabeth von Frankreich, Tochter Ludwigs XV., gewonnen.

Der Erfolg dieses Unternehmens trug zum Glanz der italienischen Oper in Madrid bei. Keine wohlgeborene Señorita, kein Hidalgo aus der Provinz, die die Arien *Misero pargoletto* oder *Son regina* nicht vor sich hin trällerten. Köstliche Kommentare Farinellis zu den Sängerinnen in Madrid oder Aranjuez finden sich in seinen Briefen: »Gestern traf ich auf der frischen grünen Wiese nach Monaten die Schwestern ›Parrucchieri‹ [Anna und Vittoria Peruzzi] wieder. Mein Gott, wie schmächtig sie geworden sind. Sie werden gut bezahlt, sie amüsieren sich, und sie müssen sich nur zwei- oder dreimal im Jahr anstrengen, aber trotzdem sind sie furchtbar mager. Was bedeutet das? Es muß doch einen Grund dafür geben.«[49] In einem anderen Brief fragt er seinen Beschützer, nachdem er ihm für eine Oper mit Regina Turcotti, die in Bologna aufgeführt wird, viel Glück gewünscht hat: »Erzählen Sie mir, hat die Turcotti abgenommen, oder ist sie immer noch so übermäßig mollig? Auf jeden Fall wünsche ich ihr alles Gute, denn ihr Benehmen unterscheidet sich von dem anderer Frauen.«[50] Einige Jahre später hatte er für die Oper von Madrid ein einmaliges Ensemble versammelt. All jene, die Farinelli in Italien oder London bewundert hatte, berühmte Kastraten und *Prime donne*, waren darin vereint. Dazu kamen die jungen Sängerinnen, die er selbst für die Theaterkunst ausbildete. So brauchte er nicht auf schon erfahrene »Berühmtheiten« zurückzugreifen, die oft sehr eitel waren.

Eine unter ihnen war ihm wichtiger als alle anderen. Teresa Castellini traf am 2. August 1748 in Madrid ein und blieb mit einjähriger Unterbrechung, 1754/55, um sich in Italien von einer Krankheit zu erholen, zehn Jahre in Spanien. Dank Farinellis »jungfräulicher Schamhaftigkeit« (nach den Worten Metastasios) wird man wahrscheinlich nie erfahren, welche Bande der Zuneigung ihn an diese junge Sängerin fesselten. Die Darstellung der jungen Frau an seiner Seite auf einem berühmten Gemälde von Amigoni, dem Bild, an dem er während seiner letzten Jahre in Bologna besonders hing, und die Häufigkeit, mit der ihr Name in den Briefen Metastasios auftaucht, lassen kaum Zweifel an seinen Gefühlen: »Nach den aufreizenden Beschreibungen, die Sie mir von dieser liebenswürdigen Person gegeben haben«, schreibt der Dichter, »könnte mich das mächtige Verlangen, einen Brief von ihr zu erhalten, zur geistigen Untreue gegen Sie treiben, die ich anschließend zutiefst bedauern würde. Sagen Sie ihr aber, daß ich als Ihr Zwillingsbruder indirekt alle Bewegungen Ihres Herzens nachempfinden muß. Wenn ich ihren Namen höre, ergreift mich eine gewisse Unruhe, die mich nicht mehr losläßt, auf die ich allerdings auch nicht verzichten mag. Wäre der Manzanares nicht so weit von der Donau entfernt, würde ich gern erfahren, ob sie mich mit ebenso weit geöffneten Armen empfangen würde, wie sie meine Grüße aufnimmt. Und sagen Sie ihr … Nein, mein Herr, sagen Sie ihr nichts. Die Straße ist zu glatt, es ist einfacher, sie nicht zu betreten, als darauf zu gehen, ohne zu fallen.«[51]

Viele der verschollenen Briefe Farinellis müssen den Liebreiz und das Talent seiner Favoritin beschrieben haben. Deshalb amüsierte sich Metastasio so ausführlich darüber und neckte den Freund bei jeder Gelegenheit:»In meinen letzten Briefen habe ich Sie immer gebeten, ihr tausend Zärtlichkeiten von mir zu sagen. Aber Sie geben mir nicht das geringste Zeichen, daß Sie meine Aufträge ausgeführt hätten. Sollten Sie etwa eifersüchtig sein? Oh, welch garstige Schwäche! Lieber Bruder, ich bedaure Sie zutiefst, vor allem, wenn ich bedenke, daß man in Spanien kaum von diesem Übel geheilt wird. Wir braven Deutschen kennen nicht die Gewalt dieser Krankheit, höchstens in einem sehr bescheidenen Ausmaß, das der Liebe als Würze dient. Ihr südländischen Völker seid ohne Nächstenliebe, ihr wollt alles für euch allein, ohne anderen auch nur den geringsten Anteil zu gönnen …«[52]

Teresa machte in Madrid eine außergewöhnliche Karriere. Bald nannte man sie »La Milanese«, sie war eine der bestbezahlten Sängerinnen und erhielt die meisten Geschenke der Königsfamilie: Uhren und goldene Ketten, Brillanten und Rubine. Als sie die spanische Hauptstadt endgültig verließ, erwirkte Farinelli für sie die beachtliche Summe von 12 000 Reales für ihre Rückreise und eine lebenslange Pension von 100 Golddublonen.

Die Treue zu Farinelli und, durch ihn, zum spanischen Hof scheint der gemeinsame Nenner aller eingeladenen Sänger gewesen zu sein. Ihre Verträge waren in der Tat sehr verlockend. Anna Peruzzi beispielsweise blieb vierzehn Jahre. Sie kam aus Neapel an den Hof Philipps V., um am 4. November 1739 in *Farnace* zu singen, und kehrte erst 1753 wegen eines Skandals nach Italien zurück. Während der Vorstellung hatte sie plötzlich geschrien, sie wollte nicht mehr jene untergeordnete Partie singen, während ihre Rivalin Castellini die erste Rolle erhalten hatte! Auch Isabella Uttini blieb

Spanien treu, sie wurde 1740 engagiert und blieb bis zu ihrem Tod 1754 in Madrid.

Carlo holte auch Maddalena Pariggi und Manuela Trombetta, genannt »la Trombettina« (die kleine Trompete), die an der Seite von Maria de las Heras in *Achille in Sciro* ihren ersten Erfolg feierte. Regina Mingotti blieb nur zwei Jahre in Madrid. Farinelli ließ sie gemeinsam mit dem Kastraten Giziello kommen und zwang ihr einen höllischen Arbeitsrhythmus auf. Er ging so weit, ihr zu verbieten, woanders als in der Oper zu singen oder selbst in der Nähe eines Fensters zur Straße zu proben. Es war ihr untersagt, Einladungen aus den Adelspalästen zu folgen, was schließlich zu einer Affäre führte, die bis zum König drang. Die Wünsche einer schwangeren Frau galten in Spanien als heilig. Eines Tages lud ein Adliger die Mingotti zu sich ein, da seine Frau, die ein Baby erwartete, nicht ins Theater kommen konnte. Farinelli lehnte sich heftig dagegen auf. Der enttäuschte Ehemann verkündete lautstark, wenn die Sängerin nicht käme, würde das den Tod der Frau und des Kindes bedeuten, und wandte sich schließlich an den König, der diesmal gegen seinen Schützling entscheiden mußte.

Unter den Männern zählte der große Anton Raaff, später Mozarts Idomeneo, zu den bedeutendsten Sängern. Zwischen ihm und Carlo entwickelte sich eine feste Freundschaft, so daß er Madrid nicht mehr verlassen wollte, solange sich der Kastrat dort aufhielt. Erst die Rückkehr Farinellis nach Italien, mit dem Machtantritt Karls III., veranlaßte ihn, dem Freund zu folgen und ihn während der gesamten Reise zu begleiten.

Anton Raaff gehörte zu dem hervorragenden Ensemble, das durch das Erdbeben von 1755 aus Lissabon vertrieben wurde. König Johann V. hatte einst einen prächtigen Hof unterhalten, der nicht zuletzt wegen seiner Oper und der Musik berühmt war. Sein Sohn Joseph I. hatte diese Politik fortgesetzt. Da Frauen auf den portugiesischen Bühnen verboten waren (nach dem Beispiel des Kirchenstaates), wurden alle Rollen von Kastraten oder Tenören gesungen. So fanden sich während einer kurzen, aber nahezu märchenhaften Periode (1752–1755) fast alle großen Kastraten in Lissabon wieder. Zum Geburtstag der Königin Maria Ana (Tochter Philipps und Elisabeths) standen neben dem Tenor Raaff die Kastraten Caffarelli, Gizziello, Manzuoli und Balbi auf der Bühne – alles, was Europa neben Farinelli an himmlischen Stimmen zu bieten hatte. Caffarelli war sogar vom König zum »Cantor de Camara« mit einem beträchtlichen Jahreseinkommen ernannt worden.

Das Erdbeben vom 1. November 1755, das die Stadt zerstörte und vierzigtausend Opfer kostete, beendete die Verträge der ansässigen Sänger: Die Zeit der Serenaden war vorbei. Caffarelli hatte an diesem Tag den Einfall gehabt, Santarém zu besuchen. Aus Dank dafür gelobte er Gott, sich nach Italien zurückzuziehen und nie wieder auf einer Bühne zu singen.

Am spanischen Hof empfing man die Nachricht von der Katastrophe mit Bestürzung, wußte doch die Königin ihre Familie in Gefahr. Tag für Tag strömten unglückliche Familien, die alles verloren hatten, nach Madrid, um sich dort ein neues Leben aufzubauen. Sie wurden von zahlreichen italienischen Künstlern begleitet, die ihre Karriere in Spanien fortsetzen wollten. »Ihre Musiker brechen täglich über uns herein, ohne ein Hemd auf dem Leib«, stellte der englische Botschafter fest. Farinelli bemühte sich, sie finanziell zu unterstützen und ihnen im Rahmen des Möglichen Anstellung zu verschaffen.

In diesem bunt zusammengewürfelten Strom befanden sich neben dem Tenor Raaff auch die Kastraten Manzuoli und Gizziello. Manzuoli blieb für vier Jahre, nachdem er bereits von 1750 bis 1752 in Spanien gelebt hatte. Er verließ das Land, beladen mit Diamanten und anderen Geschenken. Allein für ein Dacapo nach einem Duett mit Teresa Castellini erhielt er ein goldenes Kästchen und das Privileg, mit seiner Partnerin auf offener Bühne vom König und von der Königin beglückwünscht zu werden. Der »liebenswürdige« Gizziello wurde zum Liebling des Hofes und sang oft in den Gemächern des Königs und der Königin. Als sie ihn jedoch durch einen unüblichen Vertrag an sich binden wollten, zog er es vor, in sein Heimatland Italien zurückzukehren.

Es ist schwer zu sagen, wie diese Herrschaft der Kastraten über die spanische Musikwelt von den Spaniern selbst aufgenommen wurde, genügte doch die Begeisterung bei Hofe, um ihre Anwesenheit zu rechtfertigen. Wie in England gab es auch hier eine Widerstandsbewegung, die von einer Gruppe von Intellektuellen, vor allem Dichtern, ausging. Sie versuchten sich dem »widernatürlichen« Gesang der »Kapaune« zu widersetzen, der dem Talent der spanischen Sängerinnen abträglich sei. Eine von ihnen, Francisca de Castro, hatte in den dreißiger Jahren unvergleichliche Begeisterung geweckt und war sogar mit Orpheus oder Amphion verglichen worden. Ihre Anhänger nutzten ihren Ruhm, um die Waffen gegen die Kastraten zu schärfen:

> O vos, que apostatàis de los barbones;
> vos, maridos de anillon, hombres sisados;
> llaves sin guardas, machos degradados;
> que no sois màs que dueñas con calzones!
> Suspended, renegados de varones,
> vuestros tonos blandujos, machucados:
> cante la Castro, callen los castrados;
> vayan a la cazuela los capones.[53]

(»O ihr, die ihr auf den Bart verzichtet habt, ihr, wertlose Gatten, klägliche Männer, / Schlüssel ohne Schloß, erniedrigte Mannsbilder; / nichts anderes seid ihr als Weiber in Hosen! / Haltet ein, Verräter des männlichen Geschlechts / mit euren verheerenden Arien. / Es singe die Castro, die Kastraten mögen schweigen: Kapaune in den Suppentopf!«)

Einige Schmähschriften galten auch Farinelli selbst, sie blieben aber sehr selten und zielten viel mehr auf seinen persönlichen Einfluß bei Hofe als auf ihn als Kastraten und Sänger. 1749 spielte man eine Pasquade mit dem langen Titel *Comedia Nueva: el capon màs venturoso y operas del Retiro: Farinelli* (»Neue Komödie: der glücklichste Kapaun und die Arbeiten im Retiro: Farinelli«). Etwa zur gleichen Zeit kursierte ein politisches Pamphlet:

> *Desterraron a Ordenada*
> *y asimismo a don Zenon*
> *mañana saldrà el Capon*
> *cantando la Tirirana.*

(»Sie trieben Ordenada ins Exil / wie auch Don Zenon [Ensenada]. / Morgen wird der Kapaun fliegen / und dabei die Tirirana singen.«)

Die Sänger waren nur der sichtbarste Teil der enormen Maschinerie des Coliseo im Retiro. Außerdem gab es die Komponisten, Maler und Dekorateure. Gewöhnlich wählte Carlo ein Libretto seines *Alter ego* Metastasio und gab es einem der vier offiziellen Hofkomponisten: Francisco Corradini, 1731 nach Madrid gekommen, Giovanni Battista Mele, 1736 eingetroffen, Francesco Corselli, 1738 zum *Primo maestro* ernannt, und schließlich Domenico Conforto, der diese Funktion erst 1755 übernahm. Alle vier waren Italiener und mühten sich nach Kräften, die Texte des großen Dichters mit ihrer Musik zur Geltung zu bringen. Courselle, aus Parma stammend, der sich in der italianisierten Umgebung Corselli nannte, war der berühmteste. Er war der Musiklehrer der Kinder der königlichen Familie, und sein Ruhm übertraf den Scarlattis bei weitem, da sich der Cembalospieler nicht für die Oper interessierte. Zuweilen verwendete Farinelli die Partituren der besten Komponisten Europas, von Hasse, Jommelli oder Galuppi, aber er mußte vor allem den Komponisten Arbeit geben, die an den spanischen König gebunden waren. Für die Oper *La Clemenza di Tito* beispielsweise, das erste Werk Metastasios, das zum Karneval 1747 aufgeführt wurde, schrieb Corselli die Musik zum ersten Akt, Corradini zum zweiten und Mele zum dritten. Alle drei erhielten für ihren Anteil am Werk den gleichen Lohn.

Metastasio verfolgte die Entwicklungen am Coliseo und die Tätigkeit Farinellis stets mit großem Interesse. Farinelli führte die Stücke des Freundes auf, bat ihn um Rat oder ersuchte ihn gar, zu lange Werke, die in der Originalfassung nur schwer zu spielen waren, zu kürzen. Dies geschah zuerst 1752 bei *Semiramide*, das der Dichter nicht ohne eine gewisse Befriedigung »arrangierte«: »Die Arbeit des Flickschusters kann ich nur für meinen unvergleichlichen Zwillingsbruder vollbringen. Dennoch bin ich Ihnen zu Dank verpflichtet, mich sozusagen zu diesen Änderungen gezwungen zu haben: Diese Oper, mit der ich nicht ganz zufrieden war, ist nun in meinen Augen die beste geworden ... Sie hat ein gewisses Feuer gewonnen, das, auf weniger Raum zusammengedrängt, noch stärkeren Glanz ausstrahlen wird.«[54] *Semiramide* wird 1754 mit der Musik von Jomelli aufgeführt und ist in Wien wie in Madrid ein großer Erfolg.

Die gleiche Bitte wiederholt Farinelli 1753 für *Adriano in Siria* und *Alessandro nelle Indie*, bereits fünfzehn Jahre zuvor in Madrid aufgeführt und schließlich nicht mehr neu inszeniert. Aus Wien erhält Carlo diese hinreißende Erklärung: »Ich habe den ersten Akt des *Alessandro* beschnitten. Was für eine Schlächterei! Ich habe zweihundertsechsundsechzig Verse und drei Arien gestrichen. Lieber Bruder: Dieses undankbare Werk kann allein für Sie vollbracht werden. Sich selbst zum Eunuchen zu machen ist ein Opfer, das kaum seinesgleichen kennt. Aber man vollbringt es trotzdem, in der Hoffnung, daß das Stück dadurch nur gewinnen möge!«[55] Das neue Libretto verläßt Wien im Februar 1754 mit folgender kurzer Bemerkung: »Ich schicke Ihnen mit der Post meinen *beschnittenen Alessandro nelle Indie*, zurechtgestutzt nach Ihrem Geschmack und nach meinem.«[56]

Die Opern, die Farinelli in Madrid inszeniert, fast alle nach Texten seines Freundes, stehen auch weiterhin im Mittelpunkt ihrer Korrespondenz. Der Dichter verfolgt die Proben und Aufführungen Schritt für Schritt, gibt Ratschläge, kritisiert oder bewundert und zeigt deutlich, welchen hervorragenden Ruf Madrid in

Europa erlangt hat:»Alle Zeitungen sind voll des Lobes über die königliche Pracht, mit der Sie meinen *Demofoonte* aufgeführt haben. Dank Ihrer Bemühungen nimmt Madrid heute den ersten Platz unter allen Theatern Europas ein. Das geschieht, wenn die Fürsten eine gute Nase haben, um die reifste Melone zu wittern, und weder dem Schuster befehlen, Perücken zu machen, noch dem Friseur, sich um die Schuhe zu kümmern. Der erste Platz des Manzanares unter allen Theatern Europas ist also Ihr Werk.«[57] Neben Opernlibretti schickt Metastasio zuweilen auch einfache Arien, die Maria Barbara nach einem Spaziergang in ihrem Musiksalon vorträgt. »Mein Liedchen hat also die Zustimmung der Gottheit des Manzanares gefunden? Dem Namen des armen Metastasio wurde also die Ehre zuteil, sich auf den königlichen Lippen wiederzufinden?«[58] Etwa fünfzehn Opern sowie Serenaden und kleinere Stücke werden vom Beginn der Herrschaft Ferdinands VI. 1747 bis zum Tode von Maria Barbara aufgeführt (siehe Anhang).

Zuweilen komponiert Farinelli selbst die Musik für eine Szene oder ein paar Verse seines *Alter ego* und schickt sie ihm nach Wien. Im Juli 1747 sendet er ihm die Musik zu dem Poem *Nizza*, auf die Metastasio am 26. August mit herzlichen Lobeshymnen antwortet: »*Nizza* ist Ihrer würdig. Die Erlesenheit der Musik beginnt mit der Wahl des gefühlvollen Klangs der Flöte und setzt sich in der edlen Natur dieser Komposition fort. Ich weiche ohne Vorbehalt zurück: Ich bin sogar stolz, von Ihnen überholt worden zu sein. Wer könnte sich schämen, auf dem Feld der Musik von meinem unvergleichlichen Farinello übertroffen zu werden? ... Sie geben sich nicht damit zufrieden, mir zu versichern, daß mein *Nizza* an den Ufern des königlichen Manzanares oft gesungen wird, Sie sagen mir auch, VON WEM und an welchem erlesenen Ort und in welcher erlesenen und glücklichen Gesellschaft ... Sie geben mir eine respektvolle, aber genaue Aufzählung der übermenschlichen Qualitäten dieser Göttin [Königin Barbara], die durch ihre bloße Anwesenheit ein angenehmes Klima schafft.«[59]

Im Juni 1749 antwortet der Dichter auf den Empfang einer Arie, für die Farinelli die Musik geschrieben hat: »Oh, was für eine herrliche Ariette haben Sie mir geschickt! Hätten Sie mir nicht den Namen des Verfassers anvertraut, ich hätte sie an diesen Portamenti erkannt, die heute unter uns Pfuschern nicht mehr in Mode sind. Wir haben sie im Hause Althann mehrfach genossen, ziemlich gut gespielt, aber ... mit der unerfüllbaren Hoffnung, sie eines Tages in Perfektion aus dem Munde des Meisters aller Meister zu hören.«[60]

Sobald Metastasio diese Kostbarkeiten erhält, zeigt er sie seiner Umgebung, ist er doch glücklich, so oft wie möglich den Namen des »liebenswerten Zwillingsbruders« zu erwähnen. Als eines Tages ein Marsch und ein Menuett aus Carlos Feder begeisterten Beifall des österreichischen Publikums erhalten, erzählt Metastasio: »Mit bescheidener Miene dankte ich für die Ehre, die Damen und Edelmänner dieser Bagatelle erwiesen. ›Was denn‹, riefen einige, ›ist die Musik von Ihnen?‹ – ›Nein‹, entgegnete ich, ›aber sie ist wie meine eigene, stammt sie doch von meinem Zwillingsbruder.‹ Ich mußte unsere Verwandtschaft erklären, und man bekundete mit Beifall, daß es nur einen Farinelli gibt. Man spielte noch mehrere Symphonien, aber die Menschen wollten nicht nach Hause gehen, ehe sie nicht Ihren Marsch noch einmal gehört hatten. Also, teurer Bruder, bis hin zum Applaus habe ich unsere Zusammengehörigkeit genossen ...«[61]

Diese ständig wiederholten Bekundungen der Zuneigung, zuweilen auch kleine Scherze, werden hin und wieder durch bedeutende Dienste ergänzt, die man einander erweist. Metastasio möchte Farinelli einen außergewöhnlichen Sänger empfehlen, überzeugt, er könne jenem in Madrid helfen, beispielsweise die »Nymphe« Colomba Mattei, von allen bewundert, sogar von der »unvergleichlichen Afrikanerin Tesi«, dem »launenhaften Caffariello« und dem Tenor Raaff, »der singt wie ein Seraphin«. Sehr viel schwerer ist Farinellis Bitte, Ende 1749, zu erfüllen, zwölf bis vierzehn Lipizzanerpferde zu finden und von Wien nach Madrid zu schicken. Dieses Anliegen bringt Metastasio, der geschickter im

Umgang mit Versen denn als Pferdehändler ist, in große Verlegenheit, und er findet immer neue Vorwände, um sich diesem Dienst zu entziehen: Die Pferde könnten weder angebunden noch geritten werden, ein Mann könnte nicht mehr als zwei Handpferde führen, man brauchte also sieben Personen, Decken, Mäntel, Hufeisen, vierzig Tage von Wien bis Mailand, dann der Weg nach Genua, wo man ein Schiff nach Barcelona finden müßte ... Aber er hat nicht mit der Hartnäckigkeit des Kastraten gerechnet, der liebenswürdig und diplomatisch auf seinem Wunsch besteht, weil er jene, die ihn beauftragt haben, nicht enttäuschen will. Nach tausend Ärgernissen und Komplikationen verlassen im Mai 1750 sechzehn Vollblüter der Liechtensteinrasse Wien und reisen auf dem Landweg bis nach Madrid, da sich die Schiffsfahrt als zu gefährlich erweist.

In jedem anderen Fall versetzt ihre Freundschaft Berge. Jeder Brief, jede Zeile ist ein wiederholter Beweis ihrer Zuneigung, eine ständig erneuerte Bekundung der Dankbarkeit: »Mein anbetungswürdiger kleiner Carlo ist nicht nur der Patriarch aller Hierarchien von Sängern, sondern der König der Edelmänner und ein Beispiel wahrer Freundschaft.«[62] Wie ein frisch verliebtes Paar machen Metastasio und Farinelli einander Szenen, wenn sich der andere eine Zeitlang nicht meldet: »Sind Ihre Lettern denn so wertvoll, daß man nicht hoffen kann, sie zu erhalten, ohne sie zunächst ewig erfleht zu haben? Barbar! Undankbarer! Hyrkanischer Tiger! Gepard! Apulische Tarantel! Monatelang ist es Ihnen nicht in den Sinn gekommen, mich wissen zu lassen, daß Sie noch am Leben sind!«[63] Aber was die Briefe auch enthalten mögen, sie enden stets mit ähnlich lautenden Bekundungen: »Adieu, teurer Zwillingsbruder. Haben Sie mich lieb, wie ich Sie liebe. So werden Sie meine unendliche Gier nach Ihrer Liebe stillen und der zärtlichen Fürsorge Gerechtigkeit erweisen, mit der ich stets Ihr Freund und treuer Diener bleibe!«[64]

5. Aranjuez – ungetrübtes Glück

IM April 1750 wurde die Hochzeit der Infantin Maria Antonia, Tochter Philipps V. und Elisabeths, und des Prinzen von Piemont, Amadeus III. von Savoyen, gefeiert. Einige Wochen vor der Hochzeit schlug Farinelli dem Hofe eine Aufführung von *L'Asilo d'Amore* von Metastasio und Corselli im Salon de Reinos des Buen Retiro vor. Diesmal legte er auf die Dekoration größeren Wert als auf die Sänger und verlangte von den Arbeitern und Künstlern eine beachtliche Leistung: Der Salon wurde durch Säulen, Pfeiler, Kapitelle und Tribünen aus Imitationen von afrikanischem Marmor oder geädertem Alabaster völlig neu aufgeteilt. Die mit Goldfäden bestickten Vorhänge glänzten unter den Kristalleuchtern, die extra zu diesem Anlaß aufgehängt wurden. Diese Pracht begeisterte selbst das Königspaar, während sich der englische Gesandte einfach »im Paradies« wähnte.

Vier Tage später, am 12. April, feierte man um sieben Uhr abends die Trauung im großen Ballsaal des Casón. Anschließend bat man die Gäste zur Vorstellung. Es war *Armida placata*, ein Stück, das Metastasio Farinelli Ende 1748 geschickt hatte und das mit der Musik von Mele und den Bühnenbildern von Amigoni inszeniert wurde. Carlo hatte dem Freund schon vor geraumer Zeit von diesem Projekt berichtet und seit Anfang 1749 immer wieder Ratschläge von ihm eingeholt. Wie soll man den Sonnentempel am Ende des Stückes gestalten? Muß man mit diesem Bühnenbild enden oder noch einmal zum dunklen Wald zurückkehren, ehe sich der Vorhang schließt? Kann man die Handlung ändern, so daß Apollon, anstatt die Verrücktheiten von Renaud und Armide zu erwähnen, einen Lobgesang auf die Götter des

Manzanares anstimmt? Zahlreiche Fragen, für die Metastasio zuweilen mehrere Antworten anbot.

An jenem Tag fanden die Gäste das Coliseo von mehr als zweihundert Leuchtern mit jeweils acht, zwölf, sechzehn oder vierundzwanzig Kerzen strahlend. Um die Pracht der Aufführung noch zu steigern, hatte Farinelli in den Werkstätten von La Granja eine riesige Kristallsonne bestellt, würdig des Tempels der Armida. Obwohl er sich schon Monate zuvor darum gekümmert hatte, schien der Plan zum Scheitern verurteilt, denn die Sonne zerbrach jedesmal, wenn man sie aus der Form nahm. Kurz vor der Hochzeit vollendete man endlich eine unversehrte Sonne, die Farinelli sorgsam verpackt transportieren ließ und die er selbst in einem von Maultieren gezogenen Karren von La Granja bis Madrid begleitete. Neben dieser Sonne hatte Carlo unzählige kleine Kristallteile in allen Farben bestellt, um auf der Bühne zwölfhundert Säulen und zweihundert Leuchter mit diesen funkelnden Splittern zu bedecken. Acht Springbrunnen vollendeten das Bühnenbild, aus den beiden im Zentrum stehenden schoß das Wasser bis zu den Leuchtern achtzehn Meter in die Höhe. Bunte Papageien ergänzten den bukolischen Charakter der Szene und mischten ihre Stimmen in die Klänge der Musik. Die Musiker hatten Uniformen erhalten, die mit silbernen Borten besetzt waren, passend zum feierlichen Anlaß. Diese Uniformen trugen sie künftig bei jeder Galavorstellung. Nie zuvor hatte ein europäischer Königshof einen solchen Prunk erlebt.

Die *Gazeta de Madrid* vom 21. April berichtete über diese Vorstellungen: »Diese einzigartige Inszenierung verdanken wir dem berühmten Carlos Broschi Farinelli, der dieses Fest erdacht und geleitet hat. In Anerkennung der zahllosen Beweise seines Eifers, seines Geschmacks und seiner Erfolge hat ihm der König freie Hand gegeben, die königliche Pracht zu gestalten.«

Der Lohn ließ nicht auf sich warten. Bereits ehe sie von diesem Glanz geblendet wurden, hatten Ferdinand und Barbara daran gedacht, ihren Schützling mit der höchsten Ehre zu bedenken, die

das spanische Herrscherpaar vergeben konnte: dem Calatrava-
Orden. Die Hochzeit Maria Antonias bestätigte sie in diesem
Vorhaben, und alle Dokumente wurden vorbereitet. Da dieser
Orden dem Adel vorbehalten war, mußte Carlo alle Belege seiner vornehmen neapolitanischen Abstammung beibringen und
aus Italien seine eigene Taufurkunde sowie die Tauf-, Ehe- und
Sterbeurkunden seiner Eltern, Großeltern und Urgroßeltern kommen lassen. Weiterhin waren Empfehlungen von sechs Bürgen
nötig, die die Ehrenhaftigkeit und die »rassische Reinheit« Farinellis und seiner Familie bezeugten. Unter ihnen waren der Maler
Amigoni und der Komponist Mele, die bezeugten, die Familie des
Kastraten gekannt zu haben, die aus »tadellosen Katholiken« bestand.

Ein Büchlein von achtundsechzig Seiten, zusammengestellt
von Don Gomez de la Vega (und aufbewahrt in den spanischen
Nationalarchiven), vereinte all diese Dokumente zugunsten der
Herkunft Farinellis, seines reinen und adligen Blutes und der Qualitäten »christlicher Abstammung« seiner Vorfahren. Eine Anmerkung, die sehr charakteristisch für das Spanien der Inquisition ist,
deklarierte sie »frei von jeder schlechten Rasse wie Juden, Mauren
oder neu zu unserer Heiligen Religion Konvertierten«.[65]

Am 3. September unterzeichnete Ferdinand das Ernennungsdekret: »Wir haben Don Carlos Brosco die Gnade gewährt, das
Gewand des Calatrava-Ordens zu tragen, und ihm gleichzeitig die
einzigartige Ehre zuerkannt, ihm die Uniform und das Kreuz dieses
Ordens zu geben ...«[66] Wie zwei Zeichnungen belegen, die unter
den Manuskripten von Pater Martini in Bologna gefunden wurden, fand die Zeremonie in einem der großen Salons des Buen
Retiro statt, vor dem Thron der beiden Herrscher. Farinelli steht
zunächst aufrecht und empfängt die Kette des Ordens aus den
Händen des Königs, das Schwert liegt auf einem Sessel. Dann,
bereits in den weiten Mantel des Ordens gehüllt, kniet er vor dem
Herrscher nieder, der ihm das Kreuz von Calatrava an die linke
Seite heftet. Maria Barbara wirkt auf dem ersten Bild sehr bewegt,

auf dem zweiten strahlt sie und streckt ihren Arm mit beschützen-
der, fast mütterlicher Geste hinter Farinelli aus.

Zwar bieten diese Zeichnungen kein detailliertes Abbild der Ge-
sichter, aber alle Porträts des Sängers, die unter der Herrschaft Ferdinands VI. entstanden, zeigen ihn uns auf dem Gipfel seiner Reife
und Schönheit. An die Stelle des etwas pausbäckigen Gesichtes
aus den Londoner Bildern sind jetzt feine Züge von wahrhaft faszi-
nierendem Adel getreten. Corrado Giacquinto verdanken wir das
berühmteste Porträt des Kastraten, das offiziellste auch, auf dem
wir ihn wie ein Minister oder ein spanischer Grande unter den
Büsten seiner königlichen Gönner posieren sehen. Wahrscheinlich
malte Giaquinto dieses Bild gleich nach seiner Ankunft in Madrid,
als Hommage an seinen mächtigen Beschützer. Der für das Ro-
koko typische Sinn fürs Detail, vor allem die Größe des Bildes
(275,5 × 185,5 Zentimeter), zeigen uns die Gestalt fast naturgetreu,
in aufrechter und aristokratischer Haltung, die durch das Kreuz
und den Mantel des Calatrava-Ordens noch verstärkt wird. Das ist
der offizielle Farinelli auf dem Gipfel seiner Karriere, dessen sanf-
tes, glattes und altersloses Gesicht von Adel und Seelengröße
zeugt.

Sehr eindrucksvoll und vielleicht schöner als alle anderen ist das
Porträt von Iacopo Amigoni, das heute in der Staatsgalerie Stuttgart hängt. Nicht so sehr das tiefe Blau des Mantels oder das
typisch Bologneser Hündchen, das »Carlino«, berührt den Be-
trachter, sondern die engelsgleiche Schönheit des Gesichtes: die
pechschwarzen Augen, die sich vom Weiß der Haut abheben, die
wohlgeformten Brauen, der gut gezeichnete Mund und vor allem
der Blick voller Güte und erstaunlicher Sanftheit.

Es gibt noch ein anderes Bild von Amigoni, das heute am anderen Ende der Welt, in der National Gallery in Melbourne, ausgestellt ist. All die Strenge und Feierlichkeit fehlt hier: Das Gemälde
zeigt eine vertrauliche und entspannte Atmosphäre, in der Farinelli
gemeinsam mit den ihm liebsten Menschen dargestellt ist. Links
sitzt Metastasio, eine Feder in der Hand, leicht im Hintergrund,

um seine geographische Entfernung anzudeuten. Seinem Porträt liegt zweifellos das Bild zugrunde, das der Dichter dem Freund 1748 geschickt hatte. Im Zentrum sitzt das Paar Carlo und Teresa. Das Abbild des Kastraten ähnelt dem Gemälde in Stuttgart wie ein Wassertropfen dem anderen, Beleg für die Stetigkeit, mit der Amigoni den Sänger sah. Die Sängerin wirkt sehr jung, schüchtern, verletzlich. Der Künstler verzichtet auf eine Berührung zwischen beiden und verbindet sie, schönes und verhaltenes Symbol, durch ein Notenblatt, das sie gemeinsam fassen: eine wunderbare Art, die Poesie einer liebevollen Vertrautheit darzustellen, die vor allem musikalisch und geistig war. Rechts von der zentralen Gruppe ist der Maler selbst zu sehen; er steht mit einigen Pinseln in der linken Hand da und legt die rechte freundschaftlich auf die Schulter seines Freundes Farinelli. Ein kleiner Husar hält seine Farbpalette. Dies ist das Bild der Freundschaft und der Zuneigung.

Das Jahr 1750 hatte mit einem Fest begonnen und setzte sich mit der größten Auszeichnung durch den König fort. Es endete in Trauer. Ende November überbrachte man Farinelli einen Brief, den er bereits voller Angst erwartet hatte: Man teilte ihm den Tod Sicinio Pepolis am 11. November mit. Damit endete ein Briefwechsel, der achtzehn Jahre angehalten hatte, und eine gegenseitige Zuneigung, die nie beeinträchtigt war. Nach dem Tod der Mutter war dies der zweite schmerzhafte Schlag, der den Sänger traf, denn der Graf aus Bologna war ihm gleichzeitig Beschützer, Mäzen, Impresario und vor allem geistiger Vater gewesen. Sicinio hatte ihn mit Ratschlägen, Beziehungen und Verträgen unterstützt und ihm gleichzeitig väterliches Wohlwollen und eine souveräne Aufrichtigkeit in der Verwaltung seines Vermögens geschenkt. Carlo mußte bereits eine Vorahnung des nahen Endes verspürt haben, da er in seinem letzten Brief an Pepoli in für ihn ungewöhnlicher Weise ihm sein Herz ausschüttete: »Gott allein weiß, wie gern ich Sie vor dem Tod in die Arme schließen würde! Geben Sie sich für den Augenblick mit meinem guten Willen zufrieden; wenn mir dies unmöglich ist, so liegt es nicht an mir.«[67] Carlos Freundschaft für Sicinio Pepoli übertrug sich nun auf dessen Familie, seine Witwe, Gräfin Eleonora, die Tochter Teresa, Gattin des Marquis Muzio Spada, und vor allem seinen Sohn Odoardo, den er nach seiner Rückkehr nach Bologna regelmäßig besuchte.

Im Augenblick hatte Carlo jedoch kaum die Zeit, sich seinem Schmerz hinzugeben, denn die Vielzahl seiner Aufgaben nahm ihn voll und ganz in Anspruch.

Neben den besonderen Festlichkeiten war er auch für jedes Detail der Aufführungen und Bälle des Hofes zuständig, die dicht aufeinanderfolgten. Ein gewöhnlicher Abend lief etwa so ab: Gegen achtzehn Uhr (manchmal auch schon um halb fünf) begann die Vorstellung im Coliseo. Niemand mußte seine Eintrittskarte bezahlen, denn die Aufführungen waren dem Adel vorbehalten. Um eingelassen zu werden, wies man nur eine Metallplakette vor. Da es nie genug Plätze gab, überwachte Farinelli die Organisation, damit niemand benachteiligt wurde. Nur die engsten Vertrauten der Königsfamilie durften der ganzen Vorstellung beiwohnen. War der Saal aus irgendeinem Grund nicht voll, schickte Ferdinand VI. seine Wachen auf die Straße, um dort einfache Bürger aufzusammeln und sie auf die leeren Plätze zu setzen. Er ertrug es nicht, daß sich der Vorhang hob, solange nicht jeder Platz des Coliseo besetzt war. Dies war für das Volk eine der seltenen Gelegenheiten, das Theater zu betreten. Die einzige andere Gelegenheit: außergewöhnliche Feste wie Hochzeiten oder Thronbesteigungen. Zu diesen Anlässen wurde die gleiche Aufführung dreimal gegeben: einmal für den König und den Hof, einmal für die Stadt und ein drittes Mal für das Volk.

Während der Vorstellung war Farinelli überall gleichzeitig. In den Kulissen überwachte er den Auftritt der Sänger, das Funktionieren der Maschinen und die Disziplin der Statisten, die man unter den Arbeitern, welche den neuen Königspalast aufbauten, auswählte. Im Saal mußte er vor allem vor Beginn und während der Pausen die Verbindung zwischen der königlichen Familie und den Gästen herstellen. Ein paar Worte mit ihm zu wechseln oder etwas aus seiner Hand zu erhalten galt als höchste Ehre: »Am folgenden Abend«, schrieb Benjamin Keene, »hatte ich mich in der Oper kaum gesetzt, als mir Ihre Katholischen Majestäten aus den Händen von Farinelli selbst das Libretto überbringen ließen. Sie können sich denken, wie meine Kollegen in der Loge diese Ehrung beobachteten!«[68] Keene begeisterte sich für die Oper, denn, wie er Lord Huntington schrieb, mochte er weder das Spiel noch die Liebe. Viele Adlige und Gesandte waren jedoch der Meinung, die Vorstellungen fänden etwas zu häufig statt, und sie jubelten insgeheim, wenn eine Aufführung wegen Unwohlseins des Königs auf den nächsten Tag verschoben wurde.

Man lauschte der Oper mit größter Aufmerksamkeit. Sie endete gegen neun Uhr. Niemand durfte früher als die Herrscher applaudieren. Anschließend verließen die Zuschauer den Saal und begaben sich zum Abendessen, das im Salon de Reinos serviert wurde. Danach verliefen sie sich im großen Saal des Casón, wo der Ball begann, der erst gegen drei oder vier Uhr morgens beendet wurde. Der König selbst tanzte, bis alle Damen im Palast erschöpft waren. Er war sogar noch nach der »Tracassière«, jenem französischen Tanz, der selbst die Ausdauerndsten ermüdete, frisch und munter.

Das neue Jahrzehnt war auch die große Zeit von Aranjuez, dem Lieblingssitz des Königspaares während des Frühjahrs und Sommers, seitdem sich die Königinwitwe in La Granja niedergelassen hatte. Hier legte Carlo den Grundstein für ein gigantisches Projekt zum Umbau und zur Verschönerung des Schlosses und der angrenzenden Stadt. Der Königspalast war am 16. Juli 1748 teilweise ausgebrannt, und Ferdinand hatte unverzüglich den Wiederaufbau befohlen, war doch dieser Ort der Gesundheit seiner Gemahlin besonders zuträglich. Farinelli wurde beauftragt, im Palast einen kleinen Opernsaal zu errichten, der zumindest die Aufführung von Serenaden ermöglichte, kleineren und weniger anspruchsvollen Opern als die großen Werke des Buen Retiro in Madrid. Das Teatro Nuevo eröffnete 1754 mit *L'Isola deserta* nach einer Musik von

Bonno und einem Poem von Metastasio, das dieser extra für den spanischen Hof geschrieben hatte.

Der Palast entstand bald wieder in altem Charme, während aus dem Dorf eine kleine elegante Stadt mit guten Straßen wurde, die man vergrößert hatte, um die ständig steigende Zahl der Höflinge und Diener unterzubringen. Überall entstanden Springbrunnen; Kastanien, Eschen, Eichen, Pappeln und Linden säumten die Alleen und verschönten den Park, aus dem Maria Barbara einen zweiten Musiksalon machte. Der König gestattete Farinelli auch, sich selbst in der Nähe des Palastes ein Haus zu bauen, und empfahl ihm den Architekten Bonavera.

In Aranjuez strömte alles Ruhe, Schönheit und Kunstsinn aus: die Frische der schattenspendenden Bäume und die Springbrunnen, die die Glut Madrids vergessen ließen, das beruhigende Murmeln des Tajo, der zum Träumen und zu Bootsfahrten einlud, und schließlich die schönsten Musikinstrumente des Hofes. Durch Vermittlung Domenico Scarlattis, der Cristofori, den Erfinder des Pianos, gut gekannt hatte, besaß die Königin eine einzigartige Sammlung von zwölf Tasteninstrumenten, die zwischen dem Buen Retiro, Aranjuez und dem Escurial aufgeteilt war. Fünf Instrumente stammten aus Florenz. Das beste Cembalo, aus Nußbaumholz, besaß fünf Register und vier Reihen von Saiten mit sechsundfünfzig Tasten aus Ebenholz und Perlmutt. Wenn man Kirkpatrick Glauben schenkt, so besaß es sechzehn Pedale, was bei einem Instrument des 18. Jahrhunderts äußerst selten wäre. In Aranjuez und im Escurial gab es ein Piano, auf dem sich Farinelli gern begleiten ließ, da er eine Vorliebe für dieses neuartige Instrument hatte.

Cembalo und Piano gewährten dem Sänger, Scarlatti und Maria Barbara glückliche Augenblicke des gemeinsamen Musizierens. Am frühen Abend, wenn die weitgeöffneten Fenster eine milde Brise vom Flußufer einließen, setzte sich Domenico ans Cembalo, um eine Sonate zu spielen, die er seiner Gönnerin gewidmet hatte, dann begleitete er sie, wenn sie allein oder im Duett mit Farinelli sang. Die Briefe des Sängers an Metastasio müssen erfüllt gewesen sein von diesen strahlenden Erinnerungen und zahllosen Bemerkungen über die Güte, die Großzügigkeit und den Charme der Königin, denn der Dichter erwähnte immer wieder die »Göttin« vom Manzanares: »O Herr! Kann die Gnade, die Großzügigkeit, der Edelmut noch größer sein? ... Aus den wenigen Worten, die Sie mir geschrieben haben, entsteht mir das einzigartige Wesen dieser Göttin.«[69] – »Oh, ich bin erfüllt vom strahlenden Edelmut der Göttin vom Manzanares! Warum bin ich nicht Homer! Schätzen Sie sich glücklich, Augenzeuge solch erhabener Tugenden zu sein!«[70]

Die fünfziger Jahre waren die Zeit der Feste, und Carlo sorgte sich vor allem darum, seine Herrscher zu unterhalten. Angesichts des Heißhungers auf Opern, der diesen Hof kennzeichnete, drängte er Metastasio unaufhörlich, ihm neue Gedichte zu schicken, um das Repertoire immer wieder verändern zu können und, einer Tradition des Barocks folgend, dem Königspaar niemals dasselbe Stück zweimal anzubieten. »Grausamer! Sie wollen, daß ich schon wieder mit einem Werk schwanger gehe! Glauben Sie nicht, daß man nach so vielen Entbindungen kein Verlangen mehr nach einer weiteren Niederkunft verspürt? Bedenken Sie nicht die Schmerzen, die Übelkeit der Schwangerschaft, die Angst vor einer unglücklichen Fehlgeburt?«[71] Angesichts dieses scheinbaren Verdorrens der Inspiration machte Farinelli zuweilen eigene Vorschläge, bot Themen, Gestalten oder Situationen an, die er gern auf die Bühne bringen würde. Eines Tages schlug er ihm ein Drama vor, in dem eine Festung gestürmt werden sollte, ein anderes Mal einen Jahrmarkt voll von erleuchteten Ständen. Darauf antwortete Metastasio mit folgendem Kommentar, der einen tiefen Einblick in die Konzeption der Oper im 18. Jahrhundert im Vergleich zum vorangegangenen erlaubt: »Wie sollten unsere Vorstellungen das [diesen Jahrmarkt] ertragen? Stampiglia hat es in seinem Drama *Appio Claudio* versucht: Aber das war im vergangenen Jahrhundert, als Possenreiter in der Oper noch interessant waren. Damals war die

Oper ein Bastard zwischen Tragödie und Komödie, das mußte
man ändern. Man könnte natürlich einen festlich erleuchteten
Platz in der Nacht darstellen und anstelle der Stände Arkaden,
Tempelhallen oder andere öffentliche Gebäude wählen.«[72]

Dies war die Revolution Metastasios, der die *Opera seria* zur
Perfektion brachte, sich dabei jedoch vom *Dramma per musica* des
17. Jahrhunderts entfernte. Während die Libretti von Monteverdi
oder Cavalli vom häufigen Wechsel zwischen tragischen und komischen, vornehmen und trivialen Szenen lebten, trennten die
neuen Opern von Zeno oder Metastasio beide Genres: Jede Spur
von Komik wurde aus dem Drama entfernt, um den außergewöhnlichen Taten eines Achill oder Alexander des Großen Raum
zu geben. Dieser Brief des Dichters ist deshalb sehr aufschlußreich.
Einige Zeilen später gesteht er sogar, daß er sich außerstande fühlt,
bei den Änderungen an den Szenen die Worte »Jahrmarkt« oder
»Stand« einzufügen.

Neben den Opern bildeten Konzerte, Serenaden und kleinere
Stücke, die im Park aufgeführt wurden, das tägliche Programm des
Aufenthaltes am Ufer des Tajo. Ergänzt wurde es durch die berühmten Illuminationen, die in allen Erinnerungen und Briefen aus
dem 18. Jahrhundert wiederkehren. Zu den außergewöhnlichen
Augenblicken gehörte der Abend, der zu Ehren des heiligen Ferdinand veranstaltet wurde. Carlo und die Königin, deren Vertrautheit mit jedem Tag wuchs, wollten den König überraschen. Deshalb wurde alles in größter Heimlichkeit vorbereitet. Als der Tag
gekommen war, wurde der König von seiner Gemahlin und Carlo
an einen genau festgelegten Punkt im Park geführt, von wo er alle
Bäume, die Alleen, die Ufer des Tajo und die Schiffe sehen konnte,
die im Glanz von sechzigtausend verschiedenfarbigen Lichtern
erstrahlten. Anschließend beschloß man den Abend mit einem
prächtigen Feuerwerk.

Das schönste Geschenk, das Farinelli seinen Herrschern machte, war die Flotte von Schiffen mit Rudern und Segeln, die er bauen
ließ und deren Fertigstellung er sorgsam überwachte, bis die ersten

Boote im Frühjahr 1752 zu Wasser gelassen wurden. Die anderen wurden erst im Frühjahr 1754 vollendet. Fünfzehn Fregatten boten sich dem Blick des Königs und der Königin dar; die größte, die *Royale*, maß achtzehn mal fünf Meter. Sie war ganz und gar vergoldet, das Schutzdach trug eine Malerei nach chinesischer Art, und siebenundfünfzig Personen fanden darin Platz: Neben dem König, der Königin und Carlo durften einige Offiziere und Edelleute auf diesem Schiff mitfahren, außerdem vier Geiger, zwei Trompeter und zwei Oboisten.

Die Schiffsbesatzung, aufgrund ihrer Erfahrung in Cartagena angeheuert, stand bereit, als das Königspaar am Abend um halb sieben eintraf. Die Pferdekutsche hielt über dem Anlegeplatz, nahe des Gartenpavillons, und die Majestäten konnten über eine elegante Treppe mit Stufen aus weißem Stein (die heute noch vollständig erhalten ist) zum Fluß hinuntergehen. Eine Kanonensalve und der Ruf: »Es lebe der König« begleiteten Ferdinand und Barbara, als sie ihr Schiff bestiegen. Trotz des Gewichtes und der beträchtlichen Anzahl von Fahrgästen senkte sich die *Royale* kaum einen Meter tief und vermied so die Berührung mit dem an dieser Stelle nur flachen Flußbett des Tajo. Als die Strömung auf dem Rückweg zu stark wurde, hängte man zwei schwere Boote ans Heck des Schiffes, um seine Fahrt zu verlangsamen.

Während die Herrscher über das Wasser glitten, schlossen sich mehrere andere Schiffe an: die Fregatte *Ferdinand y Barbara*, auf der die Ehrendamen der Königin fuhren, die *Orpheo*, für Kammerherren und Dueñas, und die *Tajo*, die den Majordomus, offiziellen Gästen und einigen Adligen vorbehalten war. Die zerbrechliche *Falua de Respeto* trug keine Fahrgäste, sie war einzig dazu bestimmt, vor dem königlichen Boot zu kreuzen, damit man ihre Eleganz und Leichtigkeit bewundern konnte.

Ein Ziel dieser Schiffsreisen war die Jagd, der Ferdinand wie fast alle Bourbonen leidenschaftlich ergeben war. Hier war sie allerdings weder ruhmreich noch sportlich: Netze, die im Wald gespannt wurden, zwangen die von Hunden gehetzten Tiere, zum

Flußufer zu laufen. Dort brauchten sie die Herrscher und Prinzen nur noch von ihrem Boot aus mit Gewehrschüssen niederzustrekken. Barbara verabscheute dieses organisierte Gemetzel, unterwarf sich dem Ritual jedoch aus Liebe zu Ferdinand, getröstet von der Aussicht auf die Musik während der Rückfahrt.

Die Flotte auf dem Tajo war nicht nur Ausdruck von Luxus oder Langeweile, sondern vor allem ein Heilmittel für die Depressionen des Königs und die schwache Gesundheit der Königin. In der Abendstille, wenn die Mannschaft die Ruder ruhen ließ und eine Brise die Segel blähte, setzte sich Barbara ans Cembalo, und Carlo konnte seine wehmütigen Klagen und seine jubelnden Koloraturen der Nacht von Aranjuez anvertrauen.

Gegen neun Uhr kam man wieder an die prächtig erleuchtete Landungsbrücke. Zehn bis fünfzehn solcher Ausfahrten fanden jedes Jahr statt, bis sich die Gesundheit Barbaras 1757 verschlechterte. Dank der ausführlichen Berichte Farinellis verpaßte Metastasio kein Detail dieser unvergeßlichen Stunden auf dem Tajo: »Während ich Ihren Brief las, wähnte ich mich bei Ihnen in Aranjuez ... Ich sah das Theater, die Schiffe, die prächtige Gesellschaft, den herrlichen Palast. Ich hörte die Triller meines unvergleichlichen Zwillingsbruders, und ich betete die königliche Inkarnation dieser Gottheiten an. Ihre liebevolle Aufmerksamkeit, mich, so gut es geht, aus der Ferne teilhaben zu lassen an diesem erlesenen iberischen Glanz, womit Sie sich solche Mühe geben, weckt in mir zärtliche Gedanken über die Beständigkeit dieser Freundschaft und bindet Sie tiefer als je zuvor an mein Herz.«[73]

6. Politische Macht

NEBEN Opern und Serenaden, Vergnügungsfahrten auf dem Tajo und großen Festen im Königspalast, neben Bauarbeiten und Empfängen ausländischer Persönlichkeiten mußte Farinelli eine weitere aufreibende Aufgabe erfüllen. Da er gewöhnlich nicht dazu neigte, sich zu beklagen, kann man den wenigen Briefen Glauben schenken, in denen er über seine Erschöpfung schrieb, über die vielfältigen Verpflichtungen und vor allem über den starken Druck, der ständig auf ihm lastete. Er war immer ein Perfektionist, als Sänger wie als Theaterdirektor, und fürchtete ständig, seine Pflichten unzureichend zu erfüllen. Wie oft flehten ihn seine Freunde an, etwas weniger zu arbeiten und ein wenig mehr an sich selbst und seine Gesundheit zu denken, anstatt ausschließlich anderen zu dienen! Metastasio faßte es in seinem Brief so zusammen: »[Meine Bekannten] sagen mir, daß die Ungeduld Ihres Eifers, wenn es darum geht, Ihren Herrschern zu dienen, Sie sich selbst vergessen läßt. Sie haben keinen Frieden, nicht Ihr Körper, nicht Ihr Geist, weder Tag noch Nacht. Diese Leidenschaft ist Ihrer würdig. Aber es wäre Ihrer ebenso würdig, wenn Sie einmal darüber nachdenken würden, daß Sie, wenn Sie sich umbringen, ihnen nicht mehr dienen können. Die erste Ihrer Pflichten ist es doch, solch großmütigen Herren einen Diener zu erhalten, dessen Verlust für sie ebenso schmerzhaft wie unersetzlich wäre.«[74]

Carlo gönnte sich keine Ruhepause, nicht ein einziges Mal Ferien in zweiundzwanzig Jahren, und verließ Spanien nicht einmal für einen kurzen Ausflug nach Portugal. Da der Hof stets in Bewegung und voller Aktivitäten war, beanspruchten ihn seine vielfältigen Pflichten immer dort, wo sich die Herrscher aufhielten. Seine Gesundheit litt unter der Anstrengung, vor allem zwei Leiden kehrten immer wieder: Magenschmerzen, seine ewige »Plage«, und Halsbeschwerden, über die Metastasio scherzte, indem er behauptete, er sei an der Stelle gestraft, wo er gesündigt hätte: »Gott allein weiß, wie viele Sünden Ihre Kehle, die Zauberin, begangen hat. Eine kleine Strafe kann also nichts schaden.«[75] Zu diesen schon gewohnten Übeln gesellten sich die bei einem Sturz ausgerenkte Schulter, das geprellte Bein oder Kopfschmerzen, die sein französischer Arzt und sein lombardischer Physiotherapeut zu lindern suchten.

Die politische Rolle, die Carlo bei Hofe spielte – oder besser gesagt, die man von ihm erwartete –, unterwarf ihn starkem psychischen Druck. Daß ein einfacher Sänger das Interesse der Gesandten der größten Staaten Europas auf sich zog, war nichts Neues. Schon im 17. Jahrhundert besaßen die sehr kultivierten und ständig umherreisenden Kastraten eine bedeutende Funktion, konnten sie doch bei ausländischen Fürsten wertvolle Informationen sammeln. Francesco da Castris beispielsweise wurde in seiner Doppelfunktion als *Virtuoso* und Günstling Ferdinands von der Toskana, Sohn von Como III. von Medici, mit verschiedenen Missionen betraut. Die Kastraten Atto und Bartolomeo Melani wurden als diplomatische Agenten des Kardinals Mazarin berühmt, während Domenico Cecchi, genannt »Cortona«, vielfältige Geheimaufträge für die Herrscher Leopold I. und Joseph I. erfüllte.

Als Farinelli nach Spanien kam, war er noch nicht in dieses diplomatische Spiel verwoben. Er gedachte, nur einige Wochen zu bleiben, und war, als er die Einladung Elisabeth Farneses annahm, einzig dem eigenen Wunsch gefolgt. Keine englische Macht hatte ihn entsandt, ganz im Gegenteil.

Wie bereits erwähnt, fühlte sich Carlo dem österreichischen Kaiserhaus sein Leben lang eng verbunden und vertrat die kaiserliche Politik in den verschiedenen Staaten, die er besuchte. Diese Parteilichkeit erklärt sein Einverständnis mit Elisabeth Farnese und Maria Barbara von Bragança, beide Verwandte des Kaisers. Die Existenz einer »kaisertreuen Partei« in Madrid wurde vom französi-

schen Gesandten bestätigt, der Königin Barbara und den Botschafter Portugals für »so österreichtreu wie nur irgend möglich« hielt.
Auch die enge Freundschaft mit Metastasio beeinflußte Carlo in
diesem Sinne. Der Dichter, obwohl römischer Abstammung, lebte
seit 1730 in Wien und übernahm die Sitten, die Ideen und die
Politik seines Gastlandes. Er identifizierte sich so stark mit diesem
Volk, daß er in einem Brief schrieb: »... wir anderen braven Deutschen.« Trotz allem bewahrte er sich die italienische Sprache, in
ganz Europa das Idiom der Kunst und der Musik, ebenso wie das
Französische für die Diplomatie. Ohne eigentlichen Eifer für die
Sache des Kaisers, konnte sich Metastasio in seinen Briefen nicht
enthalten, die Verdienste und die große Güte des Kaiserhofes zu
rühmen. Immer wieder berichtete er Carlo von dem Eindruck, den
jener in Wien hinterlassen hätte, und von der tiefen Verbundenheit, die man ihm dort bewahrte: »Es wird Ihnen Freude machen
(wie es auch mich sehr berührt hat), zu sehen, wie lebendig die
Erinnerung an Sie hier in einem allgemeinen Klima des Vergessens
nach so langer Zeit noch ist.«[76] Unter Carlos Anhängerinnen
waren die Gräfin Fuchs, Gouvernante der Erzherzogin Maria Theresia, und vor allem Gräfin Althann, aus neapolitanischem Adel,
eine geborene Pignatelli, die einen österreichischen Grafen gehei-
ratet hatte. Nie versäumte sie, sich Farinelli in Erinnerung zu
bringen, wenn Metastasio ihm schrieb und »einen Sackvoll Grüße«
sandte, wobei er jedesmal von ihrer Anbetung für den Sänger
berichtete: »Auf dem Gebiet der Musik«, schrieb der Dichter,
»nach allem, was sie gehört hat, bleibt Farinelli immer ihr Held.«[77]
In einem Jahr, da der Neffe der Gräfin nach Madrid zu Carlo kam,
beneidete sie ihn sogar um ihre gemeinsamen gastronomischen
Genüsse: »Als gute Neapolitanerin ertrug sie es kaum, daß man
gleichgültig von den herrlichen Makkaronimahlzeiten sprach, die
Sie miteinander einnehmen. Das sind zu starke Versuchungen für
erlesene Seelen.«[78] Als Carlo vom Tod der Gräfin Althann am
1. März 1755 erfuhr, empfand er aufrichtige Trauer, denn er hatte
Wien nie aus seinem Herzen verloren.

Frankreich und England dagegen brachte er nie Sympathien entgegen, auch wenn er offiziell stets das Gegenteil zu beweisen suchte. Im Falle Englands kündete 1741 ein Brief an Pepoli ebenso deutlich von seiner Unterstützung für Spanien wie von seiner Verachtung für Albion: »Die Indienaffäre wurde zugunsten dieser Krone [der spanischen] gelöst, die einen vollständigen Sieg über das *Rost Bif* errungen hat.«[79] Die Umstände seiner Abreise und die Manöver der Herren Theaterdirektoren nach seiner Ankunft in Spanien trugen nicht eben dazu bei, ihn mit dieser großen Nation des Nordens zu versöhnen. Und obwohl Farinelli eine unvergleichlich geringere Eitelkeit an den Tag legte als seine Berufskollegen, fühlte er sich, wenn er an Frankreich dachte, noch immer durch die Herablassung gekränkt, mit der man dort die Kunst der Kastraten betrachtete, wie auch von der Haltung des französischen Königs, der sich für seinen Vortrag nur mit einer erbärmlichen goldenen Tabaksdose zu bedanken wußte … Was für ein Almosen!

Für diese demütigenden Erfahrungen entschädigte ihn die tiefe Zuneigung, die ihn mit den beiden spanischen Königspaaren verband, und sein Wunsch, ihren Interessen mit allen Kräften zu dienen. Dies stellte die französische Regierung bereits fest, als Ferdinand und Barbara noch Prinz und Prinzessin von Asturien waren. Durch die Vermittlung von Ludwig Amelot ließ Ludwig XV. den Bischof von Rennes, Vauréal, wissen, »daß es keinen Hof gibt, wo ein überaus vorsichtiges Handeln für einen Botschafter wichtiger wäre als in Madrid. Er wird all seiner Weisheit bedürfen, um sein Verhalten gegenüber dem Prinzen von Asturien und seinen Anhängern zu bestimmen.«[80]

Mit diesen Instruktionen versehen, aber ohne jede Sensibilität, versuchte der Bischof, Farinelli zu gewinnen. Natürlich erntete er eine Ablehnung. Zu Lebzeiten Philipps V. war Farinelli noch sehr viel weniger engagiert als unter seinen Nachfolgern, ein Beleg dafür, daß seine Beziehungen zum König und zu Elisabeth nie den Grad der Vertrautheit seiner Stellung bei Ferdinand und seiner Gemahlin erreichten.

Carlo glänzte mit seinem Sinn für Diplomatie, lag es doch in seinem Interesse, gute Beziehungen zu allen Cliquen am spanischen Hof zu bewahren. Durch seine Geschicklichkeit und seine natürliche Liebenswürdigkeit fiel es ihm nicht schwer, gleichzeitig mit dem Marquis de la Ensenada, Führer der französischen Partei, und dem Marquis de la Carvajal y Lancaster, Vertreter der Allianz mit England, befreundet zu sein. Die beiden spanischen Politiker respektierten einander, und Carlo achtete sorgsam darauf, dieses Verhältnis nicht zu gefährden.

Als Ferdinand VI. den Thron bestieg, wuchs das Interesse der ausländischen Mächte an Farinelli proportional zum Einfluß, den er auf das Königspaar ausübte. Frankreich wollte sich Spaniens Unterstützung im Krieg sichern und fürchtete eine Allianz mit Österreich. Deshalb beschloß man im Mai 1748, die mächtige graue Eminenz im Handstreich zu erobern. Am 10. April schrieb Vauréal: »Farinellis Einfluß wächst. Man hat die Verwendung von Riegeln an den Zimmertüren eingeführt, die bisher in den Gemächern der spanischen Königinnen unbekannt waren, angeblich, um dem Luftzug zu begegnen, der der Gesundheit schadet. Die Reden sind entsetzlich. Der König ist ein Nichts. M. de la Ensenada steigt auf, und M. de Carvajal sinkt.«[81]

Das Problem bestand darin, daß Vauréal nicht wußte, wie er Farinellis Unterstützung erlangen sollte: »Ich war im Begriff, einen Versuch bei dem Musiker zu unternehmen, aber ich hatte Furcht und habe nichts getan. Ich glaube, daß uns die Engländer diese Eroberung bald wegschnappen werden.«[82] Der französische Staatsminister schlug vor, Vauréal 100 000 Francs zur Verfügung zu stellen, »um sie in die Angelegenheit um die fragliche Person zu investieren«. Bussys *Notes sur l'Espagne* bestätigen die Macht, die man dem Kastraten zusprach: »Die Königin beherrscht den König. Farinelli beherrscht sie in despotischer Manier. Er liebt weder Frankreich noch die Franzosen. Kardinal Fleury hat ihn darin mit seinem Geiz bestärkt, als er ihm im Namen des Königs nichts als eine goldene Tabaksdose überreichte, worüber er in Spanien oft gespottet hat.«[83] Dazu ergänzte der Gesandte handschriftlich: »Farinelli hat in der Tat großen Einfluß auf die Königin. Er steht Frankreich und den Franzosen sehr fern, und der Geiz des Kardinals hat daran keinen geringen Anteil. Er ist sehr empfänglich für Auszeichnungen und schätzt Großzügigkeit. Man muß es geschickt anstellen, wenn man ihm Geschenke zukommen läßt. Der Bischof von Rennes hat versucht, ihn zu gewinnen, aber er hat sich zu ungeschickt angestellt. Er freut sich auch über Anerkennung. Marquis de la Ensenada müßte sehr weit gehen, um sein Vertrauen zu verlieren.«[84]

Ludwig XV. war einverstanden und teilte dem Botschafter am 26. Mai über Puycieulx mit, daß er diesen Betrag nutzen könne, um seinen Einfluß zu verstärken und seine Ansichten zu unterstützen, die »kein anderes Ziel hätten als die Ruhe und das Glück Spaniens«. Man weiß zwar nicht, wie er die »Abschlußverhandlung« verließ, aber offensichtlich waren alle Versuche vergebens. Farinelli ließ sich nicht kaufen, selbst wenn es den Interessen seines Königs und dem Frieden Spaniens gedient hätte. Trotzdem verstärkten sich der Druck und die Bestechungsversuche, und nicht nur ein Gesandter verzweifelte angesichts seiner Unbestechlichkeit und seines Pflichtgefühls.

Das vielschichtige Spiel der Allianzen am spanischen Hof förderte diese Treue und Dankbarkeit, von der die Franzosen sprachen. Mit Minister Ensenada hatte Farinelli schon zu Lebzeiten Philipps V. Freundschaft geschlossen. Auch nach der Machtübernahme Ferdinands VI. vergaß Farinelli niemals die Dienste, die ihm der Minister erwiesen hatte: Dreimal bewahrte er ihn vor dem Sturz, obwohl er weit davon entfernt war, seine Ansichten in der französischen Frage zu teilen. Offensichtlich befand sich Farinelli in einer deutlich überlegeneren Position als der Minister. »Farinelli kann, wann immer er will, Ensenada versetzen lassen«,[85] schrieb der französische Botschafter.

Unter diesen Bedingungen sah natürlich der englische Gesandte seine Chance. Er hoffte, den Sänger auf die Seite des englischen

Königs zu bringen, machte er sich doch einige Illusionen über dessen Anglophilie. Die Beschreibung seiner Manöver und des diplomatischen Geschicks Farinellis liefert ein Brief vom 25. Februar 1749 an Andrew Stone: »Farinelli ist einer meiner besten Freunde. Er schwört, daß er die Nation liebt und daß er mir dienen wird. Er versteht es, sich zum Untergebenen des Mannes zu machen, der völlig von ihm abhängig ist [Minister Ensenada] ... Ich habe ihm den florierenden Zustand Englands in den schönsten Farben ausgemalt, die Kraft und die Ruhe des Ministeriums, die persönliche Achtung, die der König selbst während des Krieges Ihren Katholischen Majestäten entgegengebracht hat ...«[86]

Dieser Brief, den der englische Minister drei Jahre sorgsam aufbewahrte, erlangte besondere Bedeutung, als Newcastle die spanische Königin für seine Sache gewinnen mußte. Er nahm Keenes Argumente auf und bat ihn, sich Farinellis zu bedienen und alle Wege zu nutzen, um sich der Königin zu nähern. Das Fiasko dieses Unternehmens glich demjenigen der Franzosen. Keene wurde bei jedem Annäherungsversuch mit ausgesuchter Höflichkeit und dem schönsten Lächeln von Carlo Broschi abgewiesen.

Frankreich war überzeugt davon, Farinelli würde alle anderen Mächte unterstützen, versuchte aber dennoch, herzliche Beziehungen zu ihm zu bewahren. Zwei Dokumente sind reich an Hinweisen auf die Rolle des Kastraten und die Meinung, die die Franzosen von ihm hatten. Das erste wurde am 23. September 1752 von Vaulgrenant für den neuen französischen Botschafter in Spanien, Marquis de Duras, verfaßt: »Zu lange ließ Frankreich ihn unbeachtet, und er hat auch die einfache goldene Dose nicht vergessen, die ihm als angemessener Preis für sein Talent geschenkt wurde. Nun können wir nicht mehr darauf hoffen, ihn von seiner Voreingenommenheit abzubringen. Alle, die seither versucht haben, ihn zu gewinnen, mußten erkennen, daß es zu spät ist. Im übrigen verhielten sie sich sehr ungeschickt. Wir müssen also damit rechnen, in ihm, der höchste Gunst genießt, wenn nicht einen Feind, der ständig versucht, uns zu schaden, so bestenfalls eine Per-

son zu finden, der unserer Angelegenheit höchst gleichgültig gegenübersteht, der sich nie dazu bereit finden wird, etwas zu unterstützen, das uns angenehm wäre. Die Höfe in Wien, London und
Turin, die anders gedacht und gehandelt haben, finden in ihm eine
Unterstützung, die ihnen sehr hilfreich ist, und Migozzi [späterer
Gesandter Österreichs in Madrid] wird daraus wohl seinen Gewinn ziehen. Es gibt keine erniedrigenden, ja peinlichen Schritte,
auf die die Minister dieser drei Länder verzichten würden, um ihm
zu gefallen. So lassen sie sich bei ihm zum Essen einladen und
verpassen keine Gelegenheit, sich zum Besuch anzumelden, kurz
gesagt, sie tun ihm jeden Gefallen, worüber er selbst, wenn auch
sehr geschmeichelt, seine Scherze macht, wie dies auch in der
Öffentlichkeit gern getan wird. Ich selbst kann nur versuchen, mit
den Gnadenbeweisen von LL., MM. und CC. mitzuhalten. Ich
beschränke mich also darauf, ihm mit Höflichkeit zu begegnen, das
Gespräch zu suchen. Über sein Verhalten mir gegenüber kann ich
nicht klagen ...«[87]

Das zweite Dokument, 1757 in Versailles entstanden, sollte
Marquis d'Aubeterre, dem neuen Botschafter Ludwigs XV. in
Spanien, zur Instruktion dienen, um zu zeigen, daß die frankospanischen Interessen eng verbunden waren: »Monsieur Farinelli
ist dank der einzigartigen Güte, die ihm der König und die Königin
Spaniens entgegenbringen, eine Persönlichkeit mit großem Einfluß
bei Hofe. Man weiß nicht, welchen Rang er gegenwärtig einnimmt. Vielleicht wird der Botschafter des Königs in der Lage sein,
dies zu erkunden. Der Bischof von Rennes und der Graf von
Vaulgrenant hatten die Erlaubnis, dem Musiker eine Pension von
zehntausend Talern oder sogar mehr anzubieten. Aber er hat, aus
Gleichgültigkeit oder wegen seiner Anhänglichkeit an Österreich,
den Versprechungen, die ihn für Frankreich gewinnen sollten, nie
sein Ohr geschenkt, da der französische König ... andere Ansichten hatte als der Wiener Hof. Heute wäre es vielleicht einfacher,
ihn zur Annahme der deutlichen Zeichen königlicher Großzügigkeit zu bewegen, aber man sollte es dem Minister [Graf von

Rosemberg-Orsini] überlassen, die Beziehungen zu diesem Günstling zu pflegen, und der Herr Marquis d'Aubeterre muß sich damit begnügen, ihn mit angemessener Achtung zu behandeln, wenn sich dafür von selbst die Gelegenheit ergibt.«[88]

Wenn man Farinellis Briefe an Pepoli liest, staunt man über die Rolle, die er in den Augen der Gesandten darzustellen scheint. Der Kastrat erwähnt nichts davon, abgesehen von seinem Interesse für die militärische Situation Spaniens während der Auseinandersetzungen. Mißtraut er den Avancen, die man ihm macht, oder ist es die Zurückhaltung dessen, der immer im Schatten agiert? Farinelli bewahrte seinen Herren gegenüber stets Loyalität. Wenn er sich mit anderen auf Vertraulichkeiten einließ, so ausschließlich mit dem Ziel, der spanischen Krone und seinen Herrschern zu dienen. Sein Einfluß auf Ferdinand und Barbara war offensichtlich größer, als man bisher annahm, taucht doch sein Name immer wieder in den Briefen und Dossiers der Gesandten auf. Selbst die große Maria Theresia sah sich gezwungen, in den Kreis der Bittsteller einzutreten. Eines Tages, als Kaunitz sich dafür rechtfertigte, sie dazu getrieben zu haben, Madame Pompadour zu schreiben, rief sie schicksalsergeben: »Habe ich nicht auch Farinelli geschmeichelt?«

1752 beispielsweise nutzte er seine Macht, um den Bourbonen Karl, König von Neapel, zu bestürmen, den Vertrag von Aranjuez zwischen Spanien, dem Kaiserreich und Sardinien anzunehmen. Als ihm dies nicht gelang, überredete er Ferdinand VI., die frankreichfreundliche Politik des Ministers Zenon de Somodevilla, Marquis von Ensenada, zu unterstützen, den er dreimal vor den Intrigen der Anhänger Englands um den Herzog von Huescar bewahrte. Man klagte den Minister an, die Menschen in seiner Umgebung zu kaufen, angefangen beim Günstling der Königin. In der Tat fanden in Ensenadas Palast von Farinelli geleitete Opernproben statt. Erschöpft von den Angriffen der englischen Partei, flehte Ensenada, da er seine Karriere bedroht sah, den Sänger an, ihm zu helfen, aber Carlo konnte ihn nicht besser unterstützen als seine anderen Freunde, Pater Ravago und den portugiesischen Botschafter. Die Königin war entschlossen, Ensenada fallenzulassen, und die Entscheidung des Königs war nicht mehr rückgängig zu machen. In diesem Fall war der Farinelli-Clan machtlos.

In anderen, weniger bedeutenden Situationen, wenn es etwa um Aufträge oder Empfehlungen ging, erwies sich Farinellis Einfluß als hilfreicher und weitgehender. Immer wieder drängte er Philipp V. und Ferdinand VI., um vom Hof in Neapel Titel und Pensionen für seinen Bruder Riccardo und seinen Schwager Giovan Domenico Pisani zu erlangen. Jeder, der neu an den Hof kam, wußte, daß er zunächst Farinelli schmeicheln mußte. So nannte der neue Minister Alonso Perez Delgado unter den ersten, denen er seinen Besuch abstattete, den Prinzen von Maserano, Carlo Broschi, die Herzoginnen von Medinaceli und Solferino. Viele Zeitgenossen schuldeten Carlo Dank für seine Hilfe. Als Facundo Magrovejo die Bilanz seines Lebens zog, erklärte er Richard Wall, er hätte nie von seinen Freundschaften bei Hofe profitiert. Dann fügte er hinzu: »In elf Jahren habe ich nur eine kleine Pension aus dem Bistum von Barcelona erbeten, darin ermunterte mich Don Carlo Brosqui, der mir auch half, sie zu erhalten.«[89]

Sein Leben lang berief sich Carlo immer auf zwei Heimatländer, ohne sich für das eine oder andere zu entscheiden. Durch Geburt, Studium und die Anfänge seiner musikalischen Laufbahn gehörte er zum Königreich Neapel. Seine Sympathie und Treue zu diesem Land wurden nie in Frage gestellt: »Ich bin Neapolitaner«, schrieb er 1740 an Pepoli, »und der Herzog von Andria hat mich über das Taufbecken gehalten.«[90] Carlo bemühte sich stets um seine Landsleute, angefangen bei Pignatelli, der ihm den Posten des neapolitanischen Botschafters in Madrid verdankte.

Ebensosehr sehnte er sich schmerzlich nach Bologna, der Stadt, die ihn glücklich gemacht hatte und in der er seinen Ruhestand zu genießen hoffte. Dazu kam der allzeit gegenwärtige Graf Sicinio Pepoli, dem er viel verdankte. Das erklärt sein Gefühl, »ein Bürger Bolognas« zu sein, dessen er sich in demselben Brief schmeichelte:

»Gott weiß, wie glücklich ich war, als ich erfuhr, daß Kardinal
Lambertini zum Papst gewählt wurde. Ich bin Bürger Bolognas,
deshalb empfinde ich zu Recht große Befriedigung und leide darunter, von den Freudenfesten ausgeschlossen zu sein, die alle
Einwohner dieser würdigen Stadt gefeiert haben.«[91]

Ganz Europa wußte von seinen Beziehungen zum spanischen
Königshaus. Man wußte, daß die Unterstützung des Sängers entscheidend sein konnte, um in Spanien oder in den Ländern unter
spanischer Herrschaft eine Gunst zu erlangen. Dies zwang auch
Metastasio, im Namen ihrer engen Verbindung von »Zwillings-
brüdern«, immer wieder als Fürsprecher aufzutreten: »Unsere gegenseitige Zuneigung ist in den entferntesten Ecken Europas so
bekannt, daß man mich aus Neapel, Rom, Venedig, Mailand und
hundert anderen Gegenden Italiens oder Deutschlands hartnäckig
damit belästigt, Ihre Unterstützung für diesen oder jenen zu erfle-
hen ...«[92] In der Tat eine anstrengende Freundschaft!

Liest man die Kommentare seiner Zeitgenossen, so lassen sich
die Maler, Musiker oder Sänger nicht mehr zählen, die versicher-
ten, bei der Suche nach einer Anstellung oder in einer schwierigen
finanziellen Situation seine Hilfe erhalten zu haben. Seine Liebenswürdigkeit gegenüber den einfachen Menschen wurde von allen
Beobachtern gerühmt, und die Anekdote von dem kleinen Schneider diente Auber im 19. Jahrhundert sogar als Thema für eine
komische Oper: Eines Tages ließ sich der Sänger Kleider liefern.
Er fragte den Schneider, was für einen Lohn er ihm schulde. Zutiefst verwirrt von der Gegenwart des größten Virtuosen Europas,
entgegnete der junge Mann, er würde lieber eine Arie hören, eine
Arie nur, so wäre er hundertfach bezahlt. Nach einigem Zögern
stimmte Farinelli eine der schönsten Melodien aus seinem Repertoire an und entfaltete für den Schneider alle Gaben, die gewöhnlich der königlichen Familie vorbehalten war. Dann begleitete
Farinelli seinen Gast zur Tür und schob ihm eine Geldbörse in die
Tasche, die das Doppelte des gewöhnlichen Preises enthielt.

7. Das Ende eines Traumes

Farinelli ahnte, daß die Jahre des Ruhmes, der Pracht und der Macht nicht ewig dauern konnten. Er wußte, wie alle Vertrauten der königlichen Familie, seit längerer Zeit, daß die Gesundheit der Königin Barbara immer schwächer wurde und niemand sie mehr heilen konnte.

Seit Jahren kämpfte die Königin mit Asthma, Lungenentzündungen und Hustenanfällen, die ihr alle Kräfte raubten. Kaum noch nahm sie an den Jagden ihres Gatten teil, sie reiste nur in geschlossenen Kutschen, konnte nur sitzend schlafen und mußte sich zuweilen in einer Sänfte zur Oper tragen lassen, die sie vor Zugluft schützte. Der Staub auf den Straßen und die zu heiße oder zu kalte Luft zwangen sie, wegen starker Hustenanfälle nie mehr als drei Stunden hintereinander zu reisen. Farinelli bewunderte den Mut dieser Frau, die sich nie beklagte, sich einzig für die Menschen, die sie umgaben, für die öffentlichen Auftritte ihres Mannes und natürlich für die Musik interessierte. Die letzte Vorstellung zu ihren Lebzeiten fand in Aranjuez am 30. Mai 1758 statt: Man spielte die Serenade *La Forza del Genio* von Bonecchi und Conforto, mit dem Tenor Anton Raaff und dem Kastraten Giuseppe Aprile.

Ferdinand, der ohne sie wie ein Gefäß ohne Inhalt war, konnte sich nicht einen Augenblick vorstellen, Witwer zu werden. Mit einer Entschlossenheit, die seine Umgebung rührte, schrieb er Dutzende Briefe an die größten Ärzte von Salamanca und Neapel, um ihnen die Symptome dieser Wassersucht in der Brust zu erklären und sie zu bitten, ein Heilmittel zu finden. Diese umfangreichen Briefwechsel befinden sich heute im Archiv des Königspalastes.[93] Die Antworten waren kläglich, sie empfahlen Chinarinde oder Hühnerbrühe. Die Königin war nicht zu retten.

Die letzte Freude Barbaras war die Einweihung des Klosters von Salesas Reales in Madrid. 1750 hatte sie beschlossen, ein Konvent für die Salesianerinnen zu errichten und zu finanzieren. Sie selbst wollte dort eine Wohnung haben, in die sie sich zurückziehen könnte, sollte Ferdinand vor ihr sterben. Die Kirche sollte beiden als Begräbnisstätte dienen. Wieder wurde Farinelli damit betraut, die Arbeiten zu überwachen und die Königin über auftretende Probleme zu informieren. Im Volke wurden Klagen über die Ausgaben laut. Das Kloster, auf einer Fläche von 775 000 Quadratfuß errichtet, kostete astronomische Summen. Darüber spottete ein Pamphlet, das mit dem Doppelsinn des Namens »Barbara« (barbara = Barbarin, barbarische) spielte:

> *Bárbaro edificio,*
> *barbara renta,*
> *barbaro gasto,*
> *Bárbara Reina.*[94]

(»Barbarischer Bau, barbarische Schulden, barbarische Ausgaben, Barbarische Königin.«)

Oft hatte die Königin zu Carlo gesagt: »Ich möchte nicht sterben, ohne das Kloster eröffnet zu haben.« Diese Gnade wurde ihr gewährt, und nach siebenjähriger Bauzeit vollzog das Königspaar am 29. September 1757 die Einweihung. Maria Barbara reichte Ferdinand feierlich die Schlüssel, er öffnete das Tor, dann übergab sie sie an die Oberin. Die traditionellen Feuerwerke und Illuminationen beendeten den Tag.

Kaum ein Jahr später, am 27. August 1758, starb Maria Barbara in ihrem Palast in Aranjuez, der immer ihr Lieblingsplatz gewesen war. Der ewige Husten und die Appetitlosigkeit hatten die einst beleibte Frau zu einem Skelett ohne Stimme werden lassen. In den letzten Tagen vermochte sie kaum noch zu atmen. Mit großartigen Begräbnisfeierlichkeiten überführte man ihre sterblichen Überreste in das Kloster Salesas Reales.

Farinelli, der die Königin bis zum Schluß mit den Plänen künftiger Opern unterhalten hatte, wurde zu Ferdinand gerufen: Er befahl ihm, in der folgenden Saison keine Oper mehr aufzuführen, zur großen Enttäuschung der Sänger, die ihre Verträge gebrochen sahen. So brauchte die talentierte Caterina Gabrielli, nach Wien mit einem sehr vorteilhaften Vertrag engagiert, die Reise in die spanische Hauptstadt gar nicht erst anzutreten. Carlo in seiner Verzweiflung verstand den Wunsch des Königs. Als er vom Testament der Königin erfuhr, war er zutiefst betroffen. Sie überließ ihm ihre drei besten Cembalos und alle Sonatensammlungen Domenico Scarlattis, zur Erinnerung an die glücklichen Stunden, die ein Cembalospieler, ein Sänger und die spanische Königin in Aranjuez und anderswo erlebt hatten.

Als seine Gönnerin starb, begann Farinelli auch um den König zu fürchten. Er wagte sich jedoch nicht vorzustellen, daß alles so schnell gehen könnte. Schon vor dem Tod seiner Gemahlin wurden Ferdinands Anfälle von Angst und Paranoia immer häufiger, aber noch vermochten die Stimme Farinellis und die Geduld Barbaras ihn zu beruhigen. Die (fehlgeschlagenen) Attentate auf Ludwig XV. und den König von Portugal verschlimmerten seinen Zustand. Man hatte große Mühe, ihn unter dem Bett der Königin hervorzuziehen, wo er sich mit den Worten: »Hier ein Messerstich, dort ein Pistolenschuß, und ich genau mittendrin!« versteckte.

Ferdinand war untröstlich. Er begann den Verstand zu verlieren und sehnte nur noch den Tod herbei. Eine schreckliche Agonie von sechs Monaten begann, von immer schlimmer werdenden Krisen begleitet, während derer er mit dem Kopf gegen die Wand schlug, jeden zu beißen suchte, der sich ihm näherte, oder flehte, man möge ihn mit einer Waffe oder Gift erlösen.

Er schloß sich in seinem Palast in Villaviciosa, in der Nähe von La Granja, ein und weinte den ganzen Tag. Sein Zustand war ihm durchaus bewußt, und er erklärte immer wieder, man könnte nichts mehr für ihn tun. Selbst Farinelli, der so oft die Qualen Philipps V. gemildert und Maria Barbara bis zum Ende begleitet hatte, durfte sich ihm nicht mehr nähern.

Im März erhielt Carlo von Metastasio alarmierende Nachricht von seinem inzwischen dreiundsiebzigjährigen Lehrer Porpora, der in Neapel in schlimmster Armut dahinvegetierte. »Man möchte weinen, teurer Zwillingsbruder, wenn man sieht, daß einen Menschen mit so großen Verdiensten in seinem Beruf selbst das tägliche Brot fehlt ...« Der Dichter flehte den Freund an, von seinen großzügigen Herrschern eine kleine Pension für Porpora zu erbitten, damit man nicht mehr »den Untergang eines Menschen, den wir seit unserer zartesten Jugend verehrt haben«,[95] mit ansehen müsse. Es war nicht das erstemal, daß Farinelli seinem Lehrer zu Hilfe eilte. Er hatte ihn in London unterstützt und ihm auch aus Wien Geld geschickt. Man weiß nicht, was er im März 1759 für ihn tat, aber es gelang ihm nicht, die Pension zu erlangen. Oft wurde Farinelli vorgeworfen, seinen alten *Maestro* im Stich gelassen zu haben, aber höchstwahrscheinlich half er ihm nach seiner Rückkehr nach Italien, gewiß mit größter Diskretion. Porpora starb erst 1768 in seiner Heimatstadt.

Das Ende Ferdinands VI. war entsetzlich, denn er verweigerte eine Woche die Nahrung. Er litt abwechselnd an Magersucht, Heißhunger und Verstopfungen, und sein Tod kam schon bald. Auch er war zum Skelett abgemagert, als er am 9. August 1759 den Geist aufgab, weniger als ein Jahr nach dem Tod seiner Frau und am Vorabend des dreizehnten Jahrestages seiner Thronbesteigung.

Als Farinelli Ferdinand zu seiner letzten Ruhestätte begleitete und zum zweitenmal in einem Jahr die breiten Stufen der Kirche des Salesas Reales hinaufstieg,* machte er sich keine Illusionen über sein Schicksal am spanischen Hof. Er hatte sehr schnell

---

* Die Stadt Madrid wollte Ferdinand und Maria Barbara nicht trennen: Die nach ihnen benannten Straßen befinden sich heute an beiden Seiten des Klosters von Salesas Reales.

begriffen, daß das Unglück der einen das Glück der anderen bedeutete. Die beiden Sterbefälle schienen Elisabeth Farnese in La Granja um zwanzig Jahre zu verjüngen. Zwölf Jahre hatte sie gewartet, jetzt konnte sie sich rächen. Ihre erste Reaktion auf die Nachricht vom Tod Ferdinands war ein Brief an ihren Sohn Karl, König von Neapel, in dem sie ihm zum spanischen Thron gratulierte. Nun mußte sie nur noch in Ruhe darüber nachdenken, wie sie Farinelli vernichten würde.

Die Königinwitwe hatte San Ildefonso während all der Jahre nicht verlassen. Sie war ohne Macht und fast erblindet. Ihre Zeit verbrachte sie mit Wohltätigkeit für die Ärmsten, so daß sie nach dem Verlust ihrer Macht eine ungekannte Popularität erlangte. Nach dem Tod Philipps V. hatte sie sich nie mehr an einen normalen Tagesrhythmus gewöhnen können. Im Gegenteil, sie stand jetzt um ein oder zwei Uhr mittags auf, aß gegen acht Uhr Mittag, nahm das Abendessen gegen fünf Uhr früh und ging um sieben Uhr zu Bett.

Alle Welt nahm an, diese Frau, die sich nur noch zwischen ihrem Sessel und ihrem Bett bewegte, würde nicht auf den Tod des Königs reagieren. Aber sobald sie erfuhr, daß ihr Sohn sie zur Regentin ernannt hatte, sprang sie in einen Wagen, fuhr, ohne anzuhalten, die vierzehn Meilen bis nach Madrid und ließ sich im Buen Retiro nieder, um Karl III. zu erwarten. Dieser landete in Barcelona und zog langsam, über Saragossa und Guadalajara, nach Madrid, wo er am 9. Dezember ankam, um zuerst im Retiro seine Mutter zu umarmen, die er seit achtundzwanzig Jahren nicht mehr gesehen hatte.

Während des langen Aufenthaltes in der Fremde hatte er die Neapolitaner mit seinen Reformen und neuen Ideen für sich gewonnen. Er gab Neapel den einstigen Glanz zurück, und bei seinem Abschied jubelte man ihm, der Königin Maria Amalia und den Kindern zu. Er wollte sein Werk in Spanien fortsetzen und dem Land der »aufgeklärte Despot« sein, dessen es so dringend bedurfte. Der intelligente und tatkräftige König mit seinem einfachen

Lebensstil kam mit einer Vielzahl von Projekten und Reformvor-
schlägen.

Madrid sollte neu entstehen, aus dem Dreck sollte eine einla-
dende Stadt wachsen, mit gepflasterten Straßen, Straßenlichtern in
der Nacht und frei von Unrat dank neuer Kanalisation und Latri-
nen in den Häusern. Neapolitanische Handwerker wurden mit
diesen Aufgaben betraut.

Er, den man »den größten Nemrod« seiner Zeit nannte, teilte die
Leidenschaft seiner Vorfahren für die Jagd. Kulturelles Interesse
dagegen fehlte ihm. »Vollendete Häßlichkeit, vom Kopf bis zu den
Füßen«, schreibt von Gleichen, »aber ohne Mißbildung … Man
gewöhnte sich leicht an diese Häßlichkeit, dank der Güte und der
einfachen und natürlichen Art, von der sie begleitet wurde und die
die Eleganz ersetzte.«[96] Mit seinen Hosen aus Leder, den herunter-
gerollten Wollstrümpfen und den tiefen Taschen zeigte er keinerlei
Geschmack für Pracht und Schmuck und verfluchte die Festlichkeiten seines feierlichen Einzugs in Madrid im Juli 1760, die ihn vier
Tage daran hinderten, dem Wild hinterherzujagen.

Am stärksten unterschied ihn von seinen Vorgängern die Abneigung gegen die Kunst und vor allem gegen die Musik. Für ihn kam
es nicht in Frage, die Atmosphäre eines ununterbrochenen Festes,
die den Hof bestimmt hatte, und die Vorherrschaft italienischer
Künstler, die man als »Farinellismus« bezeichnete, zu erhalten.
Jedes Vergnügen außer der Jagd war für ihn Zeitverschwendung
und ein Hindernis für den Fortschritt der Nation. Er, der Erbauer
des schönsten Theaters der Welt, des San Carlo in Neapel, beendete so die glorreichen Jahre der Oper mit der kurzen Bemerkung:
»Nicht jetzt und niemals!«

Die Zeit des Barocks war beendet, in Spanien wie in ganz
Europa.

Karl war klug genug, alle früheren Minister im Amt zu lassen.
Dafür griff er die Günstlinge der bisherigen Herrscher an, wußte er
doch, daß bei ihnen die Macht lag. Elisabeth Farnese und sein
neapolitanischer Minister Tanucci bestärkten ihn darin: »Es gibt

nichts, was die ehrenwerten Minister eines Herrschers mehr ent-
mutigt als diese niederen Personen, die nicht gezwungen sind, dem
Benehmen der Regierung zu folgen, und die heimlich über Staats-
macht und Geschäfte reden. Sie lenken den Herrscher, und der
Minister kann sich ihnen nicht entgegenstellen.«[97]

Da er nicht das geringste Interesse am Gesang der »Kapaune«
verspürte, die seiner Meinung nach nur »dazu gut sind, gegessen
zu werden«, bestellte er Farinelli ins Retiro und erklärte ihm, daß er
ihn nicht mehr in seinen Diensten lassen könne, ihm jedoch eine
lebenslange Pension bewillige. Da man sich über diesen Gefallen
wunderte, fügte Karl, der nicht rachsüchtig sein wollte, hinzu:»Ich
tue dies um so lieber, als Farinelli das Wohlwollen und die Großzügigkeit meiner Vorgänger niemals mißbraucht hat.« Die Entscheidung des Königs betraf weiterhin Baltazar de Enao, Cayetano
Obreguy und Pedro Morentes, alles Vertraute Ferdinands VI., die
höflich und mit hohen Entschädigungen verabschiedet wurden.

Carlo hatte nicht erwartet, so plötzlich beurlaubt zu werden und
die Aufforderung zu erhalten, Spanien so schnell wie möglich zu
verlassen. Zwar rechneten alle mit dieser Maßnahme, aber niemand freute sich darüber, hatte er doch durch seine Aufrichtigkeit
und Großzügigkeit allgemeine Zuneigung gewonnen. Graf Ester-
házy nannte ihn einen »Helden« und konnte, als er nach Wien
zurückkehrte, Metastasio stundenlang von ihm berichten: »Er
sagt, Sie seien die Liebe aller guten Menschen, Ihr Herz entspreche
Ihrer Kunst. Er hat mir von verschiedenen Ihrer bewunderungs-
würdigen, großzügigen und anmutigen Taten berichtet: So erzählte er, wie Sie einen indischen Kronprätendenten behandelten,
der Ihnen eine riesige Belohnung anbot, um in seinem Amt bestätigt zu werden oder es zu erhalten.«[98] Auch Kardinal Migozzi
sprach von seinem heldenhaften Verhalten und sagte, er sähe
keinerlei Schwierigkeit, ihn heiligzusprechen. Selbst die Franzosen
bewunderten den Takt, mit dem er zweiundzwanzig Jahre höfi-
sches Leben bestanden hatte: »Er hat seine Gunst nie mißbraucht
und hat sich stets, so es ihm möglich war, bescheiden an dem Platz

gehalten, der ihm zusteht. Respektvoll mied er die Großen und lebte mit den Menschen seiner Art und seines Landes.«[99]

Noch stärker war das Bedauern bei jenen, die ihn näher gekannt hatten: die Vertrauten des Königspaares, die italienische Kolonie in Madrid und seine Bediensteten. »Alle bedauerten seine Abreise«, schrieb der Graf Fernán-Nuñez, »und erwiesen seiner Aufrichtigkeit Ehre. Diese Dankbarkeit hielt bis zu seinem Tod im Bologneser Ruhestand an.«[100] Mit seinem Entschluß, den mehr als zwanzigjährigen »Farinellismus« zu beenden, ging Karl gegen alles an, was vom »Kapaun« fortbestehen konnte. Ein Dekret vom 4. März 1760 bot das hübsche Haus zum Verkauf, das ihm Ferdinand VI. in Aranjuez bauen ließ. Es bedurfte jedoch weit mehr Zeit, um die Spuren seines langen Aufenthaltes zu zerstören, waren doch auch die Paläste voll davon. »Ich kam kurze Zeit nach seiner Abreise nach Madrid«, berichtet der französische Diplomat Gleichen. »Es war noch nicht gelungen, all seine Porträts zu entfernen, die man in den Palästen aufgestellt, eingemeißelt und mit Intarsien ausgelegt hatte. Aber man rührte nicht an seiner Erinnerung, die ich fast überall respektiert und geehrt sah.«[101]

Einige Zeit zuvor hatte Farinelli seine Freunde in Bologna von seiner bevorstehenden Rückkehr informiert. Er sammelte seine Habe zusammen, Cembalos, Gemälde, Partituren, Schmuck und andere Geschenke, die ihm die englischen und spanischen Könige gemacht hatten, dann bestieg er, todtraurig und kaum getröstet von der Gesellschaft seines Freundes Anton Raaff, in Barcelona das Schiff nach Italien.

VIERTER TEIL

Bologna: Der einsame Mann
(1759–1782)

1. Auf der Suche nach seinen Wurzeln

ALS Carlo das Mittelmeer überquerte und nach sechsundzwanzig Jahren wieder italienischen Boden betrat, war er fünfundfünfzig Jahre alt. Er hatte die größten Städte Europas kennengelernt und genoß einen Ruhm, der sich kaum mit dem anderer Kastraten messen ließ. Seit zweiundzwanzig Jahren stand er jedoch nicht mehr auf der Bühne, und er dachte auch nicht daran, sich dem Publikum erneut zu stellen, denn er hatte zuviel Ehrgefühl und Ehrgeiz, als daß er das Risiko eingegangen wäre, die Zuhörer nach so langer Zeit zu enttäuschen. Im übrigen dachten die meisten Kastraten mit fünfzig Jahren an den Ruhestand, auch wenn sich die Reinheit und Frische ihrer Stimmen noch nicht verlor. Als Matteo Sassano (Matteuccio) mit achtzig Jahren in den Kirchen von Neapel sang, glaubte man, wenn man ihn nicht sah, einen jungen Mann zu hören.

Farinelli sorgte sich zunächst vor allem um seine Villa in Bologna und um seine Familie. Die Trauer über den Tod von Barbara und Ferdinand, die Bitterkeit ob jener ruhmlosen Abreise aus Spanien und die Angst vor dem neuen Leben lenkten ihn von der Musik ab.

Die Rückkehr nach Bologna fand im Juni 1760 statt. Am 3. Juli 1760 berichtete ein Geschichtsschreiber von der Rückkehr des Kastraten in seine Heimat: »Carlo Broschi, genannt Farinelli, Ritter des Calatrava-Ordens, ist nach Bologna zurückgekehrt, wo er 1732 als Bürger der Stadt aufgenommen wurde. Der berühmte *Musico*, der am Hofe des verstorbenen Königs von Spanien gelebt hatte, begab sich in seine Villa vor [der Porta] delle Lame. Am folgenden Tag empfing er den Besuch des Senators Graf Francesco Caprara, in seinem Ordensgewand, mit dem Vlies, das er vom König

erhalten hat. Um acht Uhr besuchte er den Grafen Odoardo Pepoli
[Sohn des Sicinio], und am Sonntag, zehn Uhr, lud ihn die Academia Filarmonica zum Fest des heiligen Antonius ein, das wie
gewöhnlich mittags in San Giovanni in Monte stattfand.«[1]

Bologna gab sich große Mühe, einen Mann zu empfangen, der
zwar kein Staatsmann, wohl aber eine Persönlichkeit ersten Ran-
ges war. Die wichtigsten Vertreter der Stadt erwiesen ihm die Ehre.
Farinelli, mit der Aura einer ruhmreichen Vergangenheit umgeben,
wurde einer der bedeutendsten Bürger, man bewunderte und
liebte ihn. Sein Freund Pater Martini, Vorsitzender der Academia
Filarmonica, den Leopold Mozart als das »Idol der Italiener« bezeichnete, war einer der ersten, die er traf. Mit ihm unterhielt er
über Jahre enge geistige Beziehungen.

Man weiß nicht, in welchem Zustand sich der kleine Landsitz
befand, als Carlo in Bologna eintraf. Die oben zitierte Chronik
erwähnt, daß er sich gleich nach seiner Rückkehr dorthin begab.
Einer Anmerkung in seinem Testament kann man entnehmen, daß
während seines Spanienaufenthaltes nur die Wirtschaftsgebäude
und die kleine Kirche restauriert wurden. Vielleicht liegt in diesen
Schwierigkeiten, sich sofort häuslich niederzulassen, ein Motiv für
die schnelle Abreise nach Neapel, wo seine Schwester und ihre
Familie lebten.

In Spanien hatte Carlo vom Tod seiner Mutter erfahren und die
letzten Tage seines Bruders erlebt. Riccardo, der sich vergeblich
bemüht hatte, in Neapel die Stelle eines Kapellmeisters zu erhalten, fuhr in der Spielzeit 1748/49 zu Carlo, wie man einem Brief der
Infantin Maria Antonia an ihre Mutter entnehmen kann (2. Januar
1749). 1756 starb er in Madrid, ohne je aus dem Schatten seines
Bruders getreten zu sein. Die letzte Verwandte Carlos war seine
Schwester, Dorotea Pisani Broschi, die als Witwe in Neapel lebte.
Das Wiedersehen war für ihn, der lange im Exil gelebt hatte, nur
wenige wahre Freunde und keine Nachkommen besaß, eine große
Freude. Als er bei seiner Schwester eintraf, lernte er eine Familie
kennen, von der er nur aus Briefen wußte.

Dorotea stellte ihm ihre beiden Söhne und vier Töchter vor: Angelo Antonio, Matteo, Anna Maria, Rosaria, Fortunata und Irene. Rosaria war als einzige verheiratet und Mutter von Giovan Battista und Onofrio. Farinelli durfte während seines Aufenthaltes die Geburt von Rosarias drittem Kind erleben, das er übers Taufbecken hielt und dem man natürlich den Namen des berühmten Großonkels gab.

Sechs Monate vergingen. Während ihn die Neapolitaner wie einen Helden feierten, empfing ihn der Hof König Ferdinands (Sohn von Karl III.) mit kalter Zurückhaltung. Carlo besuchte die großen Familien der Stadt, den Prinzen di Belmondo, Antonio Pignatelli, Bruder seiner Gönnerin in Wien, Gräfin Althann. Auch wenn Metastasio es in seinen Briefen nicht erwähnte, traf Farinelli sicher seinen alten Lehrer Porpora. Der Rest der Zeit verstrich bei langen Gesprächen mit seiner Schwester und den tausend Kleinigkeiten, die ein Familienleben ausmachen. Besondere Zuneigung schenkte er seinem Neffen Matteo.

Die Vollendung seines Hauses beschäftigte ihn sehr: »sich niederlassen«, »sich einrichten« sind Worte, die in seinem Testament immer wieder auftauchten, als er diesen Lebensabschnitt beschrieb. Er erwähnte sein Haus, »das die göttliche Vorsehung mir in allen Wechselfällen des Lebens bewahrt hat und wo ich ein weiteres *Dacapo* meines Lebens begonnen habe«.[2]

Die Arbeiten erstreckten sich über mehrere Jahre, das Haus entstand mit immer größerem Komfort und einer erlesenen Ausstattung, die den Eindruck auf die Besucher nicht verfehlten. Der Umfang dieser Bauarbeiten, die Qualität und Schönheit, die Carlo für das Haupthaus ebenso wie für Nebengebäude und den Park anstrebte, wurden durch den ungeheuren Reichtum möglich, über den er verfügte. Auch weiterhin genoß er die »königliche Freigebigkeit« Karls III. Carlo erwähnte ihn stets voller Dankbarkeit: »Möge Gott Karl III. bewahren und ihm viele glückliche Jahre schenken. Der König gewährt mir in seiner Güte und Großmut die gleiche Freigebigkeit, die ich durch das königliche Diplom seines

erhabenen Vaters und seines Bruders genoß.«[3] Dazu kamen beachtliche Einkünfte in Neapel und Venedig, die aus der Rente des
Wiener Hofes und von seinen früheren Gewinnen stammten, die
Sicinio Pepoli während seiner Abwesenheit nutzbringend angelegt
hatte. Das Eigentum an Kunstgegenständen und Möbeln, das er
während seines Berufslebens angesammelt hatte, ergänzte seinen
Reichtum, der später durch seinen Neffen ins Wanken geriet.

Zu Beginn des Sommers 1761 bezog Farinelli endgültig seine
Villa in Bologna, die er nicht ohne Stolz als das große Werk seines
Lebens bezeichnete, Zuflucht und Insel des Friedens, aber vor
allem der einzig greifbare Lohn für ein halbes Jahrhundert, das er
einzig der Musik gewidmet hatte. Der Charme dieses Landsitzes
und der schönen Umgebung ist angesichts der Häßlichkeit des
Industriegebietes, das sich heute an derselben Stelle befindet, nicht
mehr vorstellbar.

Die wenigen erhalten gebliebenen Zeichnungen und alten Fotos
aus dem 19. Jahrhundert zeigen ein einfaches Gebäude mit eleganten Proportionen, inmitten von Blumen und schattenspendenden
Bäumen. Das ganze Haus kündet von Farinellis Geschmack, seiner
Enthaltsamkeit und Raffinesse: Über der einladenden, mit Blumen
geschmückten Außentreppe befindet sich in der ersten Etage ein
großes Fenster mit dreieckigem Giebel und ein breiter Balkon.
Rechts und links, im Erdgeschoß wie in der oberen Etage, umrah-
men zwei Fenster den Mittelteil, darüber liegt ein zweites, unauffälligeres Geschoß mit fünf Fenstern unter dem Ziegeldach mit
einer Dachluke. Symmetrie und Gefühl für Proportionen sprechen
aus der Größe der Fenster und der geschwungenen schmiedeeiser-
nen Balkonbrüstung, einer Erinnerung an Spanien. Rasenflächen,
gewundene Alleen, Akazien und Pappeln mildern die Strenge des
Gebäudes.

War der Besucher die sieben Stufen der Außentreppe hinaufge-
stiegen, betrat er eine schöne, hufeisenförmige Vorhalle mit einem
großen halbrunden Fenster in sechs Metern Höhe. Rechts lagen mehrere Durchgangszimmer, links führte eine elegante Trep-

pe über einundfünfzig Stufen ins Obergeschoß, wo sich Salons und Schlafräume befanden. Eine weitere, etwas kleinere Treppe führte in die zweite Etage (Gesindezimmer, Kleiderschränke, Vorratsräume). Etwa in der Mitte zwischen Erdgeschoß und oberer Etage sprudelte ein Springbrunnen. Dort befanden sich auch die Toiletten. Der äußeren Symmetrie entsprach die Regelmäßigkeit der Innenarchitektur, mit jeweils acht Räumen in beiden Etagen. Kaplan, Koch, Zimmermädchen, Kutscher und Gärtner sorgten für die Bedienung und Versorgung dieses Besitzes, den man bald nur noch »il Farinello« nannte.

In den Empfangssalons und den luxuriös eingerichteten Zimmern schuf sich Farinelli eine Art Privatmuseum von unvergleichlicher Schönheit und großem Wert, das der Kunst, vor allem aber den Erinnerungen geweiht war.

Der große Salon in der ersten Etage, wo der Billardtisch stand, war mit den Gemälden der Großen dieser Welt, vor allem jenen Herrschern, die seine Karriere gefördert hatten, geschmückt. Dort sah man, so Burney, »zwei Kaiser, eine Kaiserin, drei spanische Könige, zwei Prinzen von Asturien, einen König von Sardinien, einen Prinzen von Savoyen, einen König von Neapel, eine Prinzessin von Asturien, zwei Königinnen von Spanien und den Papst Benedikt XIV.«. Sie wurden durch flämische Wandteppiche nach Vorlagen von Rubens und Téniers dem Jüngeren ergänzt.

Im ersten und zweiten Vorzimmer waren die Bilder, Zeichnungen und Stiche aufgehängt, die ihn selbst in verschiedenen Momenten seines Lebens darstellten. Das Meisterstück war das großartige Gemälde, das Corrado Giaquinto in Madrid gemalt hatte, auf dem Farinelli die Insignien des Calatrava-Ordens trägt. Daneben fanden sich zahlreiche Bilder von Amigoni, die in Italien, London oder Spanien entstanden waren. Anhand dieser Porträts, die heute in London, Madrid, Bukarest, Paris oder Melbourne zu sehen sind, kann man die Entwicklung seines Gesichtes verfolgen, pausbäckig und rund während der Jugendjahre, immer feiner und edler, je älter er wird.

Meist ist Carlo allein dargestellt. Eine Ausnahme bildet das bereits erwähnte Bild mit Metastasio, Amigoni und Teresa Castellini. Auf vielen Bildern ist ein Hund zu sehen – Leidenschaft für dieses Tier oder ein vom Maler hinzugefügtes Symbol für die Treue gegenüber seinen Freunden, Gönnern oder der Musik? Die Darstellung einer besonderen Rasse, typisch für Bologna, mag die Bindung zwischen dem in der Fremde Lebenden und seinem Heimatland bekunden.

In den anderen Räumen der Villa fand der Besucher Gemälde von etwa dreißig berühmten Künstlern, darunter Velázquez, Mattia Preti oder Murillo, Schmuckstücke und goldene Tabaksdosen, Bücher und Partituren mit gold-, silber- oder seidenbesticktem Einband, zahlreiche Kreuze und Orden, die kompletten Werke von Metastasio in spanisch und italienisch sowie alle Partituren von Domenico Scarlatti. Zu den Glanzstücken seiner Sammlungen gehörten die Cembalos und Pianos, die er aus Spanien mitgebracht hatte, darunter die Erbstücke der Königin Barbara. Burney berichtete, sein Gastgeber hätte die Instrumente auf die Namen großer Maler getauft: eins hieß Raffaello, das andere Leonardo, ein drittes Tizian. Außerdem waren eine Stradivari und eine Amati ausgestellt, um nur die wertvollsten Stücke zu erwähnen.

2. Die geistige Elite Europas in Bologna

DIESER Ruhesitz mit all seiner Schönheit hätte Erholung nach der langjährigen Anstrengung und Quell neuer Kraft sein können, aber Carlo litt an Depressionen. Weder die Kunstwerke noch die Erinnerungen, die ihn umgaben, vermochten ihn zu beruhigen und etwas aufzuheitern.

Metastasio, der noch mehrere Briefe nach Spanien geschickt hatte, ohne zu wissen, daß sein »Zwillingsbruder« nicht mehr dort war, freute sich, im Juli 1760 seine Spur in Italien wiederzufinden, zeigte sich jedoch etwas verärgert, um Nachricht von ihm betteln zu müssen. Er verstand sehr schnell, in welch unausgeglichenem Zustand Farinelli sich befand, als er sich zunächst nicht zwischen Neapel und Bologna zu entscheiden vermochte: »Ich hoffe, daß aus dem umherirrenden Planeten, der Sie augenblicklich sind, ein Fixstern wird. Wenn dies geschieht, lassen Sie mich wissen, in welcher Himmelssphäre Sie gelandet sind, damit ich mein Fernrohr in diese Richtung lenke.«[4] Nachdem sich Carlo in Bologna niedergelassen hatte, mußte der Dichter erkennen, daß die Krise weit tiefer reichte, als er angenommen hatte, und daß der Freund seiner Ratschläge und Ermutigungen bedurfte, um zu besiegen, was er seinen »inneren Feind« nannte: »Mit großem Schmerz muß ich sehen, daß Sie von einer hartnäckigen Schwermut ergriffen sind, die über all Ihrem Handeln liegt. Ist es möglich, teurer Zwillingsbruder, daß Sie, die Sie der Versuchung eines lieblichen Schicksals zu widerstehen wußten (welch beispielloser Heroismus), nicht in der Lage sind, sich seinen Launen mit derselben Überlegenheit anzupassen? Ja, teurer Zwillingsbruder, lassen Sie die Welt wissen, daß Ihr Herz in jeder Situation immer dasselbe ist, und zeigen Sie, wie würdig Sie der Prüfungen der Vergangenheit waren, indem Sie die der Gegenwart ertragen.«[5]

1761 und 1762 steht Carlo am Rande des Abgrunds. Weder die Briefe aus Wien noch Besuche der Prinzessin Belmonte oder die Menschen in Bologna vermögen ihn aus dieser Krise zu befreien. Als das Frühjahr 1763 naht, werden Carlos Briefe endlich weniger pessimistisch und beruhigen Metastasio etwas: »Endlich erkenne ich meinen reizenden kleinen Carlo wieder … Die Zeit und die Vernunft haben Sie Ihnen selbst zurückgegeben, nutzen Sie, lieber Freund, diese sanfte Ruhe, verdiente Frucht so vieler Mühen und Wechselfälle, die Sie ertragen haben.«[6] Am 11. Juni schließlich jubelt Metastasio, der von Carlo erfuhr, daß dieser sich wohl fühlt und sogar eine kleine Reise nach Parma unternommen hat: »Es lebe mein geliebter Zwillingsbruder, der den Kopf endlich wieder über den trüben Sumpf und die Hypochondrie erhob, in die er versunken war!«[7]

Carlo nahm sich ungeachtet seiner eigenen Probleme der Familie Pisani an. Das tröstliche und heitere Familienklima, das er in Neapel gefunden hatte, verfinsterte sich zwischen 1761 und 1765, bevor sein Haus vollendet war. »Inmitten der aufreibenden Anstrengung, ein Haus umzubauen und einzurichten, während meine Gesundheit noch immer unter den Wechselfällen des Lebens, meinen Reisen und Ärgernissen litt, erhielt ich von meiner Schwester leid- und freudvolle Nachrichten.«[8] Die Freude galt der Heirat seiner Nichte Irene mit Antonio Farruorosi Barnaba, das Leid berührte ihn jedoch weitaus stärker, denn in demselben Brief erfuhr er vom Tod Irenes, die wahrscheinlich bei der Geburt eines Sohnes starb, seines Neffen Angelo Antonio und seiner Nichte Rosaria, jener, die während seines Besuches einen kleinen Carlo zur Welt gebracht hatte. In wenigen Monaten verlor seine Schwester drei von sechs Kindern.

War es eine Bitte seiner Schwester oder sein Wunsch, ihr zu helfen? Farinelli beschloß, seinen Neffen Matteo bei sich in Bologna aufzunehmen. Seit der Rückkehr aus Spanien war die Zuneigung zu diesem zarten Jungen gewachsen, dessen schwieriges Wesen und launenhaftes Verhalten er wahrscheinlich zunächst nicht erkannte. Wie jeder anständige Italiener liebte Carlo alle Kinder, auch die unausstehlichen und unerzogenen. Sein Verlangen, nicht allein zu leben, und das vielleicht unbewußte Bedürfnis, eine Vaterrolle zu spielen, waren stärker als jede andere Erwägung. Ihr Zusammenleben in Bologna verlief anfangs ohne Zwischenfälle.

Die Situation verschlechterte sich, als sich Matteo in eine junge Bologneserin aus gutem Hause, Anna Gatteschi, verliebte. Carlo zögerte zwei Jahre lang, einer Heirat zuzustimmen. Aber die Zeit verstrich, und unter dem Druck von Verwandten und Freunden beschloß er, das junge Paar bei sich aufzunehmen, um sich nicht von Matteo zu trennen, den er wie einen Sohn betrachtete. Am 7. Juli 1768 feierte man in Pistoia eine prächtige Hochzeit. Das Geburtsdatum einer kleinen Tochter (fünf Monate darauf) deutet auf ein »Arrangement« hin, das eilig zwischen beiden Familien getroffen wurde.

Metastasio beglückwünschte den glücklichen Onkel: »Ich sehe Sie gesund und heiter, wie immer finden Sie Ihr Vergnügen darin, es anderen zu schenken. Manchmal stelle ich mir Sie mit Ihrem lieben Neffen vor, zuweilen erscheinen Sie mir mit Ihrer edlen Nichte am Cembalo. Und oft ... meine ich eine ganze Schar kleiner Broschis, kleiner Pisanis, kleiner Gatteschis um Sie herumtanzen zu sehen.«[9]

Farinelli war zweifellos glücklich, als die kleine Maria Carlotta unter seinem Dach geboren wurde. Er hielt sie über das Taufbecken und schenkte ihr für den Rest seines Lebens seine ganze Liebe. Um ihr einen würdigen Paten zu bieten, wandte er sich an seinen Freund. Metastasio war gezwungen, mit größtem Bedauern abzulehnen: »Sie könnten mir keinen schöneren Beweis Ihrer treuen und beständigen Liebe geben als diese Aufforderung zu einer heiligen Verbindung, ziehen Sie mich doch Millionen bedeutender und würdiger Persönlichkeiten vor, denen Sie es ebenso hätten

antragen können ... Das Unglück ist, daß ich neben vielen anderen
mit dem gleichen Anliegen, bei denen ich mich entschuldigt habe,
vor kaum zwei Monaten einer Person absagen mußte, die dem
Hofe sehr nahesteht und sich mit Recht gekränkt fühlen würde,
wenn ich anderen diesen Wunsch erfüllte.«[10]

Farinelli war seinem »Zwillingsbruder« nicht gram, und man
fand einen anderen Paten. Sehr viel mehr Sorgen bereitete ihm die
Verschlechterung der Situation innerhalb der Familie. Matteo und
Anna waren maßlose Verschwender, sie hatten keine Vorstellung
vom Wert des Geldes und empfingen die Großzügigkeit und den
Edelmut ihres Onkels ohne jede Dankbarkeit. Auch der geistige
Reichtum zahlreicher Persönlichkeiten, die das »il Farinello« be-
suchten, hinterließ bei dem oberflächlichen Paar keinen Eindruck.

Streit zwischen den jungen Eheleuten war nicht selten, die
Auseinandersetzungen mit dem Onkel wurden aber noch häufiger. Carlo mußte, was seinem Charakter überhaupt nicht entsprach, ständig um seine Unabhängigkeit kämpfen, unvorher-
gesehene Ausgaben der beiden überwachen und Katastrophen
verhindern. Sie rissen ein beachtliches Loch in sein Vermögen.
Annas Familie wußte die Auszahlung der Mitgift zu umgehen.

Waren es diese ständigen Sorgen und die Furcht um die Zukunft
seines Vermögens, die ihn dazu trieb, sein Silbergeschirr zum
Verkauf anzubieten? Der Zeitpunkt, 1769, unterstützt diese Vermutung. Ein Briefwechsel in den Wiener Nationalarchiven zeigt,
daß sich Carlo, der dem Kaiserreich noch immer die Treue bewahrte, an den Grafen Firmian, österreichischer Gouverneur in
Mailand, wandte, um der österreichischen Krone den Rückkauf
des Tafelservices anzubieten.

In einem Brief vom 22. April informierte Firmian Minister Kaunitz in Wien über das Angebot. Er habe das Silbergeschirr nicht
gesehen, aber der »Edelmann« Farinelli bezeuge die spanische
Herkunft (also die Qualität). Da die Dekoration nicht mehr dem
aktuellen Geschmack entsprach, schlug Firmian vor, das Silber
teilweise einzuschmelzen und von Mailänder Kunstschmieden neu

bearbeiten zu lassen, was die Kosten verringern würde. Kaunitz teilte dies Maria Theresia mit, die »keinen Grund zum Kauf« sah und die Silberschmiede lieber an einem anderen Service arbeiten ließ, das für den Erzherzog Ferdinand bestimmt war.[11]

Ungeachtet der vielen häuslichen Sorgen blieb Carlo manche geistige Entschädigung: die Freundschaft, die ihn mit einigen Menschen verband, und die Besuche, die ihm die bedeutendsten Persönlichkeiten Europas abstatteten. Um sich vor allem im Winter nicht völlig zu isolieren, hatte Carlo eine Wohnung in der Via Santa Margherita im Zentrum Bolognas gemietet. Hier konnte er die Arbeiten an der Accademia Filarmonica verfolgen und während der Opernsaison ein wenig am Musikleben der Stadt teilhaben.

Dieses halböffentliche Leben, fern der großen Salons, verbarg ein anderes, unauffälligeres, das er der Unterstützung für die Ärmsten widmete. Der Priester von San Michele Arcangelo bestätigte das große Glück, auf die Hilfe von Signor Broschi zählen zu können, um seine Gemeindemitglieder in der Not zu unterstützen. Dessen Aufmerksamkeit richtete sich vor allem auf notleidende spanische Familien, deren Kinder er empfing, um ihnen Kleidung, Schuhe oder Geld zu geben. Er meinte damit der Gerechtigkeit Genüge zu tun, nachdem er in Madrid italienische Familien unterstützt hatte.

Seine engsten Vertrauten in Bologna waren die Kinder Sicinio Pepolis, vor allem Graf Odoardo, dessen Entwicklung er anhand der Briefe des Vaters verfolgt hatte und den er häufig besuchte, und Pater Martini, Komponist und großer Musikwissenschaftler, mit dem er seit langem befreundet war. Die gegenseitigen Besuche und Gespräche erklären das Fehlen von Briefen. Dazu kamen gemeinsame Bekannte von Farinelli und Metastasio, die häufig zwischen Wien und Bologna hin- und herreisten und jedem »Zwillingsbruder« Neuigkeiten von seinem *Alter ego* brachten: Prinzessin Belmonte, der Kastrat Potenza, Doktor Savich (ein Verwandter des Fürsten von Liechtenstein), Marquise Spada, Abbé Giuseppe Pignatelli. Im Herbst 1763 wollte Farinelli seinen Freund zu einem kurzen Besuch nach Bologna einladen. Metastasio lehnte die Einladung ab, fürchtete er sich doch vor den Anstrengungen der Reise und der Klimaveränderung. So verschob er die Reise, die auch später niemals stattfand. Zwei Jahre später trafen drängende Einladungen aus Spanien in Bologna ein. All jene, die Farinelli die Treue gehalten hatten, flehten ihn an, sie zu besuchen. Diesmal war es Carlo, der höflich absagte.

Unter den Besuchern seines Hauses befanden sich viele junge Kastraten, die bei dem Mann, den sie als ihren Meister ansahen, Rat und Unterstützung suchten. Von den Gesprächen gibt es keine Zeugnisse. Farinelli war zu ehrlich, als daß er ihnen die Schwierigkeiten verschwiegen hätte, die sie in einer Zeit erwarteten, da die Kunst der Kastraten in Frage gestellt und heftig angegriffen wurde. Bald schon verloren die Sänger ihre bislang wichtigste musikalische Aufgabe: die *Opera seria*. Farinelli drängte die Sänger nie, ihm, so sie es nicht selber wünschten, etwas vorzusingen, um sie nicht in Verlegenheit zu bringen.

Von 1763 an hatte er die große Freude, mehrfach Christoph Willibald Gluck bei sich zu empfangen, der am 5. Oktober den Triumph seiner Oper *Orfeo ed Euridice* am Wiener Burgtheater gefeiert hatte. In der Geschichte des Kastratengesangs deutete sich eine große Wende an. Da Gluck der Gestalt des Orpheus eine durchdringende und doch zärtliche Stimme geben wollte, fern der Vokalakrobatik vom Anfang des Jahrhunderts, wählte er den Kastraten Gaetano Guadagni. Seine Altstimme trug entscheidend dazu bei, den Kastratengesang zu größerer Einfachheit zu bringen. Die schmucklose Klage auf dem Wort »Euridice«, die zu Beginn des ersten Aktes dreimal wiederholt wurde, rührte das Wiener Publikum zu Tränen.

Gluck hielt sich in Bologna auf, um dort am 14. Mai *Trionfo di Clelia* nach einem Libretto von Metastasio aufzuführen. Der Kastrat Manzuoli sollte die Rolle des Horaz singen. Der »Edelmann« wurde von dem Geiger und Komponisten Ditters von Dittersdorf begleitet, der sehr viel später in seiner Autobiographie über die Begegnung berichtete und dabei einen großen Irrtum bezüglich

des Alters Farinellis beging: »Wir machten unseren ersten Besuch
bei dem großen Farinelli ... Er war ein Greis von etwa achtzig
Jahren [er war achtundfünfzig]. Mehrmals lud er uns zum Essen
ein, und er bewirtete uns königlich. Das war allerdings nichts
Besonderes, denn er war überaus reich und besaß fast eine Million.
Ich erzählte ihm von Signora Tesi, mit der ich jahrelang in einem
Haus gelebt hatte, und gewann mir so seine Zuneigung. Wir
besuchten auch Pater Martini, den überall bekannten Direktor für
klassische Musik.«[12]

Gern würden wir etwas über die Gespräche zwischen Gluck
und Farinelli erfahren. Sprachen sie einzig über die Tesi oder auch
über die anderen Soprane und Altisten, die in den Werken des
»göttlichen Böhmen« aufgetreten waren, wie Caffarelli, Cornac-
chini, Guarducci oder Guadagni? Gewiß haben sie sich in jener
Zeit, da das Ende des Kastratengesangs abzusehen war, über das
besorgniserregende Schicksal der Protagonisten unterhalten. Gestand Gluck dem Sänger, daß er seine künftigen Opern nicht mehr
für Kastraten schreiben würde und daß er von einer Wiederaufführung des *Orfeo* träumte, mit einem Tenor anstelle des Altisten?
Verkündete er ihm bereits die Eckpunkte seiner berühmten Opern-
reform?

1769 zog der Kaiser des Heiligen Römischen Reiches Deutscher
Nation, Joseph II., auf dem Weg nach Rom durch Bologna. Er
wußte von der Berühmtheit Farinellis und erinnerte sich der Bewunderung, die sein Großvater Karl VI. jenem entgegengebracht
hatte. Deshalb erkundigte er sich bei seinem Aufenthalt in der
Stadt nach dem Haus des Künstlers »vor den Mauern der Stadt«,
hatte jedoch keine Zeit, ihn dort aufzusuchen. Bei der Rückkehr
aus Rom wollte er auf die Begegnung mit jener zum Sinnbild der
Musikwelt gewordenen Persönlichkeit nicht verzichten. Zwei
Stunden unterhielt er sich mit Carlo. Nachdem der Sänger so lange
nicht mehr nach Österreich gekommen war, kam nun der größte
Vertreter dieses Landes zu ihm. Das machte ihn glücklich und
stolz, war doch seine Sympathie für das Kaiserreich nie erloschen.

Von all den bedeutenden Besuchen in seinem Haus wissen wir heute am meisten über die des englischen Musikwissenschaftlers Charles Burney. Trotz verschiedener Ungenauigkeiten ist sein Bericht von unschätzbarem Wert für Historiker und Wissenschaftler, die sich für das musikalische Leben des 18. Jahrhunderts interessieren. Burney war am 25. August 1770 gemeinsam mit Pater Martini zum Abendessen eingeladen. Er würdigte die Jugend und das Temperament des Fünfundsechzigjährigen: »Es wird allen Musikliebhabern eine große Freude sein ..., zu erfahren, daß Signor Farinelli noch am Leben ist und sich bester Gesundheit an Körper und Geist erfreut. Er erschien mir weit jugendlicher, als ich es erwartet hatte. Er ist groß und schlank und wirkt in keiner Weise leidend.«[13]

Burney war von der Villa und von der Eleganz beeindruckt, mit der Farinelli seine Gäste bei Tisch bewirtete. Ihnen zu Ehren hatte er das schönste englische Silbergeschirr auflegen lassen, was dem Sohn Albions sehr gefiel. Burney bemerkte auch die erstaunliche englische Pendeluhr, deren Figurinen Gitarre, Geige und Cello spielten. Um dem Gast zu schmeicheln, gestand Carlo ihm sein Bedauern, sich aus politischen Gründen nicht endgültig in England niederlassen zu können, sei es doch nach Spanien das Land, in dem er am liebsten seinen Lebensabend verbracht hätte. Dann betonte er seinen Respekt und seine Dankbarkeit für die Engländer. Für jemanden, der sich in Madrid über die Niederlage des »Rost Bif« gefreut hatte, hieß das, die Schmeichelei etwas zu weit zu treiben. Farinelli war wohl bewußt, daß er dreißig Jahre lang einzig an den Ruhestand in Bologna gedacht hatte und daß sein Aufenthalt in London trotz des Triumphes und der prächtigen Geschenke in einem aufsehenerregenden Fiasko geendet hatte. Ebenso unverfroren äußerte er sich über den englischen Botschafter Keene und das große Unglück, das sein Tod für England und Spanien, für ihn persönlich und all seine Freunde bedeutete. Zwar bewunderte er die beruflichen Qualitäten und die starke Persönlichkeit des Botschafters, er hatte jedoch gewiß nicht vergessen, daß Keene in Madrid die Sache Englands vertreten hatte.

Charles Burney sah offensichtlich nur die Begeisterung und zeigte sich für diese Anglophilie sehr empfänglich. Gemeinsam erinnerten sie sich an große Ereignisse des Londoner Musiklebens während Carlos Aufenthalt in der englischen Hauptstadt: an seinen ersten Auftritt bei Hofe, die Rivalität der beiden Ensembles oder seine erste Begegnung mit Senesino auf der Bühne. Anschließend besichtigte man das Haus, und der Musikwissenschaftler war voller Begeisterung über die Gemälde, vor allem die Werke von Velázquez, Murillo und Ribera.

Burney kam mehrfach in das Haus des Sängers. Carlo versuchte, sich auf die wenigen englischen Worte zu besinnen, die ihm von den drei Jahren London im Gedächtnis geblieben waren. Bei der letzten Begegnung konnte der englische Gast Farinelli kurz vor dem Abschied endlich singen hören: Carlo spielte einige Stücke auf dem Cembalo »Raffaello« und sang ein paar Lieder aus seinem Repertoire. Seine Stimme, so Burney, hatte nicht mehr die Kraft von einst, bewahrte aber ihre Klarheit und Reinheit.

Voller Befriedigung konnte Burney Bologna verlassen: Er hatte nicht nur das Vergnügen genossen, Farinelli und Pater Martini zu treffen, sondern begegnete auch Leopold Mozart und seinem vierzehnjährigen Sohn Wolfgang. Die beiden Musiker hatten Salzburg am 13. Dezember 1769 verlassen und besuchten Verona, Mantua, Cremona, Mailand und Parma, ehe sie am 24. März 1770 Bologna erreichten. Es war eine Bildungsreise, die Leopold mit seinem Sohn unternahm, um ihm die große Kunst der Komposition und des Gesangs der italienischen Halbinsel vorzustellen. In Mantua hatten sie *Demetrio* und in Cremona *La Clemenza di Tito* von Hasse gesehen, zwei Glanzstücke der neapolitanischen Schule der *Opera seria*. In Mailand begegneten sie Sammartini, dem einstigen Lehrer Glucks.

Nach Bologna kamen sie mit einem Empfehlungsschreiben für den Grafen Pallavicini. Sie wollten Pater Martini kennenlernen. Leopold war voller Stolz, seinen Sohn einem der berühmtesten Männer Italiens vorzustellen. Die erste Begegnung fand bei einer

Sitzung der Accademia Filarmonica statt, zwei weitere Treffen im Hause Pater Martinis folgten. »Jedesmal«, schrieb Leopold, »komponierte Wolfgang eine Fuge, für die Pater Martini nur ein paar Noten als Thema vorgegeben hatte.«[14] Wie überall stellte Leopold seinen Wunderknaben in der Hoffnung zur Schau, Ruhm zu ernten und die Karriere seines Sohnes als Interpret und Komponist zu fördern. Bei seinem zweiten Besuch in Bologna wurde er nicht enttäuscht.

Unter den zahlreichen Persönlichkeiten, die Vater und Sohn in der Stadt trafen, war natürlich Carlo Broschi, wahrscheinlich auf Empfehlung Pater Martinis. Diese Begegnung wurde kein historischer Augenblick. Wolfgang war noch ein Kind, und Leopold hatte bei weitem nicht den Ruf anderer Komponisten, die der Sänger kennengelernt hatte. Die Mozarts dagegen kannten zwar Farinellis Ruhm und respektierten die Kastraten. Sie sahen in ihm aber vor allem eine Kuriosität, den Sänger einer vergangenen Epoche, der ihren Interessen nicht mehr dienlich sein konnte. Dennoch profitierte der junge Mozart zweifellos von den Gesprächen mit Farinelli über den Operngesang und die Kunst der Kastraten, schrieb er jenen doch einige seiner schönsten Opernrollen (in *Idomeneo, La Clemenza di Tito* …). Zwar weiß man, daß die Begegnungen im Beisein der Sängerin Clementina Spagnoli (genannt »la Spagnoletta«), die sich auf eine Opernpremiere im Mai vorbereitete, stattfanden, Einzelheiten aber sind nicht bekannt. Wie verhielten sich die Mozarts zu Carlo? Sang er für sie, wie er es für Burney getan hatte? Leopold erwähnte diese Episode seines Aufenthaltes in Bologna nur kurz. Andere Bekanntschaften waren ihm wichtiger.

Der erste Aufenthalt der Mozarts in Bologna dauerte nur vier Tage (24. bis 28. März), war jedoch reich an Begegnungen. Sie trafen Pater Martini, Farinelli, den Kastraten Giuseppe Aprile, den Sänger Manfredini, den Dirigenten Manzoni und den böhmischen Komponisten Mysliveček, über den Leopold schrieb: »Er ist ein großer Herr. Wir haben Freundschaft geschlossen.« Es waren überaus nützliche Tage, wie sie sich Leopold erhofft hatte. Anschließend fuhren sie nach Rom. In der Sixtinischen Kapelle hörte Wolfgang das berühmte *Miserere* von Allegri, das er sofort danach aus dem Gedächtnis niederschrieb. In Neapel, der Hauptstadt der italienischen Oper des 18. Jahrhunderts, besuchten sie *Armida abbandonata* von Jommelli.

Auf der Rückreise machten sie am 20. Juli erneut in Bologna Station und wohnten drei Monate im Palast des Grafen Pallavicini. Ironie des Schicksals: In dieser Stadt, die von berühmten Kastraten bevölkert war, nach Neapel das größte Zentrum für deren Ausbildung, verlor Wolfgang seine Kinderstimme, worüber er sehr unglücklich war.

Dennoch arbeitete er unermüdlich. Er las das Libretto seiner ersten *Opera seria, Mitridate, re di Ponto*, das man ihm aus Mailand gesandt hatte. Die Oper wurde am 26. Dezember aufgeführt. Außerdem arbeitete er täglich mit Pater Martini und komponierte ein *Miserere* für drei Stimmen und Continuo. Burney traf ihn am 30. August, kurze Zeit bevor die Accademia Filarmonica beschloß, Wolfgang als Mitglied aufzunehmen. Zur Aufnahmeprüfung wurde er für eine Stunde in ein Zimmer eingeschlossen, um ein Stück nach dem Antiphon des ersten Tons zu komponieren: *Quaerite primum Regnum Dei*. Die feierliche Prozedur am 9. Oktober 1770 war für Leopold die höchste Ehre, wußte er doch, welch außerordentliches Privileg seinem Sohn durch eine Gesellschaft zuteil wurde, die gewöhnlich keine Mitglieder aufnahm, die jünger als zwanzig Jahre waren. Wolfgang war vierzehn und erhielt in Bologna die höchste Auszeichnung seines bisherigen Lebens.

Das Jahr 1772 brachte ebenso viele Besucher wie die vorangegangenen. Für Farinelli, dessen Herz und Geist noch immer an Spanien hingen, war die Ankunft von Don Carlos Fernán-Nuñez besonders bewegend. Er war dem spanischen Aristokraten sehr verbunden, denn König Ferdinand VI. persönlich hatte ihn, nachdem er als Kind seine Eltern verloren hatte, als Vormund unter seine Fittiche genommen. Der König hatte sein Studium bezahlt und ihm dann Aufnahme in die Königliche Spanische Garde gewährt. Zunächst wurde er nach Aranjuez entsandt, wo er Farinelli kurze Zeit vor dem tragischen Ende der Königin Barbara kennenlernte. Fernán-Nuñez erinnerte Carlo an seine Vergangenheit in Spanien, an die Musikabende mit der Königin und Scarlatti, die Fahrten auf dem Tajo und die Güte Ferdinands.

Der Graf besuchte die Villa in Begleitung des Herzogs von Arcos und anderer Edelleute. Sie kamen aus Neapel, wo der Herzog im Namen des Königs dessen Nichte Maria Teresa, erste Tochter des neapolitanischen Königspaares, aus der Taufe gehoben hatte. Fernán-Nuñez berichtete mit einer gewissen Wehmut vom Wiedersehen mit Farinelli, dessen Alter er fälschlicherweise mit dreiundsiebzig angab (Carlo war siebenundsechzig): »Nach dem Essen setzte er sich ans Cembalo und sang ein wenig, wie er es in seinem Alter noch vermochte. Wir bekamen eine Ahnung von dem, was er einst war. Er entschädigte uns für das Nachlassen seiner Stimme, indem er uns sagte, er habe nur gesungen, um uns zu zeigen, daß er den Ursprung seines Vermögens und alles, was er Spanien verdanke, nicht vergessen hätte.«[15]

Sehr anfechtbar ist der Bericht, den uns Casanova überlieferte, der es während der neun Monate, die er 1772 in Bologna verbrachte, nicht versäumte, Farinelli zu besuchen. An dieser Begegnung besteht kein Zweifel – daß sie jedoch in Gesellschaft der Kurfürstin von Sachsen stattgefunden hat, ist unwahrscheinlich: Eine blaublütige Prinzessin und ein Abenteurer, der mehrfach im Gefängnis gesessen hatte, bildeten für die Gesellschaft des *Ancien régime* kein gutes Paar. Höchstwahrscheinlich hörte Casanova ihre Schilderung nur deshalb, weil sie zur gleichen Zeit in der Herberge San Marco wohnten. Die deutsche Prinzessin war extra nach Bologna gekommen, um die einzigartige Stimme zu hören, die zweifellos bald verstummen würde. Nach einem erlesenen Mahl setzte sich Carlo ans Cembalo und sang eine Arie. Anschließend warf sich die Kurfürstin in seine Arme und sagte: »Nun kann ich glücklich sterben!«

Diese wunderschöne Anekdote mag wahr sein oder der Phantasie Casanovas entsprungen. Es ist auch unwichtig, ob er tatsächlich gemeinsam mit der Prinzessin bei Farinelli war. Unwahrscheinlich dagegen ist die Geschichte über Carlo und seine Nichte Anna, die Casanova in seinen Memoiren erzählt. Angeblich verliebte sich Farinelli, »alt und kraftlos« geworden, in seine Nichte und war eifersüchtig auf Matteo. Nach Casanova war es der Kummer über diese Liebesgeschichte, die ihn einige Jahre später ins Grab brachte.

Diese Episode paßt in keiner Weise zur Persönlichkeit Farinellis. Die Haltung des Sängers zeigte eher offene Feindschaft für eine Frau, die unfähig war, die Wirtschaft eines Hauses zu unterhalten, und die ihren Mann dazu trieb, Schulden zu machen und das Vermögen seines Onkels zu vergeuden. Carlos Testament läßt keine Zweifel: »Seit der Heirat von Matteo Pisani und Anna Gatteschi habe ich es nie aufgegeben, sie voller Zuneigung in der Führung des Haushaltes und einem guten Zusammenleben zu unterweisen, wie es sich für einen Familienvorstand gehört, der die Seinen liebt ... Ich hatte nie das Glück, ihnen mein Vertrauen schenken zu können, waren doch beide nicht in der Lage, mich in meinem Bemühen zu unterstützen. Deshalb wünsche ich, von berechtigter Sorge und Vorsicht getrieben, nicht, daß Don Matteo Pisano die Vollmacht erhält, über mein Erbe zu verfügen und es zu verwalten. Möge er einzig an seine Gesundheit denken, für die ich, wie auch für das Wohlergehen von Anna Gatteschi, seiner Frau, keine Mühen und Ausgaben gescheut habe. Jeder konnte die außergewöhnliche Sorge feststellen, mit der sie jederzeit und an jedem Ort, ob nah oder fern, unterstützt wurden ...«[16] Ein anderer Absatz legt fest, daß er Anna Gatteschi und ihrer Familie jeden Anteil an seinem Erbe verwehrt: »Ich bestimme, daß weder Anna Gatteschi noch ein anderes Mitglied der Familie Gatteschi Zugang zu meinem Vermögen bekommen oder irgendeinen Einfluß darauf nehmen können.«[17]

Woher hatte Casanova dieses Gerücht? Warum zeigte er Farinelli im Unterschied zu allen anderen Zeugnissen als alten, verleb-

ten Mann? War es bewußte Bosheit, oder gab er nur das Gerede
über die drei seltsamen Bewohner der Villa wieder? Farinelli hatte
keine Gelegenheit, sich zu verteidigen, denn er starb mehr als
vierzig Jahre vor der ersten Veröffentlichung der »Geschichte meines Lebens«.

3. »Der Tod ist gewiß, die Stunde aber unbekannt«

DIE letzten Jahre Carlo Broschis überschattete eine schmerzliche Sehnsucht. Zwar plagten ihn keine Krankheiten (im
Unterschied zu seinem Freund Metastasio), wohl aber schier un-
überwindbare Müdigkeit und Einsamkeit. Ganz Europa kam, um
ihn zu sehen, er empfing Hunderte Ehrungen, aber er schien mehr
an das ewige Leben als an seinen vergangenen Ruhm zu denken.
Der Tod seiner Schwester Dorotea 1778 trug dazu bei, sein Lebens-
ende zu verdunkeln. Seine Briefe an Metastasio bewahrten dennoch einen relativ heiteren Ton, eine »weise Seelenverfassung« und
einen fast literarischen Stil, der die Bewunderung des Dichters
weckte. Oft waren Carlos Briefe nach Wien von einem Paket mit
Lebensmitteln begleitet, um die Naschhaftigkeit des Freundes zu
befriedigen: Liköre, Kuchen, Wurst, Süßigkeiten …

Neben dieser Korrespondenz verbrachte er seine Tage damit,
nachzudenken, zu beten oder einige Tasten auf einem seiner Cembalos anzuschlagen. Dank einer außerordentlichen Genehmigung
des Papstes durfte er die Messe in seinem Haus abhalten. Täglich
kam ein Kaplan zu ihm. Oft schaute er während des Gebetes durch
das Fenster auf das Kloster der Madonna di San Luca, das auf
einem Hügel lag. Wenn es seine Gesundheit erlaubte, pilgerte er
oft zum Sanktuarium von Loreto. Auch dem Herzog von Parma,
dem Erzbischof und dem Grafen Pepoli stattete er hin und wieder
Besuche ab.

Immer wieder flehte man ihn während dieser Jahre der Zurück-
gezogenheit an, seine Memoiren zu schreiben, über seine Lehrzeit,
die Reisen durch ganz Europa und die Gefühle, die ihn als Kastraten bewegten, zu berichten. Aber seine Antwort beschränkte sich

immer auf eine schmerzliche Litanei: »Wenn Sie ein gutes Buch machen wollen«, vertraute er Burney an, »füllen Sie es nicht mit Einzelheiten über eine so unbedeutende Person wie mich.«[18] Giovenale Sacchi schrieb er: »Wozu soll es gut sein? Es genügt mir, wenn man weiß, daß ich niemandem geschadet habe. Man möge auch mein Bedauern hinzufügen, nicht all das Gute getan zu haben, das zu vollbringen ich mir gewünscht hätte.«[19]

Einer der letzten bekannten Besucher war der spanische Abbé José de Viera in Begleitung des Marquis von Santa-Cruz. Er hinterließ uns folgenden bewegenden Bericht von der Begegnung am 7. Oktober 1780: »Am Nachmittag begaben wir uns in das Landhaus des berühmten Farinelli vor den Toren der Stadt. Dieser alte Kapaun, Ritter des Calatrava-Ordens, der, wie er sagte, schon fünfunddreißig Jahre auf jeder Schulter trug, zeigte sich so gerührt und unfähig, ein Wort hervorzubringen, als er den Marquis umarmte, daß es uns wahrlich seltsam erschien. Seine Gestalt, die große Jacke und die Perücke verliehen ihm ein eigenartiges Aussehen. Er beschwor seine Verbundenheit mit Spanien und bewahrte in seinem Salon Bilder mit den bedeutendsten Opernszenen, die man für Ferdinand VI. gespielt hatte. Wie etwas Heiliges bewahrte er auch ein Piano, das ihm die Königin Barbara geschenkt hatte und auf dem er uns einen Fandango vorspielte.«[20]

Abgesehen von der etwas erbärmlichen Erscheinung dieses »wahrlich seltsamen« Mannes mit der ungewöhnlichen und antiquierten Haltung, die in den Augen eines jungen Priesters, der die Pracht des Hofes Ferdinands VI. nicht gekannt hatte, etwas lächerlich erscheinen mochte, finden sich die immer wiederkehrenden Merkmale: Treue zu Spanien und seinen Herrschern, Aufrichtigkeit der Gefühle, Leidenschaft für die Musik bis zum letzten Atemzug und der Humor, einen Fandango anstelle einer Sonate von Scarlatti zu spielen. Offensichtlich sang Carlo für seine Gäste nicht, aber man weiß von Giovenale Sacchi, daß er noch einige Tage vor seinem Tod Lieder sang und sich selbst am Cembalo begleitete.

Der Sommer 1782 war der letzte seines Lebens. Weder die tröstenden Strahlen der Sonne noch der Duft der Blumenstauden, um die er sich so gern kümmerte, konnten den Schmerz mildern, der ihn quälte, seit er durch einen Brief aus Wien vom Tod Metastasios erfahren hatte. Einige Zeit schon hatte er den körperlichen und geistigen Verfall des Dichters gespürt: Sein geistreicher Humor war fast geschwunden, und allmählich wurden die Finger zu steif, um die Feder zu halten. Den letzten Sommer, nach seinen Worten einer der wärmsten seines Lebens, hatte er nur schwer ertragen. Im Februar 1782 verschlimmerte eine Entzündung den Zustand seiner Hände. Am 20. März schrieb er den letzten Brief an seinen geliebten Carlo. Zunächst bedankte er sich für die Sendung mit Opernlibretti, Arien und Sonaten sowie fünf kleinen Kupferdosen mit spanischem Tabak, Süßwaren aus Ferrara, Mortadella aus Bologna, vierundzwanzig Paketen mit Baumwollstoff von den Nonnen aus Saint-Laurent und sechs Seidentaschentüchern aus Kastilien. Da er seine Stunde nahen fühlte, schrieb er im letzten Absatz: »Oh, wieviel ich Ihnen noch zu sagen hätte! Aber wie soll man es tun, wenn man nicht kann. Ich bitte meinen geliebten Zwillingsbruder, all jenen, die dort in der Ferne meiner gedenken, meine Ehrerbietung zu bezeugen. Ich umarme meinen geliebten Carluciello von ganzem Herzen und versichere ihn der brüderlichen Zuneigung seines ewigen Zwillingsbruders.«21

Carlo, verwirrt von diesen letzten Zeilen, griff am 13. April nach der Feder und schloß seinen Brief mit einem der herzlichsten Sätze, die er je schrieb: »Ich bitte Sie auch, ohne Ihnen allzu große Ungelegenheiten zu machen, all jene zu grüßen, die die Güte besitzen, sich meiner zu erinnern. Ich verbleibe mit aufrichtiger Zuneigung, *de todo corazon*, für meinen lieben kleinen Pietro und versichere meinem unvergleichlichen Zwillingsbruder, daß ich sein ewiger Sklave und Bruder Carluciello bleibe.«22 Als Farinelli das Siegel unter den Brief setzte, wußte er nicht, daß der Dichter Metastasio am Vortag im Alter von vierundachtzig Jahren gestorben war.

Ein Brief von Marianna Martinez, in deren Familie Metastasio
seit einem halben Jahrhundert lebte, verließ Wien am 9. Mai 1782,
um Farinelli die traurige Nachricht zu übermitteln und von den
letzten Augenblicken des Dichters zu berichten. Nach langer Krankheit und mühsamer Genesung erlitt er am 1. April einen Rückfall.
Starkes Fieber raubte ihm das Bewußtsein. Am Morgen des 5. April
konnte er wieder sprechen und erhielt die Sterbesakramente. Er
starb am 12. April, kurz vor Mitternacht, drei Stunden nachdem er
die Generalabsolution des apostolischen Nuntius erhalten hatte.

Nun verlor Carlo alle Kraft. Er wartete nur noch darauf, seinem
geliebten Bruder zu folgen. Nach einem freudlosen Sommer raffte
ihn ein einfaches Fieber am 16. September 1782 im Alter von
siebenundsiebzig Jahren dahin.

Seinen Wünschen entsprechend – wollte er doch bis zum Schluß
den Gesetzen Spaniens folgen –, kleidete man ihn in den weiten
Mantel des Calatrava-Ordens, der in seinen Augen immer etwas
Heiliges hatte. Die Beisetzung war gleichzeitig schlicht in der
Prozedur und feierlich durch die Menge von bedeutenden Persönlichkeiten, Freunden und einfachen Bürgern, die an ihr teilnahmen.
Fünfzig Menschen, die zu den ärmsten der Stadt gehörten, begleiteten den Sarg mit brennenden Kerzen bis zur Kirche der Kapuziner, die Farinelli als letzte Ruhestätte bestimmt hatte. Man respek-
tierte seinen Willen, indem man, nach dem Ende der Zeremonie,
jedem der Armen ein Geldstück gab und in der Kapelle von Loreto
ständig Messen gelesen wurden.

Sein Testament, das man noch an seinem Todestag eröffnete,
war das dritte, das er geschrieben hatte, womit die in London und
Madrid verfaßten ungültig wurden. Der Tod seiner Schwester
Dorotea hatte ihn veranlaßt, diesen letzten Text am 20. Februar
1778 und in den darauffolgenden Tagen neu zu fassen. Zweiund-
dreißig Seiten mit einer regelmäßigen und ordentlichen Schrift
bildeten den Kern dieses Dokuments, dem später noch eine Ergän-
zung hinzugefügt wurde.

»Ich, Carlo Broschi, genannt Farinello, Ritter des Königlichen Mi-

litärischen Calatrava-Ordens, Sohn des verstorbenen Salvatore Broschi und der Caterina Barrese, Neapolitaner, in Erwägung, daß der
Tod zwar gewiß, die Stunde aber unbekannt ist: Jetzt, da ich mich
dank der Gnade Gottes gesund an Körper und Geist befinde und
mich auf einen so schwerwiegenden Schritt vorbereite, beginne
ich, zunächst die Angelegenheiten der Seele und dann die vergänglichen Dinge zu ordnen. Deshalb habe ich beschlossen, dieses
Testament zu machen, nach meinem freien Willen. Ich schreibe
es nach reiflicher christlicher Überlegung mit eigener Hand im
Oktober siebzehnhundertachtundsiebzig, da ich die schmerzhafte
Nachricht vom Tode meiner Schwester erhalten habe, die Gott
behüten möge. Ich wünsche, daß dieses Testament vollständig
und in allen Punkten ausgeführt werde.«[23]

Dieses Dokument, das heute in Bologna aufbewahrt wird, ist in
mehrere Teile gegliedert. Carlos Wünschen bezüglich seiner Beisetzung folgt eine lange Erinnerung an sein Leben und seine
Karriere in Italien, London und unter zwei Königen in Madrid.
Anschließend erwähnt er die Umstände seiner Ansiedlung in Bologna, die Wiederbegegnung mit der Familie seiner Schwester, Matteos Heirat. Es folgt der bereits zitierte Absatz, in dem er seinem
Neffen und dessen Frau jeglichen Anteil am Erbe verweigert. Für
seine Hinterlassenschaft trifft er folgende Verfügung: Seine gesamte Habe wird in Nießbrauch übergehen, das heißt, die Gesamt-
heit des Besitzes darf weder geteilt noch verkauft werden und soll
für alle kommenden Generationen als Einheit bestehen, verwaltet
vom jeweils ältesten Sohn.

Da Carlo keine Kinder hat, wird Matteo zum Erbwalter eingesetzt. Da es sich aber im wesentlichen um Gemälde, Möbel und
Wertgegenstände handelt (und nicht um Bargeld, denn das junge
Ehepaar hat fast alles vergeudet), ist Matteo eher ein Depositär
dieses Erbes als sein Nutznießer. Zwei Bedingungen sind an diese
Erbschaft geknüpft: Nach dem Tod soll vor der Übergabe eine
vollständige Inventarliste erstellt werden, und Matteo darf sich
nichts aneignen, er muß selbst darüber wachen, daß niemand das

Haus und das, was es enthält, antastet. Wenn sich Matteo diesem Wunsch nicht fügt, geht der Nießbrauch an Gian Battista Maiorini, erster Sohn seiner Schwester Rosaria, über und so weiter von Erstgeborenem zu Erstgeborenem. Sollte dieser Zweig enden, fällt das Erbe an die männlichen Kinder von Fortunato, zweite Schwester von Matteo. Carlo schließt die weiblichen Familienmitglieder nicht aus, weil er sie nicht liebt, sondern, wie man es in vielen großen Familien zu tun pflegt, um zu vermeiden, daß sein Erbe in alle Winde verstreut wird. Jedesmal, wenn das Erbe von einem Zweig zu einem anderen übergeht, soll eine neue Inventarliste erstellt werden. Farinelli, stolz auf seine Zugehörigkeit zur Stadt Bologna, bestimmt auch, daß seine Hinterlassenschaft auf immer in dieser Stadt bleiben soll.

Ein Absatz betrifft seinen Neffen und dessen Frau: »Da ich an die notwendige Unterstützung für Matteo Pisani und Anna Gatteschi denke, die sich bisher nicht um die Bewahrung und den sorgfältigen Umgang mit meinen Gütern gesorgt haben, wie es jeder Bürger dieser Welt tun würde, da ich ihnen noch immer meine Zuneigung, meine Wohltätigkeit, Achtung und Freundschaft schenke, erbitte und verlange ich vom Vollstrecker des Testaments, er möge darüber wachen, daß es dank meiner gegenwärtigen Einkünfte dem Ehepaar Pisani zum einen an nichts fehlt, um leben zu können, und zum anderen jedem pünktlich die Legate auszuzahlen, die ich für sie festlege. So mögen alle Grund finden, für sich selbst und für mich zu Gott zu beten.«[24] Nach diesen relativ nüchternen Sätzen, die darauf abzielen, das Existenzminimum für die beiden zu sichern, fügt Carlo mit der für ihn so typischen Großzügigkeit hinzu, daß Anna im Falle des Todes Matteos lebenslang eine Rente von 1200 Bologneser Lire erhalten soll, so sie sich nicht neu verheiratet.

Am Ende seines Testaments zählt er die Gegenstände auf, die ihm am teuersten sind, vor allem jene, die er von seinen spanischen Herren erhalten hat: die Partituren, die Cembalos, der Diamantenring von Maria Barbara sowie die in spanisch und italienisch gedruckten Werke Metastasios. Er legt Wert darauf, daß die zwanzig Porträts von Königen und Königinnen aus der Feder der größten Maler, alle Tabaksdosen (die im Deckel meist auch ein Porträt enthalten) der Könige von Spanien, des Infanten Philipp, der Könige von Sardinien, von Franz I. und Maria Theresia von Österreich, der Schmuck, die Diamanten, das Silbergeschirr, die Bilder von spanischen, flämischen und italienischen Malern, die flämischen Wandteppiche in seiner Hinterlassenschaft erhalten bleiben.

In einem Anhang, geschrieben um sieben Uhr abends am 14. September 1782, also zwei Tage vor seinem Tod, zieht er verschiedene Gegenstände aus seiner Hinterlassenschaft zurück, damit diese Personen oder Institutionen übergeben werden, die ihm wichtig sind. Die bestickten Stoffe und die indischen Musseline gehen an das Kloster von Loreto, das große Kreuz mit sechsunddreißig Brillanten, das ihm Ferdinand eigenhändig übergeben hatte, als er ihn zum Ritter machte, kehrt zum Calatrava-Orden nach Madrid zurück. An die Kapuzinermönche von Saragossa geht eine Spende, sein Freund (und Testamentsvollstrecker) Francesco Ripandelli erhält seine silbernen Schreibutensilien, seine goldene Tabaksdose und eine Spende. Auch seinen Neffen und Großneffen wird ein Geldbetrag ausgesetzt, sein Neffe Carlo (der nach Farinellis Rückkehr aus Spanien in Neapel geboren wurde) erhält eine monatliche Rente, ist er doch der einzige, der Talent und Begeisterung für Musik und Malerei zeigt. Schließlich bestimmt er noch kleinere Beträge für seinen Kaplan und das ganze Personal des »Farinello«: Rosa, sein Zimmermädchen, und sein Kutscher erhalten sechzehn bzw. vier Monatslöhne im voraus.

Am 2. Mai 1783 begannen die Notare Casanova, Ripandelli und Negri die Inventur aller Güter, »die in der Hinterlassenschaft des verstorbenen Signor Carlo Broschi, Ritter des Königlichen Militärischen Calatrava-Ordens, gefunden wurden«.[25] Die einhundertsechsundsechzig Seiten dieses Textes sind in Kapitel aufgeteilt, jedes enthält die Beschreibung einer Kategorie von Gegenständen: »Beschreibung der Gemälde«, »Beschreibung der Cembalos, Gei-

gen und Gitarren«, »Beschreibung des Porzellans« usw. Mehr als
dreihundertdreißig Bilder sind aufgeführt, vorwiegend von großen
Meistern, zu jedem findet sich eine Schätzung durch Giuseppe
Becchetti, Professor der Accademia Clementina.[26] Zwei Werken spricht er besonderen Wert (3000 Lire) zu: einem Gemälde
von Velázquez, das seine Familie darstellt, und einer »Sitzenden
Jungfrau mit dem Kind« von Murillo. Es folgt ein Bild von Amigoni, das Farinelli neben einer allegorischen Figur der Musik mit
Lorbeerkranz darstellt, »Judith und Holofernes« des Cavalier Cala-
brese, »Zwei Figurinen mit Pferden« von Bowermanz, das berühmte »Junge Mädchen mit dem Hahn« von Stanzione und
zwei Pastellzeichnungen der Venezianerin Rosalba Carriera. Etwa
zwanzig Bilder stammen von berühmten spanischen Meistern
(Velázquez, Murillo, Ribera, Morales), achtzehn von den berühmtesten Neapolitanern (Salvator Rosa, Mattia Preti, Luca Giordano)
und mehr als zwanzig von flämischen Malern (Téniers der Jüngere,
Paul de Vos, Philips Wouwerman). Auch die Sammlung flämischer
Wandteppiche ist sehr reich: eine Serie von acht Tafeln auf Karton
von Téniers, eine andere mit sieben Tafeln von Rubens und schließ-
lich acht Tafeln von Borght.
  Die Beschreibung der anderen Gegenstände ist beeindruckend:
Vasen, Tassen, Teppiche, Statuen aus Neapel, Venedig, Florenz,
China, Sachsen oder Frankreich, Musikinstrumente, goldene Kästchen mit Edelsteinen, Uhren, Kleider, Partituren, darunter das
Werk Scarlattis, Opern, Arien, teilweise von Farinelli komponiert,
Diplome und Urkunden über Privilegien, die er überall erhielt.
Neben den persönlichen Erinnerungen zeigen die im Inventar auf-
gelisteten bunt zusammengesammelten Gegenstände, daß Carlo
kein gewissenhafter Sammler war, sondern ungeordnet eine Vielzahl von Objekten angehäuft hat, die eng mit den Wechselfällen
seiner musikalischen Karriere verbunden sind. Der ästhetische
oder materielle Wert scheint den Sänger in seiner Wahl nie gelenkt
zu haben, vielmehr waren der repräsentative Wert, die Erinnerung
an bekannte Paläste, die Gärten Londons, die spanischen Städte,

die Freundschaft und Zuneigung einer bestimmten Person aus-
schlaggebend. Der Erinnerungswert jedes Möbelstücks oder Bildes erklärt Carlos Sorge um dieses Erbe und die Maßnahmen, die
im Testament enthalten sind, es in seiner Geschlossenheit zu
erhalten.

Seinem letzten Willen wurde nicht gefolgt. Nichts ist von diesem Museum geblieben, zwar hat manches Stück überlebt, aber
alles ist über die ganze Welt verstreut, so daß man abgesehen von
den Gemälden nicht mehr weiß, was dem Sänger gehörte.

Zwei Jahrhunderte Pech scheinen sich über Farinelli, seine Erinnerung und sein Erbe gelegt zu haben. Matteo und Anna gerieten
schnell in größte Bedrängnis, als sie vor der Aufgabe standen, ein
riesiges Anwesen zu verwalten, nachdem sie bisher stets in ärm-
lichen Verhältnissen gelebt hatten. Höchstwahrscheinlich hatten
sie nie die Absicht, das ihrem Onkel so teure Erbe zu erhalten. Es
stellte für sie einen Marktwert dar, von dem sie zu profitieren
gedachten. Die Wirrnisse der politischen Situation gegen Ende des
18. Jahrhunderts konnten ihnen dabei nur hilfreich sein.

Das Aufflackern der Französischen Revolution in ganz Europa
und der Einmarsch Napoleons in Italien ließen die alten italienischen Staaten in ihren Grundfesten wanken. Gesetze, Dekrete,
Macht lösten sich in Luft auf.

Die Abschaffung des Nießbrauchs 1797 bedeutet den Ruin bedeutender Hinterlassenschaften, wie der des Abbé Sampieri, des
Marquis Zambeccari oder Farinellis. Matteo, ständig verschuldet,
denkt nur noch an eines: aus den unschätzbaren Werten seines
Onkels Profit zu ziehen. Er nutzt das Durcheinander, das in Bologna herrscht, und beginnt, alles mögliche zu veräußern. 1798
verkauft er die Villa, jenes Heiligtum, das des Sängers ganzes
Leben enthielt. 1800 gehen einundvierzig Gemälde nach Wien.
Sogar die berühmten Cembalos der spanischen Königin, von Farinelli als »unveräußerliche Güter« deklariert, werden geschätzt und
verkauft. Der Rest folgt bald darauf. 1803 verschwindet der Name
Matteo Pisani aus allen Registern: Ist er umgezogen? Ist er ins

Ausland gegangen? Oder ist er einfach gestorben, ohne daß man seine Sterbeurkunde aufbewahrt hätte? Das Geheimnis liegt über seinem Verschwinden ebenso wie über dem der meisten Hinterlassenschaften Farinellis. Nach nur dreißig Jahren ist nichts mehr von seinem unermeßlichen Erbe übriggeblieben. Zu Beginn des 19. Jahrhunderts erfährt der Handel mit Antiquitäten und Kunstgegenständen einen starken Aufschwung. Private Sammler und europäische Museen stürzen sich auf die Stücke, die man ihnen anbietet. Die Stadt Bologna, die auf einer Seite des Testaments gebeten wird, das Erbe »ewig« in ihren Mauern zu bewahren, tut nichts, um das Vorgehen Matteo Pisanis zu überwachen.

Das Pech betrifft nicht nur den Besitz Farinellis, der auf immer verschwunden ist. Bald schon trifft ein weiteres Unglück die sterblichen Überreste des Sängers. Die Armee Bonapartes zieht im Juni 1796 in Bologna ein, und mit dem ihr eigenen Feingefühl gestaltet sie nach ihren Wünschen die Gebäude um, baut auf oder zerstört. Die Kapelle der Kapuziner, in der Farinelli begraben ist, wird zu einen Lustschloß. Was kann schon das Grab eines Opernsängers der alten Welt den Pionieren der Neuzeit bedeuten? Abriß und Neugestaltung führen dazu, daß bald nichts mehr vom einstigen Sanktuarium übrig ist. So ist auch das Grab des Sängers für immer verschwunden.

In der großen Familie Carlo Broschis scheint es nur einen Menschen zu geben, der der Erinnerung an ihn treu bleibt: Maria Carlotta Pisani: Tochter von Matteo und Anna, kurze Zeit nach der Hochzeit ihrer Eltern in der Villa des Sängers zur Welt gekommen. Trotz der Auseinandersetzung mit ihren Eltern hatte ihr Farinelli stets seine herzliche Zuneigung bewahrt und ihr sogar eine eigene Rente ausgeschrieben. Am 25. Mai 1840 klopft eine zweiundsiebzigjährige Dame an die Tür der Universitätsbibliothek von Bologna. Sie hält ein Bündel mit vergilbten Briefen in den Händen. Das war Maria Carlotta Pisani Tadolini, die der Stadt Bologna einhundertneununddreißig Briefe Metastasios an Farinelli übergab. Diese Korrespondenz, die die »Zwillingsbrüder« über einen Großteil ihres Lebens miteinander verband, ist das einzige, was vom Erbe Farinellis übrigblieb.

Als man gegen Ende des 19. Jahrhunderts begann, aus dem Viertel vor der Porta delle Lame ein Industriegebiet zu machen, verkauften die Besitzer die Villa und den Park an eine Zuckerfabrik. Fast alle Bäume und Hecken wurden entfernt, um den Bau der Fabrik und eines riesigen Schornsteins (der heute noch steht) zu ermöglichen. Das Haus selbst blieb inmitten dieser wenig einladenden Umgebung fast unversehrt. So beschrieb es Corrado Ricci 1920. Er fügte seinem Werk ein wertvolles Foto hinzu: »Das Haus, das sich der berühmte Sänger bauen ließ, existiert noch immer unter dem Namen ›il Farinello‹. Nicht weit von der Porta delle Lame entfernt, erhebt es sich am Rand der riesigen Poebene, streng und elegant, aber nicht mehr von einem grünen Park umgeben, noch in einsamem Glück, wie wir es vor einigen Jahren beim erstenmal vorfanden. Jetzt ist es vom Gestank und dem Staub der benachbarten Zuckerfabrik erfüllt.«27

Während die Zeit verstreicht, verfällt die Villa, die man inzwischen in ein Lagerhaus verwandelt hat. Das letzte Foto zeigt sie in einem erbärmlichen Zustand: fleckige Wände, der Zentralbalkon abgerissen, der Marmor auf der Außentreppe entfernt, um die Waren leichter hineinbringen zu können, der Garten nur noch ein schäbiger Hof, Gleise dicht am Haus ... Die Stadt Bologna versucht das Haus zu schützen und schickt eine Erklärung an die Generaldirektion für Antiquitäten und schöne Künste. Aber der Minister ist mit den politischen und wirtschaftlichen Schwierigkeiten der Nachkriegszeit beschäftigt und setzt seine Unterschrift nicht rechtzeitig unter das Dokument. Anfang 1949 nutzen die Besitzer der Zuckerfabrik das allgemeine Durcheinander. Sie wollen vollendete Tatsachen schaffen (und werden möglicherweise auch von einigen Lokalgrößen unterstützt), indem sie das Haus innerhalb von vierundzwanzig Stunden abreißen lassen. Als der Morgen graut, ist nichts als ein Haufen Schutt übriggeblieben. Eine von Liebhabern der Musik und der Geschichte Bolognas verbreitete Petition sammelt zahlreiche Unterschriften in der Stadt, aber es ist geschehen, und keine Rekonstruktion, keine Strafe sind vorgesehen. Die letzte Hinterlassenschaft Farinellis ist verschwunden.

Heute kann der Spaziergänger zur Via Zanardi (früher Via delle Lame) Nummer 31 gehen, in jenes Gebiet mit verschiedenen Lagerhäusern der Post, das dennoch relativ viel Grün trägt. Einige Gebäude am Rand der Straße mögen zu den Nebengebäuden der Villa gehören. Anhand der Fotos vom Beginn des Jahrhunderts kann man sich ungefähr die Lage des Hauses vorstellen, in dem eine der anziehendsten Gestalten des Barockgesangs und der Geschichte der Kastraten die zwanzig letzten Jahre seines Lebens verbrachte.

Epilog

DIE Geschichte Farinellis ist ein Beispiel jener legendären Schicksale, von denen keine greifbare Spur geblieben ist. Die Stimme, die das Publikum des 18. Jahrhunderts trunken machte und einen geisteskranken König heilte, lebt nur noch in Briefen und Erinnerungen seiner Zeitgenossen weiter, denn sie erlosch ein Jahrhundert vor den ersten Tonaufnahmen. Seine Villa, einem Museum gleich, hat sich in Luft aufgelöst, all die Gegenstände, die er täglich betrachtete und liebte, sind heute in der Welt verstreut. Sein Grab (ohne aus ihm einen Heiligen machen zu wollen) kann den Freunden der Oper nicht mehr als Ziel ihrer Pilgerfahrten dienen. Selbst die bedeutendsten Stätten seiner Karriere können nicht mehr besichtigt werden: Das Theater am Haymarket in London mußte einem Neubau weichen, vom Coliseo im Buen Retiro blieb nur noch der große Ballsaal (el Casón), der heute ein Museum ist.

Dennoch überlebte Farinelli auf erstaunliche und für einen Sänger sehr seltene Weise durch die zahlreichen Opernwerke, die ihn zum Helden hatten.* Neben Maria Malibran ist er der einzige Sänger, über den Libretti geschrieben wurden, wobei man ihn zehnmal so oft zum Helden wählte wie die große Diva der Romantik. 1741 druckte man in Dublin eine Farce aus Dialogen und Liedern. Das elfseitige Bändchen befindet sich heute in der Universitätsbibliothek von Cambridge: »A Com-farci Operatical Humorous and Political Burlesque Scene between the King and Queen of Spain, an English Sailor and FARINELLI, on the present posture

---

* Ohne Voltaire zu vergessen, der Farinelli, ohne ihn beim Namen zu nennen, im 12. Kapitel des »Candide« erwähnt.

of affairs« (Burleske, humoristische und politische Szene zwischen
dem König und der Königin von Spanien, einem englischen See-
mann und Farinelli), in der neben den genannten Personen Harle-
kin, Scaramouche und Pulcinella auftraten.

Drei Jahre später, am 19. Januar 1744, Carlo war noch immer in
Spanien, gab das Londoner Little Theatre eine Oper von Lampe
mit dem Titel *The Queen of Spain or Farinelli in Madrid*. Dieses Stück wurde mehr als zwanzigmal aufgeführt, und der Daily
Advertiser bemerkte, daß es »von einem großen Publikum mit
starkem Beifall aufgenommen wurde«. Dies war ein weiterer Beweis für die Wehmut, mit der man Farinellis in England gedachte,
und das Interesse, das das Publikum in ganz Europa dem Sänger,
der seit sieben Jahren in Spanien lebte, noch immer entgegenbrachte.

1804 gab man in Paris eine *Opéra comique* von Gaveaux, *Le
Bouffe et le Tailleur*, in der die berühmte Anekdote von dem
Schneider aus Madrid aufgenommen wurde, der lieber den »göttlichen Farinello« singen hören wollte, als das Geld für seine Arbeit
zu erhalten. Nach der Uraufführung am 21. Juni blieb das Stück
mehrere Jahre im Programm.

Dieselbe Anekdote wurde unter demselben Titel wenig später
in einer *Opera buffa* von Pedro Winter wiederaufgenommen, der
sie 1819 in Genua und ein Jahr später in München aufführte. Weiter
ging es in England mit der *Serio comic opera* von John Barnett,
Farinelli, am 8. Februar 1839 im Royal Theatre of Drury Lane
uraufgeführt, deren Libretto in der Guildhall Library in London zu
lesen ist. In der sehr romantischen Geschichte von Liebe und
Verbrechen taucht wie ein Leitmotiv immer wieder die Macht von
Farinellis Stimme über Philipp V. auf: »Soft music's power / With
gentle sway / Has chang'd dark night / To cheerful day« (Macht
der sanften Musik / mit zarter Herrschaft / Hat eine dunkle
Nacht / in einen strahlenden Tag verwandelt). Farinelli, in eine
finstere Geschichte verwickelt, wegen der man ihn verurteilt, enthüllt schließlich das Komplott eines Schurken und gibt dem König

all seine Macht zurück: »O happy day! o blissful hour / The king resumes his regal power« (O glücklicher Tag! o selige Stunde / der König erhält seine Macht zurück!). Das Werk endet mit einem Freudenchor: »Strike the gay castanet, beat the liveliy guitar« (Schlagt die fröhliche Castagnette, spielt glücklich die Gitarre).

In Paris entstand eine Novelle von Eugène Scribe, »Carlo Broschi«, in der die Liebe des Sängers zu einer Sängerin beschrieben wurde. Scribe tat sich mit dem Komponisten Esprit Auber (Schöpfer von *Die Stumme von Portici*) zusammen, und am 16. Januar 1843 wurde *La part du diable*, eine *Opéra comique*, in Paris aufgeführt, die vom Privatleben Farinellis am Hofe Philipps V. erzählte. Das Werk wurde ins Spanische und Deutsche übersetzt.

Nun wandte man sich auch in Deutschland diesem Thema zu. 1886 komponierte der deutsche Dirigent Hermann Zumpe, der auch in Spanien sehr bekannt war, seinen *Farinelli,* ebenfalls eine *Opéra comique.* In Spanien entstand das wohl schönste Werk, die Oper *Farinelli* von Tomás Breton, die 1902 im Teatro Lirico in Madrid uraufgeführt wurde. Breton, ein Freund von Albeniz, schuf in seinem Leben etwa vierzig *Zarzuelas*; er war Professor für Komposition und später Direktor des Madrider Konservatoriums.

Das Beste, was wir heute von Carlo Broschi wissen, ist vielleicht das, was wir nicht erfahren haben. Angefangen bei seiner Stimme. Auf vielen Seiten wurden die technische Vollendung, die außergewöhnliche Weite seiner Stimme und die bezaubernde Macht seines Soprans beschrieben. Nicht Farinelli folgte dem Repertoire seiner Zeit, das Repertoire richtete sich nach ihm, paßte sich seinen Gaben an. Aber kein Sänger, kein technisches Hilfsmittel wird uns die Wahrheit dieser Stimme zurückgeben.

Auch sein Privatleben hat uns noch nicht all seine Geheimnisse enthüllt. Carlo sprach nicht gern über sich. Da er täglich seinen Bewunderern ausgeliefert war, bewahrte er, wo er konnte, seine Privatsphäre. Die Schamhaftigkeit der seltenen Anmerkungen entspricht der Sanftheit, der Zurückhaltung und der Bescheidenheit seines Gesichtes. Trotz seines guten Aussehens und seines feinen

Humors war er introvertiert, litt inmitten der Begeisterungsstürme und königlichen Belohnungen unter Einsamkeit und verbarg seine inneren Wunden unter dem Strahlen des beruflichen Erfolges. Der »größte Kastrat des Universums« zog eine der gleichzeitig strahlendsten und geheimnisvollsten Bahnen durch die Geschichte des Gesangs.

Danksagung

Der Autor möchte all jenen danken, die in Frankreich oder im Ausland seine Arbeit unterstützt haben und ihm mit ihrer Freundlichkeit und ihrer Sachkenntnis bei der Suche nach Dokumenten und der Korrektur des Textes geholfen haben.

Vor allem sind dies: Francesca Boris, Archivarin im Archivio di Stato von Bologna, die ihr leidenschaftliches Interesse an Farinelli in den Dienst der Allgemeinheit stellt; Giampiero Cammarota, Kunsthistoriker an der Pinacoteca Nazionale in Bologna; Barbara Ventura, Civico Museo Bibliografico Bologna; Dr. Leopold Auer, Haus-, Hof- und Staatsarchiv Wien; Margarita González Christobal und Teresa Fernández Talaya, Archiv des Königspalastes in Madrid; die Pater von Saint-Louis-des-Français, Madrid; Charles Dupêchez, Marie-Liesse Barbier, Jill Pomphrey, José Lazaro, Laura Clerfeuille, Jean-François Labie, Marie-Claude Rousseau, Jean-Claude Thiriet, Jean-Claude Gaberel, Marie-Amélie Testard, Christian Jamet, Michel Noiray, Gabriel Rousteau und vor allem Dominique Fernandez.

Anhang

Chronologie

1698(?): Geburt von Riccardo Broschi in Neapel.

1700: Philipp V., Enkelsohn Ludwigs XIV., wird König von Spanien.

1701: Geburt von Dorotea Broschi in Neapel.

1705: Geburt von Carlo Maria Michelangelo Nicola Broschi in Andria, Königreich Neapel (24. Januar).

1714: Philipp V. von Spanien heiratet in zweiter Ehe Elisabeth Farnese.

1715: Lehrzeit bei Porpora in Neapel (bis 1720).

1720: Erster Auftritt in *Angelica e Medoro*, Musik von Porpora, Libretto von Metastasio (Ende September/Anfang Oktober).

1722: Farinelli singt auf den größten Bühnen Italiens: Rom, Neapel, Venedig, Verona, Parma, Mailand, Bologna, Piacenza, Vicenza, Turin, Ferrara, Fano, Lucca, Florenz (bis 1734).

1724: Erste Begegnung mit Domenico Scarlatti in der Portugiesischen Botschaft in Rom.

1727: Georg II. wird König von Großbritannien.

1727: Erste Begegnung mit Graf Sicinio Pepoli in Bologna (Frühjahr).

1727: Vokalwettstreit mit dem Kastraten Bernacchi in *Antigona o la Fedeltà coronata* von Orlandini in Bologna (Sommer).

1731: Beginn der Korrespondenz zwischen Farinelli und Pepoli.

1732: Aufenthalt am Wiener Hof, erste Begegnung mit Kaiser Karl VI. (Frühjahr).

1732: Carlo Broschi wird Bürger Bolognas (Oktober).

1733: Eröffnung der Opera of the Nobility mit *Arianna in Nasso* von Porpora (29. Dezember).

1734: Florenz erlebt den letzten Auftritt Farinellis in Italien (Sommer).

1734: Ankunft Farinellis in London (Sommer).

1734: Erster Auftritt Farinellis in London im King's Theater in *Artaserse* von Hasse (29. Oktober).

1734: Farinelli singt während dreier Spielzeiten an der Opera of the Nobility in London (bis 1737).

1737: Endgültige Abreise aus London während der Aufführungen von *Sabrina* (Juni).

1737: Farinelli tritt in Paris und in Versailles vor Ludwig XV. auf (Juli).

1737: Ankunft in Madrid (7. August).

1737: Farinelli singt zum erstenmal vor König Philipp V. (25. August).

1737: Der König ernennt ihn zum *Criado familiar* (30. August).

1737: Farinelli organisiert gemeinsam mit Marquis Scotti die Festlichkeiten bei Hofe (bis 1746).

1740: Tod Kaiser Karls VI. in Wien (20. Oktober).

1746: Tod Philipps V. von Spanien (9. Juli).

1746: Feierlicher Einzug der neuen Herrscher Ferdinand VI. und Maria Barbara von Bragança in Madrid (10. Oktober).

1747: Farinelli übernimmt die Leitung der Oper und der königlichen Festlichkeiten in Madrid und Aranjuez, Beginn des Briefwechsels mit Metastasio (Frühjahr).

1750: Großartige Feierlichkeiten zur Hochzeit der Infantin Maria Antonia unter Leitung Farinellis (April).

1750: Farinelli erhält von Ferdinand VI. das Kreuz des Calatrava-Ordens (September).

1750: Tod von Sicinio Pepoli in Bologna (11. November).

1756: Tod von Riccardo Broschi in Madrid.

1758: Tod von Maria Barbara von Bragança in Aranjuez (27. August).

1759: Tod von Ferdinand VI. in Villaviciosa (9. August).

1760: Rückkehr Carlo Broschis nach Italien (Frühjahr).

1761: Farinelli läßt sich endgültig in seinem Haus in Bologna nieder (Sommer).

1763: Besuch Glucks bei Farinelli (Frühjahr).

1768: Heirat Matteo Broschis, Carlos Neffe, mit Anna Gatteschi (7. Juli).

1769: Treffen Farinellis mit Joseph II. von Österreich in Bologna.

1770: Besuch von Leopold und Wolfgang Mozart bei Farinelli (März).

1770: Erster Besuch Burneys bei Farinelli (August).

1778: Tod von Dorotea Broschi Pisani, Carlos Schwester, in Neapel.

1782: Tod des Dichters Metastasio in Wien (12. April).

1782: Tod von Carlo Broschi in seinem Haus in Bologna, Testamentseröffnung (16. September).

1783: Inventarliste der Güter Carlo Broschis (2. Mai).

1796: Umgestaltung der Kapelle der Kapuziner. Farinellis Grab verschwindet.

1949: Zerstörung von Farinellis Villa in Bologna.

Aufführungen in Madrid

(während der Herrschaft von Ferdinand VI., unter der Leitung von Farinelli)

I. OPERN (im Coliseo des Buen Retiro)

1747: *La Clemenza di Tito* (Libretto Metastasio, Musik Corselli, Corradini und Mele).

1748: *Angelica e Medoro* (Libretto Metastasio, Musik Mele); *Polifemo* (Libretto Paolo Rolli, Musik Corselli, Corradini und Mele).

1749: *El Vellon de oro* (Libretto Pic de la Mirandole, Musik Mele);
Artaserse (Libretto Metastasio, Rezitative Mele, Arien von verschiedenen Komponisten).

1750: *Armida aplacata*, anläßlich der Hochzeit der Infantin Maria Antonia (Libretto Metastasio, ergänzt von Migliavacca, Musik Mele);
Demofoonte (Libretto Metastasio, Musik Galuppi, Arien Mele);
Demetrio (Libretto Metastasio, Musik Jommelli).

1752: *Didone* (Libretto Metastasio, Musik Galuppi); *Siroe* (Libretto Metastasio, Musik Conforto).

1754: *Semiramide* (Libretto Metastasio, Musik Galuppi); *L'Eroe cinese* (Libretto Metastasio, Musik Conforto).

1755: *Nice e tirsi*, Kantate (Libretto Metastasio, Musik Conforto);
La Pesca, Kantate (Libretto Bonecchi, Musik Conforto); diese beiden Kantaten wurden von Farinelli und Gizziello am Geburtstag der Königin gesungen.

1756: *La Nitteti*, anläßlich des Geburtstages des Königs (Libretto Metastasio, Musik Conforto);

Il Re Pastore (Libretto Metastasio, Musik Antonio Mazzoni).

1757:   *Adriano in Siria* (Libretto Metastasio, Musik Conforto).

2. SERENADEN

1750:   *L'Asilo d'Amore* im Salon de Reinos des Buen Retiro (Libretto Metastasio, Musik Corselli).

1751:   *La Festa Cinese* in Aranjuez (»Cuarto bajo«) (Libretto Metastasio, Musik Conforto).

1752:   *Il Nascimento di Giove* in Aranjuez (Libretto Metastasio, Musik C. Latilla).

1754:   *L'Isola deserta* in Aranjuez, zur Einweihung des Teatro Nuevo, das Farinelli im Königspalast bauen ließ (Libretto Metastasio, Musik J. Bonno); *Las Modas* (Libretto Pic de la Mirandole, Musik Conforto).

1756:   *La Ninfa smarrita* in Aranjuez im Teatro Nuevo (Libretto Bonecchi, Musik Conforto).

1758:   *La Forza del genio* in Aranjuez (Libretto Bonecchi, Musik Conforto).

Anmerkungen

VORWORT

1. *Farinelli, le chanteur des rois*, Albin Michel, 1943.
2. Diesen bedeutenden Fund verdanken wir Carlo Vitali, in Zusammenarbeit mit Francesca Boris, Archivarin im Archivio di Stato in Bologna. Zwei in der Bibliographie angegebene Artikel gehören zu seinen ersten Analysen und geben fünf dieser achtundsechzig Briefe wieder.

ERSTER TEIL: Von Neapel nach Wien (1705–1734)

1. Zu all diesen Fragen bezüglich der Beziehungen zwischen jungen Kastraten und Lehrern siehe die wichtigen Arbeiten von John Rosselli, in der Bibliographie angegeben.
2. *Porpora's elements of singing*, adapted by Righini and all eminent masters since his time, extracted from the archives at Napels, edited by Marcia Harris (1858), British Library, Sig. H 2245.
3. *Angelica e Medoro* von Porpora, 148seitige Handschrift, 1. Teil 7. August 1720, 2. Teil 15. August 1720, British Library, Handschriftenabteilung, Sig. ADD 14120.
4. Widmung auf der Handschrift (siehe vorhergehende Anm.).
5. Keyssler, zitiert nach Mitjana, *Discantes y contrapuntos*, S. 156 f.
6. Sara Goudar, *Remaques sur la musique et la danse*, S. 35.
7. S. Arteaga, *Le Rivoluzioni del teatro musicale italiano*, Bd. 1, S. 304.
8. G. Sacchi, *Vita del Cav. Don Carlo Broschi*, S. 9.
9. Ch. Burney, *A General History of Music*, Bd. 4, S. 380.
10. G. B. Mancini, *Pensieri e riflessioni pratiche sopra il canto figurato*.
11. Siehe die Argumentation des Theologen R. Sayer in P. Barbier, *Histoire des castrats*, S. 127.
12. J. J. Quantz in F. W. Marpurg, *Historisch-kritische Beiträge ...*, Bd. 1, S. 233 f.
13. Brief von F. Colonna an S. Pepoli, nachgedruckt im Artikel von C. Vitali *Da »schiavottiello« a »fedele amico«*, S. 33.

14. ebd. S. 33 f.
15. A. Conti, zitiert nach S. Mamy, Les grands castrats napolitains à Venise au XVIIIᵉ siècle, S. 96.
16. J. J. Quantz, a.a.O., S. 233 f.
17. A. Conti, zitiert nach S. Mamy, a.a.O., S. 96.
18. ebd., S. 95.
19. Brief von Farinelli an Pepoli, Mailand, 12. September 1731.
20. dto., Turin, 15. Dezember 1731.
21. dto., Mailand, 12. September 1731.
22. dto., San Ildefonso, 23. August 1738.
23. dto., Ferrara, 15. Oktober 1731.
24. dto., Turin, 15. Dezember 1731.
25. dto., Wien, Ende März 1732.
26. ebd.
27. dto., Wien, 26. April 1732.
28. ebd.
29. J. J. Quantz, a.a.O., S. 233 f.
30. G. Sacchi, a.a.O., S. 10.
31. ebd., S. 10 f.
32. G. B. Mancini, a.a.O., S. 106.
33. G. Sacchi, a.a.O., S. 15.
34. Ch. Burney, *The Present State of Music* ...
35. Kaiserliches Dekret vom 10. Juni 1732, Wien, Haus-, Hof- und Staatsarchiv, Serie OMeA, Prot. 13, f. 479. Dort wird seine »beiwohnende virtù und gute Art zu singen« erwähnt und festgelegt, daß er keine reguläre Entlohnung erhält.
36. Brief von Farinelli an Pepoli, Wien, 26. April 1732.
37. dto., Wien, 13. Mai 1732.
38. dto., Florenz, 21. Juli 1733.
39. dto., Venedig, 27. Dezember 1732.
40. Brief von Hasse an Farinelli, Neapel, 9. Dezember 1732 (publiziert von C. Vitali, a.a.O.).
41. Brief von Farinelli an Pepoli, Venedig, 8. Februar 1733.
42. dto., Wien, 10. Januar 1733.
43. dto., Venedig, 8. Februar 1733.
44. dto., Lucca, 24. September 1733.
45. dto., Venedig, 19. Dezember 1733.
46. dto., Venedig, 2. Januar 1734.
47. ebd.
48. dto., Florenz, 3. Juli 1734.

49. Briefe von Caterina Barrese an Pepoli, Neapel, 5. und 12. Februar 1734, zitiert nach C. Vitali, *Una fonte inedita* ..., S. 243.
50. Brief von Farinelli an Pepoli, Venedig, 8. Mai 1734.
51. dto., Florenz, 3. Juli 1734.

ZWEITER TEIL: London und die Opera of the Nobility (1734–1737)

1. Brief von Händel an Mr. Colman, außerordentlicher Gesandter des Britischen Königs beim Herzog der Toscana, 27. Oktober 1730.
2. Brief von Händel an einen unbekannten Adressaten, 27. August 1734.
3. Brief von P. Rolli an Senesino, 9. November 1734.
4. Brief von Farinelli an Pepoli, London, 30. November 1734.
5. ebd.
6. ebd.
7. *Universal Spectator*, 2. November 1734.
8. Brief von Lord Hervey an Henry Fox, 2. November 1734 (zitiert in *The London Stage*, Teil 3, S. 428).
9. Lord Egmont, *Diary*, II, S. 132.
10. Abbé Prévost, *Le Pour et le Contre*, Bd. VI, S. 103 f.
11. Zitiert nach G. Hogarth, *Memoirs of the Opera* ..., S. 305. Foster war ein berühmter anabaptistischer Prediger, der jeden Sonntagabend predigte.
12. P. Rolli, 9. November 1734, in *Musical Quarterly*, Nr. 3.
13. *The Happy Courtezan: or the Prude demolished. An epistle from the celebrated Mrs. C... P... To the Angelick Signor Far..n..li*, London 1735.
14. Brief von Farinelli an Pepoli, London, 30. November 1734.
15. ebd.
16. dto., London, 2. Juli 1735.
17. dto., London, 23. Mai 1735.
18. dto., London, 2. Juli 1735.
19. ebd.
20. ebd.
21. dto., London, 30. November 1734.
22. dto., London, 8. Mai 1735.
23. Brief von Mrs. Delany-Pendarves an Swift, 16. Mai 1735.
24. Brief der Herzogin von Portland an Miss Collingwood, 1. Dezember 1734.
25. Brief von Mrs. Delany-Pendarves an Mrs. Granville, 15. März 1735.
26. *Daily Advertiser*, 13. März 1735.

27. *Fog's Journal*, 24. Januar 1736.
28. Brief von Farinelli an Pepoli, London, 30. November 1734.
29. *London Daily Post*, 3. Februar 1735.
30. *Daily Advertiser*, 15. Dezember 1735.
31. ebd., 30. Januar 1736.
32. Brief von Mrs. Delany-Pendarves an Swift, London, 22. April 1736.
33. J. Dennis, *Essay on the operas* ..., S. 14.
34. Zitiert nach Della Corte, *Satire e Grotteschi* ..., S. 357 f.
35. Publiziert von E. Brayley, *Historical and Descriptive Accounts* ...
36. Brief von Mrs. Delany-Pendarves an ihre Schwester, 27. November 1736.
37. Brief von Lord Hervey an Mrs. Charlotte Digby, 25. November 1735.
38. C. Cibber, *Apology*, zitiert nach G. Hogarth, a.a.O., S. 306.
39. Ch. Burney, *A General History* ..., Bd. 4, S. 412.
40. *Testamento* von C. Broschi, 1782, S. 2 f.
41. Herzog von Luynes, Mémoires sur la cour de Louis XV., Bd. 1, S. 364 f.
42. Brief von Farinelli an Pepoli, Paris, 15. Juli 1737.

DRITTER TEIL: Spanien: Der Gipfel des Ruhms (1737–1759)

1. Louville, Mémoires secrets ..., Bd. 1, S. 131 f.
2. Duc de Luynes, a.a.O., Bd. 1, S. 364 f.
3. Sammlung von sechs Arien, der österreichischen Kaiserin gewidmet, Widmung unterschrieben mit Carlo Broschi Farinello, datiert vom 30. März 1753, Wien, Nationalbibliothek.
4. Brief von Maria Ana, Fürstin von Brasilien, an ihre Mutter Elisabeth Farnese, 20. August 1737, Madrid, Nationalarchiv, leg. 2557.
5. dto., 22. September 1737, leg. 2557.
6. dto., 24. August 1737, leg. 2557.
7. Ernennungsdekret Philipps V., Archiv des Königspalastes, Madrid, Exp. personales, Broschi, Caja 143/16.
8. Brief der englischen Theaterdirektoren, Archiv des Königspalastes, Madrid, Farinelli, Exp. pers., Caja 143/16.
9. Brief von Farinelli an Pepoli, El Pardo, 16. Februar 1738.
10. ebd.
11. Brief von Keene an Newcastle, 2. August 1738, zitiert nach Armstrong, *Elisabeth Farnese* ..., S. 344.
12. Brief von Farinelli an Pepoli, El Pardo, 15. Februar 1738.
13. ebd.
14. ebd.

15. Brief von Rottembourg an Pecquet, April 1733 (Aff. Étr., Cour d'Espagne, vol. 390, f. 500).
16. Brief von Rottembourg an Chauvelin, 31. Oktober 1731 (Aff. Étr., vol. 384, f. 304).
17. Zitiert nach Clarke, *Lettres sür la nation espagnole*, S. 329.
18. N. Caimo, *Voyage d'Espagne* ..., Bd. 1, S. 141.
19. Brief von Farinelli an Pepoli, San Ildefonso, 27. Juli 1739.
20. dto., San Ildefonso, 23. August 1738.
21. ebd.
22. ebd.
23. dto., Madrid, 14. November 1739.
24. dto., Madrid, 26. August 1749.
25. dto., Aranjuez, 21. April 1739.
26. dto., Madrid, 14. November 1739.
27. dto., San Ildefonso, 8. September 1740.
28. ebd.
29. dto., Madrid, 14. November 1739.
30. Es sei daran erinnert, daß die ersten französischen Opern von 1671 (*Pomone* von Cambert und Perrin) und 1673 (*Cadmus et Hermione*, das erste Werk von Lully) stammen.
31. Brief von Farinelli an Pepoli, Madrid, 14. November 1739.
32. ebd.
33. ebd.
34. dto., San Ildefonso, 8. September 1740.
35. dto., Madrid, 14. November 1739.
36. Brief von La Marck an Amelot, 19. Januar 1739 (Aff. Étr., vol. 452, f. 60).
37. Marquis d'Argenson, *Journal et Mémoires*, Bd. V, S. 16.
38. ebd.
39. ebd., S. 16 f.
40. Brief von Vauréal an Puycieulx (Aff. Étr., vol. 495, f. 107).
41. Brief von Elisabeth Farnese an Ludwig XV., 20. Juli 1747 (Aff. Étr. vol. 495, f. 72).
42. Brief von Ferdinand VI. an Elisabeth Farnese, 3. Juli 1747, Madrid, National-archiv, Estado, leg. 2507.
43. dto., 6. Juli 1747.
44. Brief von Vauréal, 7. September 1746 (Aff. Étr., vol. 491, f. 46).
45. Brief von Vauréal an d'Argenson, 11. Juli 1746.
46. Diese Anekdote wird von W. Coxe erzählt, *L'Espagne sous les rois de la maison de Bourbon*, Bd. IV, S. 47.
47. Marquis d'Argenson, a.a.O., Bd. V, S. 16 f.

48. Brief von Metastasio an Farinelli, Wien, 26. August 1747 (alle im folgenden zitierten Bände sind in Wien geschrieben worden).
49. Brief von Farinelli an Pepoli, Aranjuez, 6. Juni 1741.
50. dto., Madrid, Frühjahr 1742.
51. Brief von Metastasio an Farinelli, 6. September 1749.
52. dto., 2. Mai 1750.
53. Anonymes Sonnet von 1731 oder 1732, zitiert nach Cotarelo y Mori, *Origenes y establecimiento* ..., S. 67.
54. Brief von Metastasio an Farinelli, 16. Dezember 1752.
55. dto., 15. Dezember 1753.
56. dto., 23. Februar 1754.
57. dto., 28. (?) 1750.
58. dto., 13. Juni 1750.
59. dto., 26. August 1747.
60. dto., 19. Juni 1749.
61. dto., 18. Juli 1750.
62. dto., 28. Juni 1749.
63. dto., 28. Mai 1749.
64. dto., 26. August 1747.
65. Calatrava-Orden, Madrid, Nationalarchiv, exp. 364, 3. September 1750 (Calros Brosco).
66. ebd.
67. Brief von Farinelli an Pepoli, Madrid, 26. August 1749.
68. Brief von Keene an Castres, Madrid, 20. Februar 1749.
69. Brief von Metastasio an Farinelli, 8. Juli 1752.
70. dto., 20. Oktober 1752.
71. dto., 8. Dezember 1756.
72. dto., 12. Februar 1756.
73. dto., 28. Juli 1753.
74. dto., 4. Februar 1754.
75. dto., 3. Dezember 1749.
76. dto., 26. August 1747.
77. dto., 7. Dezember 1748.
78. dto., 15. Dezember 1753.
79. Brief von Farinelli an Pepoli, San Ildefonso, 8. August 1741.
80. Worte Ludwigs XV. an Vauréal, zitiert nach Louis Amelot in *Recueil des Instructions* ..., CNRS, Bd. XXVII, S. 17.
81. Brief von Vauréal an Puycieulx, Aranjuez, 10. April 1748 (Aff. Étr. vol. 498, f. 32).
82. dto., 22. Mai 1748 (vol. 498, f. 214).

83. *Notes sur l'Espagne* von Bussy, 1749, in *Recueil des Instructions*, S. 45 ff.

84. *Observations aux dites notes*, 1749, ebd.

85. ebd.

86. Brief von Keene an Andrew Stone, Madrid, 25. Februar 1749.

87. Vaulgrenant verläßt 1752 seinen Posten in Madrid und informiert seinen Nachfolger, Duras, durch ein *Portrait joint à l'instruction de M. le duc de Duras*, 23. September 1752, in *Recueil des Instructions*, S. 73 ff.

88. *Mémoire pour servir d'instruction au Sieur Marquis d'Aubeterre*, Versailles, 27. Februar 1757, ebd., S. 99 f.

89. Brief an Richard Wall, zitiert nach Rodriguez-Villa, *Zenon de Somodevilla*, S. 392 f.

90. Brief von Farinelli an Pepoli, San Ildefonso, 8. September 1740.

91. ebd.

92. Brief von Metastasio an Farinelli, 30. November 1753.

93. *Consultas remitidas a los doctores de Medicina de Salamanca y de Nàpoles sobre la enfermedad de la Reina*, Archiv des Königspalastes, Seccion Histórica, Caja 48, 1748.

94. Madrid, Nationalbibliothek, Manuscrito 10893, f. 177.

95. Brief von Metastasio an Farinelli, 5. März 1759.

96. Gleichen, *Souvenirs*, S. 4.

97. Tanucci, Minister von Karl III. in Neapel, Brief an den Prinzen von Jaci, 19. Juli 1757, Archivo General de Simancas, Estado, libro 225, f. 125.

98. Brief von Metastasio an Farinelli, 20. Oktober 1752.

99. Gleichen, a.a.O., S. 2.

100. C. Fernán-Nuñez, *Vida de Carlos III*, S. 85 f.

101. Gleichen, a.a.O., S. 2.

VIERTER TEIL: Bologna: Der einsame Mann (1759–1782)

1. Zitiert nach C. Ricci, *Burney, Casanova e Farinelli in Bologna*, S. 5.

2. *Testamento*, S. 5.

3. ebd., S. 3.

4. Brief von Metastasio an Farinelli, 9. Februar 1761.

5. dto., 30. Dezember 1762.

6. dto., 26. April 1763.

7. dto., 11. Juni 1763.

8. *Testamento*, S. 8.

9. Brief von Metastasio an Farinelli, 1. September 1768.

10. dto., 23. [Januar] 1769.

11. Briefe des Grafen Frimian an Kaunitz (22. April und 10. Juni 1769), Lombardie Korr. 133, f. 298 und 384.

12. Autobiographie von Ditteers von Dittendorf (1801), zitiert nach J. G. Prod'homme, *Gluck*, S. 122.

13. Ch. Burney, *The Present State of Music* ...

14. Brief von Leopold Mozart an seine Frau, Bologna, 27. März 1770.

15. S. Fernán-Nuñez, a.a.O., S. 86.

16. *Testamento*, S. 10 f.

17. ebd.

18. Ch. Burney, *The Present State of Music* ...

19. G. Sacchi, a.a.O., S. 43.

20. Zitiert in *Recueil des Instructions* ..., CNRS, tome XII bis (nach A. Morel-Fatio).

21. Brief von Metastasio an Farinelli, 20. März 1782.

22. Die beiden letzten Briefe von Farinelli an Metastasio vom 13. April 1782, zitiert nach Frati, *Metastasio e Farinelli, Rivista Musicale italiana*, 1913, S. 24 ff.

23. *Testamento*, S. 1.

24. ebd., S. 17 f.

25. Anfang des *Inventarium legale*.

26. Ein detaillierter Kommentar zu jedem Bild und den historischen Ereignissen, die damit verbunden sind, findet sich im Artikel von F. Boris und G. Cammarota, *La collezione di C. B., detto Farinelli*, Accademia Clementina, *Atti e Memorie*, n. 27, 1990.

27. C. Ricci, *Figure e figuri del mondo teatrale*, S. 136.

Bibliographie

(Eine ergänzende Bibliographie zur Geschichte der Kastraten im 17. und 18. Jahrhundert findet sich in *Histoire des castrats*, Paris, Grasset, 1989, desselben Autors.)

I. ARCHIVQUELLEN

- Lettere di Carlo Broschi Farinelli a Sicinio Peopli. Carteggio Pepoli. Archivio di Stato di Bologna.
- Inventarium legale Bonorum haereditatorium bonae memorieae D. Equitis Don Caroli Broschi nuncupati Farinello. Archivio di Stato di Bologna, Notarile, *Lorenzo Gambarini*, 1783.
- Testamento di mé don Carlo Broschi detto Farinelli scritto di mio carattere in questa mia casa di Campagna nel mese di Ottobre 1778 e continuato nei giorni consecutivi. Archivio di Stato di Bologna, Notarile, *Lorenzo Gambarini*, 1782.
- Handschriftliche Dokumente von Pater Martini über Farinelli. Mischellanee Martiniane. Civico Museo Bibliografico di Bologna.
- Handschriftliche Briefe von Metastasio an Farinelli. Universitätsbibliothek Bologna.
- Descripción del estado actual del Real Theatro del Buen-Retiro. De las funciones hechas en él desde el año de 1747 hasta el presente: de sus individuos, sueldos y encargos, segun se expresa en este Primer Libro. En el segundo se manifestan las diversiones que anualmente tienen los Reyes NRS. SERS en el Real sitio de Aranjuez. Dispuesto por Don Carlos Broschi Farinelo Criado familiar de SM: Año de 1758, Biblioteca del Palacio Real, Madrid.
- Testament der Königin Maria Barbara von Bragance. Biblioteca del Palacio Real, Madrid.
- Handschriften von Farinelli oder auf ihn Bezug nehmend. Expedientes personales, caja 143/16, *Broschi*. Archivo del Palacio Real, Madrid.
- Handschriftliche Dokumente zur Königsfamilie. Sección Histórica, reynado de Fernando VI, caja 34 und 48. Archivo del Palacio Real, Madrid.

- Briefe der Königsfamilie, die auf Farinelli Bezug nehmen. Estado, leg. 2507, 2512, 2548, 2557, 2577, 2591, 2735. Archivo Historico Nacional, Madrid.
- Dokumente zur Aufnahme Farinellis in den Calatrava-Orden, Ordenes, Calatrava, exp. 364. Archivo Historico Nacional, Madrid.
- A collection of Cuttings from newspapers relating to the London Theatres, 1704–1755 (6 Bde.), British Library, London.
- Correspondance diplomatique d'Espange, Ministère des Affaires étrangères, Paris, vol. 377, 384, 390, 452, 490, 491, 495.
- Dekret über die Ernennung Farinellis zum »Hof- und Kammer-Musicus« 1732, Wien, Staatsarchiv, Serie OMeA Prot. 13 f. 479. Diesbezügliche Briefe des Grafen Firmian, Lombardie, Korr. 133, 22. April und 10. Juni 1769.

2. GEDRUCKTE WERKE (geschrieben im 18. Jahrhundert)

Argenson marquis d', *Journal et Mémoires*. Paris, 1863 (9 Bde.).

Algarotti F., *Saggio sopra l'opera in musica*. s. I., 1755.

Arteaga E. de, *Geschichte der italienischen Oper*. Olms, 1973.

Bacallar y Sanna (Mandave), *Mémoires pour servir à l'Histoire d'Espagne sous le règne de Philippe V*. Paris, 1755.

Beckford W., *Italy with Sketches of Spain and Portugal*, London. Bentley, 1835 (2 Bde.).

Brosses Ch. de, *Des Präsidenten de Brosses Vertrauliche Briefe an seine Freunde in Dijon 1739–1740*. München, 1918–1922.

Bulifon A., *Journal du voyage d'Italie de l'invincible et glorieux Philippe V*. Neapel, o. J.

Burney Ch., *Tagebuch einer musikalischen Reise durch Frankreich und Italien*. Wilhelmshaven, 1980.

Burney Ch., *A General History of Music*. London, 1776–1789 (4 Bde.).

Caimo N., *Voyage d'Espagne en l'année 1755*. Paris, 1772 (2 Bde.).

Casanova G., *Erinnerungen*. Berlin, 1965–1967.

Cibber C., *An Apology for the life of M. Colley Cibber, comedian ...* London, 1740.

Clarke, *Lettres sur la nation espagnole*. 1760–1761.

Coste d'Arnobat Ch. P., *Lettres sur le voyage d'Espagne*. Pamplona, 1756.

Coyer G. F., *Voyages d'Italie et de Hollande*. Paris, 1775 (2 Bde.).

Delany (Mary Granville, Mrs. D.), *Autobiography and Correspondance* (ab 1734). London, 1861–1862.

Dennis J., *Essay on the operas after the Italian Manner*. London, 1706.

Desdevises du Dezert G., »Un consul général de France à madrid sous Ferdinand VI (1748–1756)«. *Revue hispanique*, Bd. XVI.

Ditters von Dittersdorf K., *Karl von Dittersdorfs Lebensbeschreibung seinem Sohne in die Feder diktiert.* Leipzig, Spamer, 1940.

Egmont Graf von, *The Diary of the earl of Egmont.* London, 1920–1923.

Fernan-Nuñez, Graf C. von, *Vida de Carlos III.* Madrid, 1943.

Gleichen Baron Ch. H. von, *Denkwürdigkeiten des Barons Karl Heinrich von Gleichen.* Leipzig, 1847.

Goldoni C., *Mein Leben und mein Theater.* Wien, Leipzig, München, 1923.

Goudar A., *Le Brigandage de la musique italienne.* Paris, 1777.

Goudar S., *Remarques sur la musique et la danse.* Venedig, Palese, 1773, und *Supplément aux Remarques.* 1774.

Grimm Baron von, *Correspondance littéraire, philosophique et critique.* 1753–1782. Paris, 1813.

Grosley P. J., *Observations sur l'Italie et sur les Italiens.* 1764. London, 1770 (4 Bde.).

Grosley P. J., *New Observations on Italy.* London, 1769 (2 Bde.).

Händel G. F., *Briefe und Schriften.* Lindau am Bodensee, 1949.

Keene B., *The Private Correspondance.* University Press, Cambridge, 1933.

La Lande J. von, *Voyage en Italie.* Genf, 1790 (7 Bde.).

Louville, *Mémoires secrets sur l'établissement de la Maison de Bourbon en Espagne.* Paris, 1818.

Ludre-Frolois Vicomte von, *Dix années à la cour de George II, 1727–1737.* Paris, 1860.

Luynes Herzog von, *Mémoires sur la cour de Louis XV. 1735–1758.* Paris, Dussieux et Soulié, 1860–1865.

Mancini G. B., *Pensieri e riflessioni pratiche sopra il canto figurato.* Wien, 1774.

Marais M., *Journal et Mémoires de M. M. sur la Régence et le règne de Louis XV, 1715–1737.* Paris, 1863.

Marpurg F. W., *Historisch-kritische Beiträge zur Aufnahme der Musik.* Berlin, 1754 bis 1760.

Metastasio P., *Lettere del Signor Abate Pietro Metastasio.* Nizza, 1786–1787.

Metastasio P., *Lettere disperse e inedite di P. M.* a cura di Giosué Carducci. Bologna, 1883.

Muilman (Catherine Phillips, Mrs.), *The Happy Courtezan, or the Prude demolished.* London, Roberts, 1735.

Pickering, *Reflexions upon Theatrical Expression in Tragedy.* London, 1755.

Pöllnitz Freiherr v., *Lettres et Mémoires.* Amsterdam, 1737 (3 Bde.).

Prévost Abbé, *Le Pour et le Contre.* Ouvrage périodique d'un goût nouveau. Paris, Didot, 1735.

Riccoboni L., *Réflexions historiques et critiques sur les différents théâtres de l'Europe.* Paris, Guérin, 1738.

Sacchi G., *Vita del Cav. Don Carlo Broschi.* Venedig, 1784.

Saint-Simon L., Duc de, *Memoiren*. Gernsbach, 1967.

Townsend J., *A Journey through Spain in the years 1786 and 1787*. London, 1791.

Zeno A., *Lettere*. Venedig, 1752 (3 Bde.).

3. GEDRUCKTE WERKE
(geschrieben im 19. und 20. Jahrhundert)

Andioc R., *Teatro y Sociedad en el Madrid del siglo XVIII*. Madrid, 1976.

Armstrong E., *Elisabeth Farnese, the Termagant of Spain*. London, 1892.

Barbier P., *Histoire des Castrats*. Paris, Grasset, 1989.

Baudrillart A., *Philippe V et la cour d'Espagne*. Paris, 1890–1900.

Belluci M., Qual'è la patria di Farinelli? *Il Musicista*, Rom, 1937.

Blanchard R. und Cande R. de, *Dieux et divas de l'Opéra*. Bd. 1. Paris, Plon, 1986.

Bonet Correa A. und Gallego A., *Fiestas Reales*. Madrid, Ed. del Patrimonio Nacional, 1992.

Boris F., *Farinelli nei documenti dell'Archivio di Stato di Bologna*. Rede vor dem Kongreß »Mozart, l'Accademia e i Filarmonici e maestricoevi«. Bologna, Accademia Filarmonica, 18–20. September 1991.

Boris F. und Cammarota G. P., *La collezione di Carlo Broschi detto Farinelli*. Atti e Memorie dell'Accademia Clementina. Bologna, 1990.

Borrero C., Fiestas Reales en el reinado de Fernando VI. Madrid, Ed. del Patrimonio Nacional, 1992.

Bottineau Y., *L'Art de cour dans l'Espagne de Philippe V*. Paris, Féret, 1962.

Bourgeois E., *La Diplomatie secrète au XVIIIᵉ siècle*. Bd. 2. Paris, 1909.

Bouvier R., *Farinelli, le chanteur des Rois*. Paris, Albin Michel, 1943.

Boyer F., La princesse des Ursins et la musique italienne. *La Revue musicale*. 1954.

Brayley E., *Historical and Descriptive Accounts of the Theatres of London*. London, 1926.

Brusso L., *Metastasio*. Bari, 1921.

Carmena y Millan L., *Crónica de la Opera Italiana en Madrid*. Madrid, 1878.

Cotarelo y Mori, *Origenes y establecimiento de la ópera en España hasta 1800*. Madrid, 1917.

Coxe W., *L'Espagne sous les rois de la maison de Bourbon*. Paris, 1827.

Danvila y Burguero A., *Estudios españoles del siglo XVIII: Fernando VI y Doña Bárbara de Braganza*. Madrid, 1905.

Daub P., *Music at the court of George II*. Cornell Univ., 1985.

Della Corte A., *Satire e Grotteschi di musiche e di musicisti d'ogni tempo*. Turin, Unione Tipografica, 1946.

Dominguez Ortiz, *La sociedad española en el siglo XVIII*. Madrid, 1955.

Dominguez Ortiz, *Hechos y figuras del siglo XVIII español*. Madrid, 1973.

Dufourcq N., *La musique à la cour de Louis XIV et de Louis XV d'après les Mémoires de Sourches et Luynes, 1681–1758*. Paris, 1970.

Fassini S., *Il melodramma a Londra nella prima metà del Settecento*. Turin, Bocca, 1914.

Fernandez D., *Porporino ou les Mystères de Naples* (Roman). Paris, Grasset, 1974.

Fiske R., *English Theatre Music in the 18th century*. Oxford Univ. Press, 1986.

Frati L., Metastasio e Farinelli. *Rivista musicale italiana*, Nr. 20. 1913.

Freeman R., »Farinello and his repertory«. *Studies in Renaissance and Baroque Music*. Kassel and Hackensack, 1974.

Giovine A., »Perché Carlo Broschi di Andria e non napoletano era soprannominato Farinelli«. *Bibl. dell'Archivio delle Tradizioni Popolari Baresi*. Bari, 1971.

Girard A., »La folie de Philippe V«. *Feuilles d'Histoire du XVIIIe et XIXe siècles*. Bd. 3. Paris, 1910.

Giudicini G., *Cose notabili della città di Bologna*. Bd. III. Bologna, 1866.

Haböck F., *Die Kastraten und ihre Gesangskunst*. Stuttgart, 1927.

Haböck F., *Die Gesangskunst der Kastraten (A. Die Kunst des Cavaliere Carlo Broschi Farinelli; B. Farinellis Berühmte Arien)*. Wien, 1923.

Haupt H., *Kunst und Kultur in den Kammeralzahlamtsbüchern Kaiser Karls V.* Wien, 1993.

Heartz D., »Farinelli and Metastasio, rival twins in public favour«. *Early Music*, XII, 1984.

Heriot A., *The castrati in Opera*. London, Secker and Warburg, 1956.

Hervey J., *Memoirs of the reign of George the II*. London, 1848.

Hogarth G., *Memoirs of the Musical Drama*. London, 1938.

Hogarth G., *Memoirs of the Opera in Italy, France, Germany and England*. London, 1851.

Hume R., *The London Theatre World 1660–1880*. Southern Univ. Press, 1980.

Kelly M., *Reminiscences of the King's Theatre*. London, 1826.

Kirkpatrick R., *Domenico Scarlatti*. München, 1972.

Labie J. F., *G. F. Händel*. Paris, Laffont, 1980.

Lee V., *Studies of the 18th century in Italy*. London, 1880.

Leguina E., »El Padre Ravago, confesor de Fernando VI«, in: *Hijos ilustres de Santander*, Madrid, 1876.

Llanover Lady, *The autobiography and letters of Mrs. Delany*. London, 1861.

Mamy S., *Les grands castrats napolitains à Venise au XVIIIe siècle*. Liège, Mardaga, 1994.

Mesonero Romanos, *El antiguo Madrid*. Madrid, 1881.

Mitjana R., *Discantos y contrapuntos (Carlo Broschi)*. Valencia, o. D.

Moindrot I., *L'Opera seria ou le règne des castrats*. Paris, Fayard, 1993.

Moratin L. de, *Obras Póstumas*. Madrid, 1867.

Moreno A. M., *Historia de la música española (XVIII⁄e s.)*. Madrid, Alianza Música, 1985.

Myers R., »Mrs. Delany, an 18th cent. *Handelian*«. *The Musical Quarterly*, 32, 1946.

Nalbach D., *The King's Theatre (1704–1867)*. London, the Society for theatrical Research, 1972.

Ozanam D., *Recueil des instructions données aux ambassadeurs et ministres de France*. Bd. XXVII. Paris, Ed. du CNRS, 1960.

Pampaloni C., »Giovani castrati in Assisi«. *Musica/Realtà* VIII, 1987.

Paumgartner B., *Mozart*, Zürich, 1956.

Prod'homme J. G., *Christoph Willibald Gluck*. Paris, Fayard, 1985.

Prota-Giurelo V., *Per un'esatta biografia di Nicoló Porpora*. La Scala, 1957.

Remusat Ch. de, *L'Angleterre au XVIII⁄e siècle*. Paris, 1856.

Ricci C., *Burney, Casanova e Farinelli in Bologna*. Mailand, Ricordi, 1890.

Ricci C., *I teatri di Bologna nei secoli XVII–XVIII*. Bologna, ed. 1880.

Ricci C., *Figure e figuri del mondo teatrale*. Bologna, 1920.

Robinson M., »Porpora's Operas of London 1733–1736«. *Soundings*, 1971.

Robinson M., »Porpora«, in: *New Grove's Dictionary of Music and Musicians*. 1980.

Rosselli J., *L'apprendistato del cantante italiano*. Florenz, Olschki, 1989.

Rosselli J., »Geografia politica del teatro d'opera«, *Civiltà teatrale e Settecento emiliano*. Bologna, 1986.

Rosselli J., *Singers of Italian Opera*. Cambridge Univ. Press, 1992.

Rosselli J., »The castrati as a professional Group and a social phenomenon«, *Acta Musicologica*, LX, 1988.

Russo L., *Metastasio*. Bari, 1921.

Sanchez-Canton F. J., *Felipe V y sus hijos*. Bd. 1, *von Casas Reales en España*. Madrid, 1926.

Sarrailh J., *L'Espagne éclairée de la première moitié du XVIII⁄e siècle*. Klincksieck, 1954.

Scouten A., *The London Stage (part 3: 1729–1747)*. Southern Illinois Univ. Press, 1961.

Sforza G., *Dodici aneddoti storici (il cantante Farinelli)*. Modena, 1895.

Solar-Quintes N., »Nuevas aportaciones a la biografia de Carlos Broschi«. *Anuario Musical III*, 1948.

Solar-Quintes N., »El compositor F. Courcelle«. *Anuario Musical VI*, 1951.

Sorrento L., *Italiani e Spagnuoli contra l'egemonia fracese*. Mailand, 1924.

Spielman J., *The City and the Crown, Vienna and the imperial Court, 1600–1740*. West Lafayette Univ. Press, 1993.

Stendhal, *Vies de Haydn, de Mozart et de Métastase*. Paris, Le Divan, 1928.

Streathfield R., »Händel, Rolli and Italian Opera in London in the 18th century«. *Musical Quarterly*, III, 1917.

Subira J., *El teatro del Real Palacio*. Madrid, 1950.

Subira J., *Historia de la música española*. Barcelona, 1953.

Topka R., *Der Hofstaat Kaiser Karl VI*. Doktorarbeit. Wien, 1954.

Vitali C., »Una fonte inedita per la biografia di Farinelli: il carteggio Pepoli presso l'Archivio di Stato di Bologna«. Accademia Clementina, *Atti e Memorie* N° 27. Bologna, 1990.

Vitali C., *Da »schiavotiello« a »fedele amico«* (mit einem Abdruck von fünf Briefen von Farinelli an Pepoli). Rom–Turin, Nuova ERI Ed. RAI Radiotelevisione Italiana, 1992.

Walker F., »A chronology of the life and works of N. Porpora«. *Italian Studies*, VI, 1951.

Watson F. J., »A Portrait of Farinelli by B. Nazzari«. *The Burlington Magazine*, XCIII, 1950.

Zabla y Lera P. L., *España bajo los Borbones*. Barcelona, 1930.

4. WÖRTERBÜCHER UND ENZYKLOPÄDIEN

A Biographical Dictionary of Actors, Actresses, Musicians ... Southern Illinois Univ. Press, Bd. 5, Artikel: *Farinelli*.

Bibliographie Universelle. Paris, Michaud, 1855, Artikel: *Farinelli*.

Biographie Universelle des Musiciens, von F. J. Fétis. Paris, Firmin-Didot, 1870.

Dictionnaire de la Musique en France aux XVIIe et XVIIIe siècles. Von Marcelle Benoît. Paris, Fayard, 1992, Artikel: *Kastrat*.

Dizionario biografico degli Italiani. Rom, 1972, Bd. 14, Artikel: *Broschi*.

Enciclopedia dello Spettacolo. Rom, Sansoni, 1958, Bd. 5, Artikel: *Farinelli*.

New Grove's Dictionary of Music and Musicians. London, 1980, Artikel: *Farinelli* (siehe auch *Broschi, Riccardo*).

Storia dell'Opera. Turin, UTET, 1977.

Register